本书是 2019 年度国家社会科学基金项目"我国餐饮业高质量发展的产业政策转型研究"（批准号：19BJY181）研究成果

我国餐饮业高质量发展的产业政策转型研究

于干千 ◎著

Research on the Industrial Policy Transformation of High-quality Development of Catering Industry in

CHINA

北京大学出版社
PEKING UNIVERSITY PRESS

图书在版编目(CIP)数据

我国餐饮业高质量发展的产业政策转型研究 / 于干千著. —北京：北京大学出版社，2022.11
ISBN 978-7-301-33520-8

Ⅰ.①我… Ⅱ.①于… Ⅲ.①饮食业—产业政策—研究—中国 Ⅳ.①F726.93

中国版本图书馆 CIP 数据核字(2022)第 193287 号

书　　　名	我国餐饮业高质量发展的产业政策转型研究 WOGUO CANYINYE GAOZHILIANG FAZHAN DE CHANYE ZHENGCE ZHUANXING YANJIU
著作责任者	于干千　著
策划编辑	罗丽丽
责任编辑	翟　源
标准书号	ISBN 978-7-301-33520-8
出版发行	北京大学出版社
地　　　址	北京市海淀区成府路 205 号　100871
网　　　址	http://www.pup.cn　新浪微博：@北京大学出版社
电子信箱	pup_6@163.com
电　　　话	邮购部 010-62752015　发行部 010-62750672　编辑部 010-62750667
印　刷　者	北京宏伟双华印刷有限公司
经　销　者	新华书店
	720 毫米 × 1020 毫米　16 开本　14 印张　327 千字 2022 年 11 月第 1 版　2022 年 11 月第 1 次印刷
定　　　价	88.00 元

未经许可，不得以任何方式复制或抄袭本书之部分或全部内容。
版权所有，侵权必究
举报电话：010-62752024　电子信箱：fd@pup.pku.edu.cn
图书如有印装质量问题，请与出版部联系，电话：010-62756370

前 言

经济新常态下,主动推动产业政策转型是中国经济实现"创新驱动"和持续增长的关键制度设计,也是高质量发展的产业政策研究的核心要义。本书紧扣习近平总书记"要推进产业政策由差异化、选择性向普惠化、功能性转变"的重要讲话精神,准确把握新发展阶段,深入贯彻新发展理念,加快构建新发展格局,把满足人民对高质量餐饮的需求作为研究的出发点和落脚点,通过总结改革开放以来餐饮业发展的经验,分析新冠肺炎疫情给餐饮业带来的挑战与机遇,从公共卫生安全、产业生态化发展、政策法律化等视角研究餐饮业高质量发展的产业政策转型问题。

新冠肺炎疫情发生以来,餐饮业是疫情防控的重要战场,是恢复消费信心的"试金石",也是受到新冠肺炎疫情影响最为深远的生活服务业。新冠肺炎疫情致使餐饮业面临前所未有的信誉危机、生存危机,完全依靠市场实现自我恢复增长或寄希望于疫情过后出现"报复性消费反弹"是一种理想状态,业界既需要充分估量新冠肺炎疫情对餐饮业发展所产生的冲击与影响,从抗击新冠肺炎疫情中总结经验、反思教训、精准施策、帮扶企业共渡难关,又要对餐饮业长期向好的发展趋势有清晰的判断,从危机中找准机遇和施策点,推动餐饮业高质量发展。

本书以餐饮业高质量发展为主题,探索构建高质量发展的餐饮产业政策转型理论分析框架,为制定促进以餐饮业为代表的生活服务业高质量发展的政策提供理论支撑、经验支持和策略参考。①以数据和实例全面回顾了改革开放 40 多年来中国餐饮业经历的恢复期、增长期、成熟期和转型期四个阶段，论证了在此期间餐饮业的经济贡献、就业贡献和文化贡献，总结了餐饮业这 40 多年来取得的瞩目成绩和成长经验。②分析了 2019 年、2020 年我国餐饮业在宏观经济承压形势下发挥的重要作用，全面剖析了新冠肺炎疫情对餐饮业带来的冲击与机遇，系统梳理了"抗疫"期间中央及地方政府陆续出台的一系列产业政策的内容和实施效果。③追踪餐饮业发展新动态，立足新发展阶段，围绕"双循环"发展新格局，基于多视角（公共卫生安全视角、生态化发展视角和政策法律化视角），通过广泛的行业调研和意见征询，论证了制定促进餐饮产业高质量发展产业政策的立法必要性、立法现实要求和发展要求、立法可行性。

本书是由于干千教授主持完成的国家社会科学基金项目《我国餐饮业高质量发展的产业政策转型研究》（项目批准号为：19BJY181）最终结项成果。感谢世界中餐业联合会邢颖会长、普洱学院杨遥副教授对本书提出的修改意见，感谢中国社科院财经战略研究院赵京桥博士、扬州大学程小敏博士以及普洱学院段朋飞副教授、李春教授、田春宝老师、艾千有老师等同人对本书出版提供的帮助。衷心感谢课题组全体成员的努力与付出，同时感谢国家哲学社会科学工作办公室对本书出版的资助。

于干千

红河有鸣潭

2022 年 7 月

目　录

第一章　绪论 ……………………………………………………………………… 1
　　第一节　研究背景与价值 …………………………………………………… 1
　　第二节　中外文产业政策研究可视化对比分析 …………………………… 3
　　第三节　相关研究回顾 ……………………………………………………… 16
　　第四节　研究目的与内容 …………………………………………………… 25
　　第五节　研究方法与创新 …………………………………………………… 27

第二章　改革开放40多年中国餐饮业发展历程、基本经验 ……………… 31
　　第一节　改革开放40多年中国餐饮业发展历程 ………………………… 31
　　第二节　改革开放40多年中国餐饮业发展的主要成绩 ………………… 37
　　第三节　全面准确贯彻新发展理念是重塑中国餐饮业产业地位的基本准则 … 49

第三章　中国餐饮业高质量发展产业政策转型分析框架 ………………… 72
　　第一节　对餐饮业产业定位的再认识和新定位 …………………………… 72
　　第二节　科技成为新时代中国餐饮业发展的核心要素 …………………… 85
　　第三节　融合成为新时代中国餐饮业发展的主流趋势 …………………… 93
　　第四节　健康成为新时代中国餐饮业发展的内涵特征 …………………… 102
　　第五节　人民满意度成为新时代中国餐饮业发展的重要衡量指标 ……… 105
　　第六节　案例研究：产业政策驱动我国餐饮产业竞争力研究 …………… 110

第四章　中国餐饮业高质量发展的困境分析 ……………………………… 125
　　第一节　以人为本与中国餐饮业高质量发展的困境 ……………………… 125
　　第二节　消费升级与中国餐饮业高质量发展的困境 ……………………… 126
　　第三节　绿色生态与中国餐饮业高质量发展的困境 ……………………… 128
　　第四节　能力建设与中国餐饮业高质量发展的困境 ……………………… 129

第五节　公共服务与中国餐饮业高质量发展的困境 …………………… 131
　　第六节　文化传承与中国餐饮业高质量发展的困境 …………………… 133
　　第七节　案例研究：餐饮经济新业态研究——夜间经济 ……………… 134

第五章　餐饮业高质量发展产业政策转型：基于公共卫生安全视角 ……… 144
　　第一节　新冠肺炎疫情发生以来与餐饮业相关的防控政策及扶持政策 … 144
　　第二节　优化短期扶持政策 ……………………………………………… 159
　　第三节　完善短期扶持政策机制 ………………………………………… 162
　　第四节　持续推进长期政策转型 ………………………………………… 164
　　第五节　促进地方特色餐饮业高质量发展 ……………………………… 169

第六章　餐饮业高质量发展的产业政策转型：基于生态化发展的视角 …… 184
　　第一节　中国餐饮产业生态化发展体制机制建设 ……………………… 184
　　第二节　餐饮业产业政策与产业结构生态化发展 ……………………… 186
　　第三节　餐饮业产业政策与企业经营生态化发展 ……………………… 188
　　第四节　餐饮业产业政策与企业文化生态化发展 ……………………… 191

第七章　餐饮业高质量发展的产业政策转型：基于政策法律化视角 ……… 194
　　第一节　立法的必要性 …………………………………………………… 195
　　第二节　立法的现实要求和发展要求 …………………………………… 197
　　第三节　立法的可行性 …………………………………………………… 199
　　第四节　立法路径 ………………………………………………………… 201

第八章　结论与展望 …………………………………………………………… 204

参考文献 ………………………………………………………………………… 209

附录 ……………………………………………………………………………… 214

第一章

绪 论

第一节 研究背景与价值

一、研究背景

2020年是全面建成小康社会，第一个百年奋斗目标的收官之年。虽然面临新冠肺炎疫情冲击和复杂多变的国际政治经济形势，但在中国共产党带领下，全国人民齐心协力有效防控了国内疫情的蔓延和国外疫情的输入，积极复工复产，在全球经济低迷的艰难时刻依然以国内生产总值增长2.3%，突破100万亿元的成绩，完成了"十三五"规划目标，取得了全面建成小康社会的历史性成就，为中国共产党成立一百周年献上了亮丽的成绩单。

"十三五"规划期间餐饮业规模完成历史性跨越，收入达4万亿元凸显了其在国民经济中的基础性生活服务业地位。餐饮业在经济社会中的重要作用主要体现在扩大消费、稳定就业、保障民生和传承文化四个方面。餐饮产业质量在供给侧结构性改革战略指引下，不断实现速度、规模与质量协调发展，提质增效、转型升级效果明显。突如其来的新冠肺炎疫情对餐饮业造成了全面而深远的影响，餐饮堂食消费陷入前所未有的衰退。在国内疫情得到有效控制后，在中央和地方的各项财政、金融扶持政策和消费促进措施下，餐饮业逐步回暖。经历疫情洗礼后，产业转型升级加快，供给质量提升明显，安全防控能力显著增强。

2021年是"十四五"规划开局之年，也是全面建设社会主义现代化国家新征程的起点。① 《中华人民共和国国民经济和社会发展第十四个五年规划和 2035 年远景目标纲要》（以下简称《纲要》）的发布为未来社会、经济等各个领域发展提供了发展目标和行动纲领。② 餐饮业要按照《纲要》部署，紧紧围绕人民美好生活需要，立足新发展阶段，积极贯彻新发展理念，以高质量的产业发展融入"十四五"规划的新发展格局，为 2035 远景目标和第二个百年奋斗目标贡献产业力量。

新冠肺炎疫情发生以来，餐饮业一直是疫情防控重点产业和政府重点扶持的生活服务业之一。截至 2020 年 4 月 1 日，党中央、国务院根据新冠肺炎疫情的动态变化，在全面严格防控阶段和分级分区精准防控阶段，相继出台政策意见，指导企业积极参与抗疫民生保障、有序复工复产工作，并制定、出台了与餐饮业相关的中央财政扶持政策文件 5 个、中央金融扶持政策文件 3 个、中央其他扶持政策 8 个，地方政府细化出台了落实中央政策要求的地方通用政策文件 22 个、差异化地方扶持政策 37 个。这一系列政策措施的制定、实施，有效减轻了餐饮企业的成本压力，增强了抗击疫情、恢复增长的信心。随着政策监督检查的落实、落细，中央和地方扶持政策的效应会进一步放大，对于以中小民营企业为主的餐饮业走出困境、恢复生产、提振消费信心有"四两拨千斤"的杠杆作用。

经济新常态下，主动推动产业政策转型是中国经济实现"创新驱动"和持续增长的关键制度设计，也是高质量发展的产业政策研究的核心要义。本课题紧扣习近平总书记 2018 年 11 月在民营企业座谈会上"要推进产业政策由差异化、选择性向普惠化、功能性转变"的重要讲话精神，围绕中央经济工作会议确定的 2019 年加快服务业发展，"促进形成强大国内市场"的重点工作任务，以餐饮业为例，研究生活服务业高质量发展的产业政策转型问题。在梳理总结改革开放 40 多年中国餐饮业发展基本经验和教训的基础上，聚焦餐饮业应对"市场失灵"时的"政策缺陷"问题，研究适应高质量发展的、着力于矫正与完善市场的产业政策协调机制。同时也为偏好于垄断行业、战略性新兴产业等领域的产业政策研究，提供来自充分竞争、生活服务业的新案例和新视角。

---

① 王晶：《履职为民奋进新征程　厉行法治展现新担当——省十三届人大五次会议代表审议人大、"两院"工作报告侧记》，《山东人大工作》2021 年第 2 期。
② 高云龙：《在促进"两个健康"实践中贯彻五中全会新要求》，《中国政协》2020 年第 24 期。

二、研究价值

(一) 学术价值

首先,尝试构建多学科交叉研究的理论框架,分析高质量发展的餐饮业产业政策转型必要性、可行性及实现路径,为政府在竞争性行业中如何处理好市场与政府关系提供参考,是对"贯彻新发展理念,推动高质量发展"的一种具体学理阐释。其次,以生活服务业为研究对象拓展了产业政策转型研究的新领域,以高质量发展为视角提升了产业政策研究的前瞻性,以餐饮业改革开放 40 多年发展经验为例延伸了产业政策研究的时间跨度。

(二) 应用价值

首先,为制定促进以餐饮业为代表的生活服务业高质量发展的政策提供理论支撑、经验支持和策略参考。其次,稳就业是政府现阶段主要的经济发展目标和最根本的民生问题,应充分发挥餐饮业持续稳定吸纳社会就业的产业功能,研究产业政策转型促进餐饮业升级。最后,课题研究基于多视角(公共卫生安全视角、生态化发展视角和政策法律化视角)提出餐饮业高质量发展的产业政策转型建议,对"新常态下要保证宏观经济稳、产业政策准"具有借鉴意义和参考价值。

第二节 中外文产业政策研究可视化对比分析

一、研究方法与数据来源

(一) 研究方法

本节使用 Excel 软件统计分析产业政策领域的发文数量和学科分布情况,从而把握该领域的研究进程和研究现状。中外期刊中有关产业政策领域文章的增长情况与趋势能够展示该领域在国内和国外的研究程度、活跃度和研究偏向，有助于通过压缩时空的方式梳理该领域研究的纵深和宽度。

利用 CiteSpace 软件对中外期刊中有关产业政策领域的文章进行计量分析和知识图谱可视化分析，分别以关键词（keyword）、文献参考（reference）和研究机构（institute）进行共现分析和聚类分析，以及通过关键词时区图对比分析国内外研究的发展、各阶段研究聚焦及未来研究趋势。①

（二）数据来源

本书的中文期刊来源是 CNKI 数据库中 CSSCI 数据库，外文期刊来源是 WOS（Web of Science）核心合集数据库，通过文献导出，用 Excel 统计文章发表阶段、学科分布、核心机构，用 CiteSpace 计量分析和可视化分析高产机构合作网络、高频关键词的共现网络和高频词的时间分布。具体检索方式如下：

（1）检索时间为 2000 年至 2021 年，检索日期为 2021 年 9 月 6 日。

（2）整理"产业政策"相关联的上位词和下位词以及相近词，上位词如"政策法律化""管理效能""体制机制""法律手段""政策工具"等，下位词如"财政政策""金融政策""政府补贴""竞争政策"等，相近词如"产业经济""产业链""产业价值链""产业结构"等，并与"产业政策"组合，在 WOS 核心合集数据库和 CNKI 数据库中 CSSCI 数据库的"标题""摘要""标题"及"关键词"栏目中检索期刊①，通过筛选、去重等操作，共筛选出外文期刊 1062 篇，中文期刊 1392 篇作为研究分析样本。

二、产业政策领域中文文献分析

（一）发文数量

2000 年以来，国内产业政策领域研究不断升温，2008 年相关领域的发文数量达到 74 篇，随后小幅波动至 2015 年的 75 篇，2017 年猛增至 128 篇，随后小范围波动但持续保持在年均 100 篇左右的发文水平。由此表明，国内在 2015 年

---

① 魏奇锋、徐霞、杨力：《中外文知识管理研究可视化对比分析：现状、热点与演化趋势》，《科技管理研究》2021 年第 7 期。

之前对产业政策的关注较少,但近五年关注度增加,也进入了一个相对稳定的发展阶段(图 1-1)。

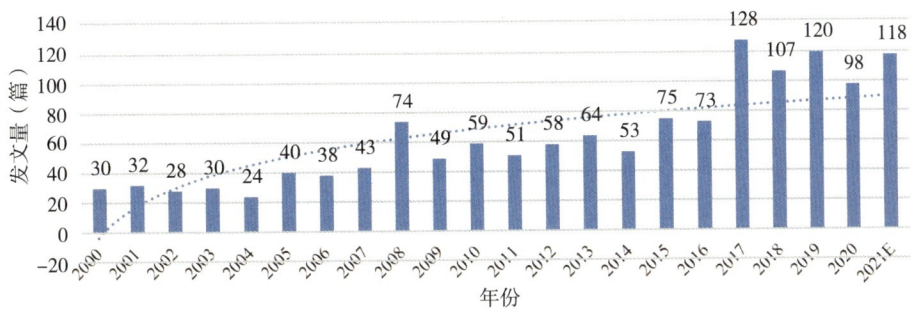

图 1-1 产业政策领域中文文献数量的增长趋势

(二)学科分布

国内产业政策领域排在前 4 位的研究学科分别是:经济体制改革、工业经济、企业经济、宏观经济管理与可持续发展,其他多个人文社科类的学科也涉及产业政策的研究。服务业经济的产业政策研究有 24 篇,排在第 19 位。由此可以看出,产业政策的研究主要集中在经济学和管理学学科,鲜有与理工农医的学科交叉融合(表 1-1)。

表 1-1 产业政策领域中文文献的学科分布

排序	学科	发文量(篇)	占比(%)	排序	学科	发文量(篇)	占比(%)
1	经济体制改革	499	27.70	11	汽车工业	49	2.72
2	工业经济	254	14.10	12	财政与税收	40	2.22
3	企业经济	208	11.54	13	信息经济与邮政经济	40	2.22
4	宏观经济管理与可持续发展	113	6.27	14	农业经济	32	1.78
5	金融	93	5.16	15	文化经济	31	1.72
6	投资	75	4.16	16	行政学及国家行政管理	28	1.55
7	贸易经济	70	3.88	17	文化	27	1.50
8	经济理论及经济思想史	62	3.44	18	体育	24	1.33
9	证券	59	3.27	19	服务业经济	24	1.33
10	经济法	52	2.89	20	市场研究与信息	22	1.22

(三) 核心机构分布

通过可视化分析发现，高校和科研机构是国内产业政策领域研究的主力军，发文量排名前三的研究机构是中国人民大学、北京大学和中国社会科学院工业经济研究所（图1-2）。从图1-3中可看出，我国产业政策领域整体科研实力较强和产出高质量成果较多的研究机构之间没有合作［Network：N＝525，E＝0（Density＝0）］。因此，国内产业政策研究机构间需进一步提高学术交流合作密度[①]，推动研究学科交叉融合和高质量研究成果产出。

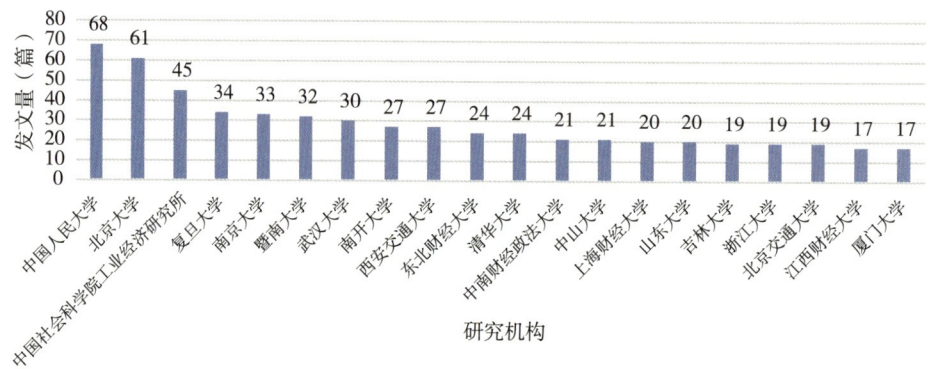

图1-2　2000—2021年产业政策领域中文文献的高产机构（前20位）发文情况

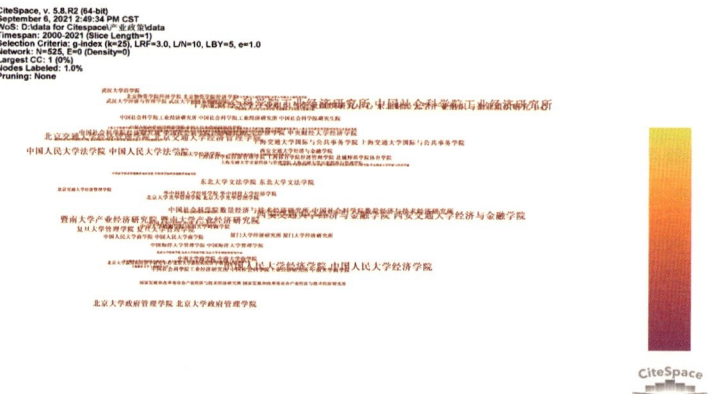

图1-3　2000—2021年产业政策领域中文文献的高产机构合作网络

[①] 魏奇锋、徐霞、杨力：《中外文知识管理研究可视化对比分析：现状、热点与演化趋势》，《科技管理研究》2021年第7期。

（四）研究热点与演化

国内产业政策研究中，关键词出现频次排名前 10 的依次是产业政策、产业结构、竞争政策、日本、产业升级、产能过剩、反垄断法、政府干预、产业集群和体育产业（图 1-4）。其中，排名第 4 的"日本"最早出现在 2000 年的文献中，被引用频率达 33 次，反映出日本的产业政策实践具有较强的研究意义和参考价值。另外，从图 1-4 中还可看出国内学者的重点集中在对政府治理理念转变、行政干预路径优化，以及对市场经济体制下各产业和产业链的研究。从聚类分析看，热点聚类词主要包括♯0 产业政策、♯1 竞争政策、♯2 产业结构、♯3 政府补贴、♯4 日本、♯5 产能过剩、♯6 产业升级、♯7 发展战略、♯8 经济增长、♯9 政府干预、♯10 制度创新等，除♯0 产业政策外，国内学者研究更多地聚焦于♯1 竞争政策。由此可见，强化竞争政策基础地位已经在国内学术界和政策界达成共识。①

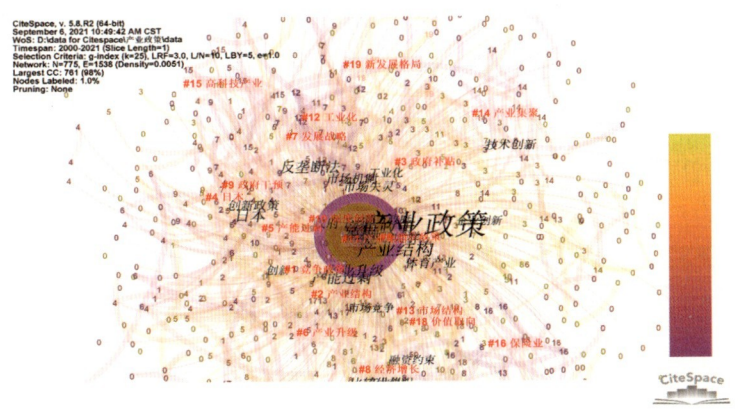

图 1-4　2000—2021 年产业政策领域中文文献高频关键词的共现网络

从高频关键词的时区图可以看出（图 1-5），样本中文文献的研究大致分为两个阶段：第一阶段（2001—2005 年）的关注点较多，可谓百花齐放，但比较深入且成效明显的是产业结构、竞争政策、产业升级、反垄断法、技术创新和日本产业政策实践研究；第二阶段（2006 年至今）的关注点除了延续

---

① 李伟、贺俊：《确立竞争政策基础地位的激励约束和能力障碍》，《学习与探索》2021 年第 5 期。

第一阶段的主要研究成果，学者也开始对创新政策、市场失灵、产能过剩、比较优势、企业创新和融资约束进行探索。

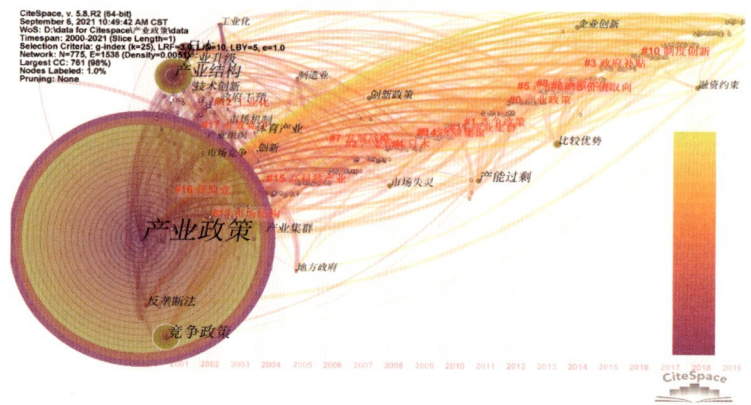

图 1-5　2000—2021 年产业政策领域中文文献高频词的时间分布

三、产业政策领域外文文献分析

（一）发文数量

2000 年，部分学者在外文文献中对产业政策领域有所关注，但 2001—2005 年间关注减少，2006 年产业政策领域的研究逐渐恢复，在随后 6 年进入平稳增长状态，从 2013 年开始相关领域研究快速上升，近 6 年发文量持续走高，说明国际学者对产业政策领域的研究持续升温并进入相对稳定的发展状态。中文文献与外文文献发文量趋势相似，表明产业政策领域研究正在得到越来越多国内外学者的关注（图 1-6）。

（二）学科分布

根据外文样本文献，排名前 20 的产业政策研究学科如表 1-2 所示。其中，Business Economics，Environmental Sciences Ecology，Public Administration，Government Law，Development Studies 这 5 个学科与产业政策领域的交叉融合研究较多，占比分别为 35.33％，11.86％，8.55％，7.49％和 4.24％，另外，Geography，Engineering，Science Technology Other Topic

图 1-6　2000—2021 年产业政策领域外文文献数量增长趋势

和 Computer Science 等理工类学科也有涉及。从分布角度来看，与产业政策交叉的学科主要体现在环境科学、法律和行政管理三个方面。

表 1-2　2000—2021 年产业政策领域外文文献的学科分布

排序	学科	发文量（篇）	占比（%）	排序	学科	发文量（篇）	占比（%）
1	Business Economics	566	35.33	11	Social Sciences Other Topic	49	3.06
2	Environmental Sciences Ecology	190	11.86	12	Energy Fuels	48	3.00
3	Public Administration	137	8.55	13	Urban Studies	43	2.68
4	Government Law	120	7.49	14	History	27	1.69
5	Development Studies	68	4.24	15	Sociology	15	0.94
6	Geography	65	4.06	16	Social Issues	13	0.81
7	Engineering	61	3.81	17	Arts Humanities Other Topics	9	0.56
8	Science Technology Other Topic	56	3.50	18	Computer Science	9	0.56
9	International Relations	55	3.43	19	Operation Research Management Science	9	0.56
10	Area Studies	53	3.31	20	Public Environment Occupational Health	9	0.56

（三）核心机构分布

通过文献计量分析发现（图 1-7），高校是国外产业政策领域研究的领头羊，其中排名前 3 的机构分别为 University of London、University of Cambridge 和 University of Ferrara，发文量分别为 28，27 和 27；我国的 Tsinghua University（清华大学）和 Peking University（北京大学）分别排名第 7（发文 15 篇）和第 19（发文 9 篇）；机构中 The World Bank 发文 11 篇，排名第 10。

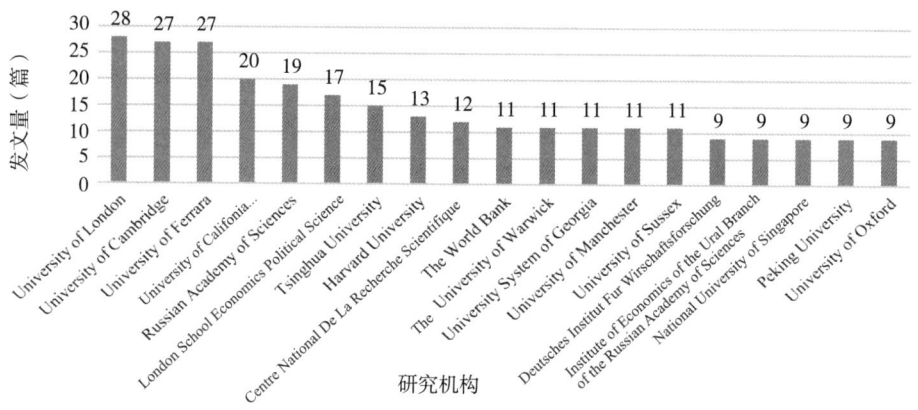

图 1-7　2000—2021 年产业政策领域外文文献的高产机构（前 20 位）发文情况

从图 1-8 中可看出产业政策相较于其他领域的研究，机构间合作相对较少；但相较于国内相同领域机构间合作研究基本空白的情况来说略好〔Network：N＝506，E＝312（Density＝0.0024）〕。另外，University of Ferrara、University of Cambridge、Harvard University、Chinese Academy of Sciences（中国科学院）和 Tsinghua University（清华大学）属于高频合作机构，4 个重要的合作网络分别是以 University of Cambridge 为核心的 University of Johannesburg 和 Chinese Academy of Sciences 合作网络，以 University of Ferrara 为核心的 University of California Los Angeles 合作网络，Tsinghua University 和 Harvard University 合作网络，University of California Berkeley 和 The Georgia Institute of Technology 合作网络，以上合作网络发表的文献达到 76 篇。此外，Russian Academy of Sciences、National University of Singapore 和 Peking University（北京大学）都是该领域研究高成果产出机构。

图 1-8 2000—2021 年产业政策领域外文文献的高产机构合作网络

(四) 研究热点与演化

样本外文文献中,高频次关键词中排名前 10 的依次是 growth, innovation, impact, model, system, trade, firm, performance, economy 和 governance (图 1-9),排名前 3 的关键词 (growth, innovation, impact) 最早分别出现在 2003 年、2006 年和 2002 年,被引用频次分别达到 70 次、60 次和 43 次,至今仍保持较高热度。排名前 10 的高频关键词中除了 trade 最早出现在 2015 年,其余 9 个均早在 2010 年前就成为国外学者研究的焦点,说明国外对于产业政策的研究具有深入挖掘的特点和较强的延续性。而 dynamics, research and development, state, investment, political investment 等其他热点关键词则反映出外文文献的研究重点与国内学者的研究趋于相似。从聚类分析看,热点聚类词主要包括♯0 city、♯1system、♯2productivity、♯3structural changes、♯4 environmental regulation、♯5 sustainability、♯6 industrial energy efficiency、♯7 industrial structural rationalization、♯8 redistribution、♯9 innovation、♯10 research and development,♯0 city 最早出现在 2014 年的文献中,涉及文献数量最多 (71 篇),也是最受关注的热点方向。

与中文文献有所不同的是,外文文献的研究热点偏向于与环境科学、生态学等工程类应用科学的结合,如♯4 environmental regulation、♯5 sustainability、♯6 industrial energy efficiency、♯8 redistribution,更注重深入探究产业链的运行机理和可持续的商业模式；而中文文献更多地从社会科学角度进行理论研究。

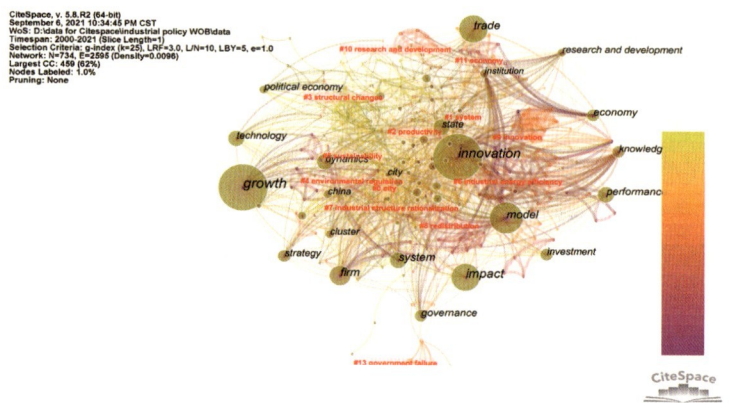

图1-9 2000—2021年产业政策领域外文文献高频关键词的共现网络

从高频关键词的时区图可以看出（图1-10），国外学者在该领域的研究大致分为两个阶段：第一阶段（2000—2007年）的关注点是firm，impact，growth，innovation，governance，performance和model等；第二阶段（2008—2021年）在坚持原来成果探索的基础上，trade，political economy，state investment的研究热度增加。值得注意的是，China也是近年来研究的焦点之一，说明国内外学者都对我国产业政策的实践经验和理论模型探究给予认可和关注。另外，热点聚类词前6位（#0 city、#1system、#2 produc-

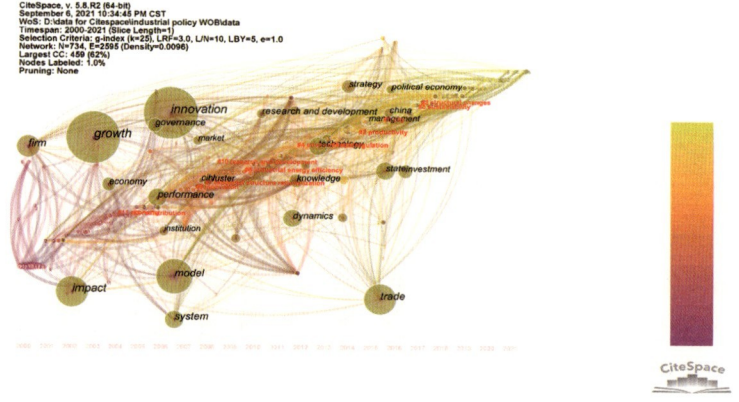

图1-10 2000—2021年产业政策领域外文文献高频关键词的时间分布

tivity、#3structural changes、#4 environmental regulation、#5 sustainability)均出现在近十年,说明产业政策的研究得到越来越多的关注,且有丰硕的高质量研究成果产出。

四、产业政策领域中外文研究对比分析

(一)发文情况对比

两种样本文献数量变化基本相似,2006年前产业政策领域得到的关注并不多,2006年后进入稳定增长,2019—2020年进入高峰。从研究成果的理论和实践价值来看,外文文献略胜一筹,但产业政策领域在国内外都是研究相对较少的,有待继续深耕的领域。通过拟合累计发文量对数函数分析,二者近几年呈对数式稳定上升趋势,未来产业政策的研究热度仍将延续。一方面,学科交叉研究是主流趋势,世界格局和社会结构的剧烈变化以及可持续发展理念的引领,生态学、地理学、环境科学等渗入产业政策、产业经济研究领域,促进研究的不断丰富和深入,未来会有更多研究的细分领域和学科交叉相融的研究成果出现。另一方面,随着新冠肺炎疫情对社会经济发展带来的影响,世界经济增长乏力,国内经济进入国内国际双循环格局,通过产业政策助推产业经济回到正轨具有重要的现实意义。由此,该领域的研究思路、研究理念和研究方法亟待突破,并融入不断变化的市场中进行验证。

(二)学科分布对比

两种样本文献在学科分布上最大的区别在于多学科交叉融合程度不同,由于产业政策推动产业高质量发展体现在产业规模、税收贡献、就业保障和文化交流等方面,所以产业政策领域的中外文文献均涉及的交叉学科有管理学、经济学、政治学与行政学等。但相比之下,中文文献的学科跨度较小,与工程类学科交叉融合缺乏[①],研究的视野和范式单一;外文文献的学科跨度

---

① 魏奇锋、徐霞、杨力:《中外文知识管理研究可视化对比分析:现状、热点与演化趋势》,《科技管理研究》2021年第7期。

较大，研究角度涉及地理、生态环境、生物、医学和能源燃料等，能够从不同的视角对该领域进行审视、研究和验证，其研究的理论模型更具普遍适应性。

（三）核心机构对比

高校无疑是产业政策研究领域的领头羊，Chinese Academy of Sciences（中国科学院）和 The World Bank 是研究机构中的佼佼者。就合作程度而言，该领域研究机构合作网络密度过低是突出问题，外文文献研究机构的合作群体相对分散、规模较小且高质量成果产出相对较少，以 University of Ferrara、University of Cambridge、Harvard University、Chinese Academy of Sciences（中国科学院）和 Tsinghua University（清华大学）为首的合作团队在外文期刊发表文献数量排名靠前。中文文献研究机构发文量排名前三研究的机构是中国人民大学、北京大学和中国社会科学院工业经济研究所，但以上领军院校和科研机构在产业政策领域目前基本没有深度合作，这也是未来国内学界提升产业政策领域研究质量的模式和路径。

（四）研究热点与演化对比

通过对比两种样本文献热点关键词共现网络和时区演化发现[①]，二者的研究阶段均可分为两个阶段，分别为中文文献（2000—2005 年，2006—2021 年）和外文文献（2000—2007 年，2008—2021 年）。由此看出国内外对产业政策研究的节奏基本相同，但研究主题和方向略有不同，国内外研究均通过规范的实证研究、演绎研究、模型研究和对比研究等多种方法探究验证产业政策与产业经济、产业发展之间的联动效应。其不同之处在于：外文文献在产业增长、创新、产业政策影响以及产业内部模式、系统和动态变化等方面进行深度挖掘，并有较多高质量成果产出，早期从地理学、生态学和能源能量的角度进行研究，近年来产业升级和可持续发展成为研究热点和前沿；中文文献在产业结构、竞争政策和日本产业政策实践等方面做了大量研究，并从体育产业和保险业做过实证研究，近年来制度创新、政府补贴和经济增长

---

① 魏奇锋、徐霞、杨力：《中外文知识管理研究可视化对比分析：现状、热点与演化趋势》，《科技管理研究》2021 年第 7 期。

成为研究趋势,但与外文文献相比,研究的深度还有待进一步拓展。

(五)结论

第一,就发文数量而言,中、外文文献量均呈现出 2016 年前研究成果较少且增长缓慢,2016 年开始研究成果显著增多且呈稳定增长的趋势。说明产业政策研究是近年来的研究新热点,其理论意义和实践价值正在得到学术界越来越多的关注,研究热度在未来仍将持续。

第二,就研究学科而言,学科交叉融合是中、外文文献的主流研究方式。但中文文献的学科交叉密度小跨度窄,研究理念和思路不够延展,质性研究占比较大,定量研究不足,未来应在加强产业政策理论研究的同时,增加深度案例研究,提高成果对社会经济发展的贡献。

第三,就核心主题和研究热点而言,由于社会背景和研究情境不同,国内外研究各有侧重。外文文献主要集中于增长、影响、创新和模型等方面,未来研究趋向于城市区域的产业政策效应、结构变化和可持续发展,注重产业政策推动产业发展的原理、内涵和联动机制研究。中文文献的研究重点主要集中于产业结构、产业升级、竞争政策等方面,注重产业政策在中国的实践和创新应用,制度创新、政府补贴和经济增长是中文文献的未来研究走向。

第四,就产业政策的研究脉络而言,外文文献的研究主要体现在 distribution, innovation, industrial structure rationalization, industrial energy efficiency, research and development, environment, regulation, productivity, city, sustainability, structural change 等,多从宏观和微观角度的理论探究。中文文献的研究主要体现在产业结构、发展策略、工业化、产业集聚、产业集群、产业政策、经济增长、政府补贴、制度创新等,更加重视产业政策在区域经济中的实践应用效果总结归纳。

通过对比分析可知,我国产业政策实践领域的研究应当加强研究机构间合作,拓宽交叉学科跨度,延展研究思路,充实定量研究方法,结合本国国情和已取得的实践研究成果,借鉴外文文献从生态环境、能源能量和地理角度构建的理论研究路径,进一步将理论研究的技术及工具应用于产业政策和产业经济方面,拓宽研究领域的广度。

第三节　相关研究回顾

基于新古典经济学和古典自由主义的关于政府与市场在经济发展过程中所起作用的学术争论，产业政策的概念、类型与功能、作用方式与政策效应等问题一直是学界和政府关注的焦点。本课题的学术史梳理及研究动态聚焦于多学科视野下产业政策的转型。

一、经济学视野下的产业政策转型

产业政策转型的实质是在产业发展过程中市场与政府边界及相互关系的调整过程（江飞涛等，2018[1]）。一般认为，产业政策转型经历了从选择性产业政策到功能性政策转变的过程（江飞涛等，2018[1]；小宫隆太郎，1988[2]）。在选择性产业政策中，政府处于主导性地位，政府干预甚至替代市场。20世纪50年代，各国政府出于战后经济重建的需要实施了以选择性产业政策为主导的产业政策（野口悠纪雄，2015[3]），并被归结为战后"东亚奇迹"的重要制度因素，据此作为发展型政府理论实践的重要例证（Chalmers Johnson，1982[4]；Alice H. Amsden，1989[5]；Robert Wade，1990[6]）。第二次世界大战

---

[1] 江飞涛、李晓萍：《改革开放四十年中国产业政策演进与发展——兼论中国产业政策体系的转型》，《管理世界》2018年第10期。

[2] 小宫隆太郎，等，《日本的产业政策》，国际文化出版公司，1988。

[3] 野口悠紀雄，戦後経済史：私たちはどこで間違えたのか，东京：東洋経済新報社，2015。

[4] Chalmers Johnson, *MITI and the Japanese Miracle: The Growth of Industrial Policy*, 1925—1975 (California: Stanford University Press, 1982).

[5] Alice H. Amsden, *Asia's Next Giant: South Korea and Late Industrialization* (New York and Oxford: Oxford University Press, 1989).

[6] Robert Wade, *Governing the Market: Economic Theory and the Role of Government in East Asian Industrialization* (New Jersey: Princeton University Press, 1990).

后的日本经济发展中，竞争政策体系从未停止发挥作用，从前期的不引人注意到经济高度成长期的效应明显（宋磊，2019①）。20世纪80年代日本政府基本确立了产业政策和竞争的协调机制，即通过部门职能分工、制定共同执法指南、明确实施细则、共同实施政策评价制度及竞争影响评价制度（江鸿等，2020②）。后工业化时期，日本政府先后推出两轮产业活性化政策以应对突出的日本经济供需矛盾（田正等，2021③）。随着5G时代的到来，日本以"官学企连携"的方式促进5G产业发展，同时开始布局6G的发展（张文闻，2021④）。在后日美贸易摩擦时代，由于通产省产业政策模式下的国家开发计划无法与高度不确定的市场变化同步，最终导致日本半导体产业行业性衰退（刘轩等，2021⑤）。发展成熟的日本肉牛产业受到新冠肺炎疫情的严重影响，日本政府和相关组织相继调整了长期支持政策，并针对具体困难出台了多项应急措施形成了全方位的产业稳定体系（薛永杰等，2021⑥）。日本在产业政策领域的诸多探索对于中国产业政策的实践具有指导性意义（李慧敏等，2019⑦）。学界对于选择性产业政策在经济发展中的实际作用也存在诸多的质疑与争论（江小涓，1993⑧；江飞涛等，2012⑨）。Marcus Noland（2003）总

---

① 宋磊：《从执拗低音到明快主旋律：日本经济政策体系之中的竞争政策的演变》，《国家治理现代化研究》2019年第2期。
② 江鸿、贺俊：《美国结构性产业政策的变革走向与中国应对》，《中州学刊》2020年第10期。
③ 田正、江飞涛：《日本产业活性化政策分析——日本结构性改革政策的变化及其对中国的启示》，《经济社会体制比较》2021年第3期。
④ 张文闻：《日本第五代移动通信技术产业政策发展与产业链研究》，《现代日本经济》2021年第3期。
⑤ 刘轩、纪雅琦：《后日美贸易摩擦时代日本的产业分流及其半导体产业衰退》，《现代日本经济》2021年第2期。
⑥ 薛永杰、闫金玲、赵慧峰，等：《新冠肺炎疫情下的日本肉牛产业及支持政策》，《世界农业》2021年第1期。
⑦ 李慧敏、王忠：《产业政策与竞争政策能否协调——日本产业政策与竞争政策协调机制及其启示》，《日本学刊》2019年第2期。
⑧ 江小涓：《中国推行产业政策中的公共选择问题》，《经济研究》1993年第6期。
⑨ 江飞涛、李晓萍：《改革开放四十年中国产业政策演进与发展——兼论中国产业政策体系的转型》，《管理世界》2018年第10期。

结了全球化时代亚洲产业政策的经验教训[1]。20世纪80年代以来，经济赶超战略阶段性目标的实现带动发达经济体产业政策的设计理念及政策工具都发生了改变，产业政策的目标由积极赶超变为弥补市场失灵，选择性产业政策因扭曲市场机制和破坏公平竞争而饱受争议。国内研究者采取定量研究的方法对垄断行业、新兴战略产业的选择性产业政策的效果进行研究，认为政府补贴扭曲了企业投资行为，不当干预加剧了产能过剩，投资限制和管制短期有效，创新"质量"没有显著提高等（肖兴志等，2014[2]；余东华等，2015[3]；白让让等，2016[4]；黎文靖等，2016[5]）。由选择性向功能性产业政策转型，市场机制是推动产业创新发展与结构演变的决定性力量，市场处于主导性地位。刘鹤（2002）提出政府应按照市场导向、横向性、服从竞争政策等原则，避免采取纵向、干预市场的选择性产业政策[6]。Dani Rodrik（2007）提出产业政策的施政选择从"挑选赢家"到提供服务的转变[7]。林毅夫和张维迎围绕产业政策展开了激烈的辩论，新结构主义经济学家林毅夫（2016）认为，政府制定产业政策才能促进经济发展，"有为的政府"和"有效市场"在经济发展过程中是不可或缺的[8]。张维迎（2017）从奥地利经济学派的视角看市场机制与产业政策，提出政府应"无为而治"，不给任何行业与企业制定特

---

[1] Marcus Noland and Howard Pack, *Industrial policy in an era of globalization: lessons from Asia* (New York: Columbia University Press, 2003).

[2] 肖兴志、王伊攀：《政府补贴与企业社会资本投资决策——来自战略性新兴产业的经验证据》，《中国工业经济》2014年第9期。

[3] 余东华、王蒙蒙：《横向并购反垄断审查中的竞争损害模拟分析——以一汽并购华晨为例》，《财贸研究》2015年第6期。

[4] 白让让、谭诗羽：《研发模式、纵向一体化与自主品牌导入期的创新绩效》，《管理科学》2016年第4期。

[5] 黎文靖、郑曼妮：《实质性创新还是策略性创新？——宏观产业政策对微观企业创新的影响》，《经济研究》2016年第4期。

[6] 刘鹤. 走向大国开放经济条件下我国产业政策的依据和特征，载刘鹤、杨伟民主编《中国产业政策：理论与实践》，中国经济出版社，1999，第64—68页。

[7] Dani Rodrik, *One Economics, Many Recipes: Globalization, Institutions, and Economic Growth* (New Jersey: Princeton University Press, 2007).

[8] 林毅夫、王子晨：《论有为政府和有限政府》，《理论建设》2016年第6期。

殊政策，主张废除任何形式的产业政策。① 但林张双方对政府避免使用纵向干预的选择性产业政策达了共识。吴敬琏（2017）②、陈清泰（2016）③ 等知名学者在后来的讨论中，都表达了同样的观点。Joseph E. Stiglitz（2002④，2018⑤），认为市场失灵无处不在，弥补和矫正市场失灵，政府理所应当发挥适当合理的角色，并建议非洲国家的产业政策从出口导向制造业向促进就业和学习型转型。Mario Cimoli & Giobanni Dosi（2009）总结了演化经济学对向知识能力、创新为核心的产业政策转型的思考。⑥ 曾经质疑产业政策有效性的日本学术界针对后工业时代、国际竞争的挑战等环境变化，从日本产业结构调整及第三产业发展等方面开始重视产业政策研究（高阪章，2017⑦；渡辺純子，2016⑧；森川正之，2017⑨）。结构性产业政策在美国产业政策体系中的地位不断提升，是当前美国提升国内关键产业竞争力、配合对华贸易战与科技战的重要手段（江鸿、贺俊，2020⑩）。

在新冠肺炎疫情对全球经济的严重冲击下，一套更新的具有内部分析和

---

① 张维迎：《产业政策争论背后的经济学问题》，《学术界》2017 年第 2 期。
② 吴敬琏：《产业政策面临的问题：不是存废，而是转型》，《兰州大学学报（社会科学版）》2017 年第 6 期。
③ 陈清泰：《资本化是国企改革的突破口》，《中国金融》2016 年第 4 期。
④ Joseph E. Stigliz. "Information and the Change in the Paradigm in Economics". *The American Economic Review*. 92, no. 4 (2002): 460 – 501.
⑤ Joseph E Stigliz. "Industrial Policies and Development Cooperation for a Learning Society", *Asia-Pacific Review*, 25, no. 2 (2018): 4 – 15.
⑥ Mario Cimoli, Giovanni Dosi and Joseph E. Stigliz, *Industrial Policy and Development: The Political Economy of Capabilities Accumulation* (New York and Oxford: Oxford University Press, 2009).
⑦ 高阪章. 産業構造変化と成長戦略：工業化、そして脱工業化 [J]. 国際学研究，2017 (6): 15—30.
⑧ 渡辺純子. 通産省（経産省）の産業調整政策 [C]. RIETI Discussion Paper Series, 2016: 33.
⑨ 森川正之. サービス産業と政策の百年：概観 [C]. RIETI Policy Discussion Paper Series, 2017: 3.
⑩ 江鸿、贺俊：《美国结构性产业政策的变革走向与中国应对》，《中州学刊》2020 年第 10 期。

调整性的产业政策能有效推动经济和社会在向可持续人文社会发展的过程中产生结构性变化。另外，精确、敏锐和透明的产业政策设计对于优化产业管理具有重要作用（Andrea Ferrannini，et al，2021①）。产业政策实施主体的权威性不够、政府政策选择的短期化倾向、结构性产业政策长期主导形成的思维惯性和能力锁定，是竞争政策基础地位未能确立的根本制约（Elvira Uyarra，et al，2020②；Chang，et al，2020③）。

中国经济发展到了从高速增长迈入高质量发展的关键历史时点，全球经济外部环境也处于前所未有的变革中，产业政策面临的问题不是存废，而是转型（吴敬琏，2017④）。学界认为，中国产业政策的实施效果取决于政府的阶段任务目标、经济发展水平和市场化进程；在保护知识产权的同时，对战略性新兴产业在创新活动和中小企业发展等方面给予支持；建立产业进入退出机制以集中国家优势进行产业关键技术与共性技术研发（孙早等，2015⑤；李晓华等，2010⑥；邓向荣等，2016⑦）。竞争是市场机制最本质的特征，国内学者从竞争政策与产业政策兼容、协调的视角展开产业政策转型研究。崔校宁等（2016）提出产业政策与竞争政策兼容的可行性。⑧ 宋则（2017）提出

---

① Andrea Ferrannini, et al, "Industrial policy for sustainable human development in the post-Covid19 era," *World Development* 3, no. 39 (2021): 2-54.
② Elvira Uyarra, et al, "Public procurement, innovation and industrial policy: Rationales, roles, capabilities and implementation," *Research Policy*, 49 no. 1 (2020).
③ H. J. Chang, et al. Industrial Policy in the 21st Century [J]. *Development and Change*, 2020, 51 (2): 324-351.
④ 吴敬琏：《产业政策面临的问题：不是存废，而是转型》，《兰州大学学报（社会科学版）》2017年第6期。
⑤ 孙早、肖利平：《产业特征、公司治理与企业研发投入——来自中国战略性新兴产业A股上市公司的经验证据》，《经济管理》2015年第8期。
⑥ 李晓华、吕铁：《战略性新兴产业的特征与政策导向研究》，《宏观经济研究》2010年第9期。
⑦ 邓向荣、曹红：《产业升级路径选择：遵循抑或偏离比较优势——基于产品空间结构的实证分析》，《中国工业经济》2016年第2期。
⑧ 崔校宁、李智：《产业政策与竞争政策的兼容性研究》，《价格理论与实践》2016年第9期。

公有制与市场兼容的观点。① 黄先海等（2015）认为产业政策存在一个以行业竞争程度等行业异质性为特征的最优实施空间。② 于立（2017）认为竞争政策与产业政策主要为替代关系，而与规制政策主要为互补关系。③ 金碚（2017）提出产业政策必须充分体现竞争友好精神。④ 周开国等（2018）提出产业政策效果与市场风险的调控关系。⑤ 于良春（2018）探索进行竞争政策与产业政策协调机制的设计。⑥ 周亚虹等（2015）提出激励原始创新和转向需求培育可能是未来新型产业政策调整的方向。⑦ 刘涛雄等（2016）提出了"竞争—创新"的产业政策转型的分析框架。⑧ 费洪平等（2021）提出要加快由差异化、选择性产业政策向普惠化、功能性产业政策转变，并对配套措施、治理机制、制度保障进行完善。⑨ 杜阳等（2020）以竞争驱动为切入点，构建数理经济模型，为构建和评价亲市场型产业政策提供了微观层面的理论与经验证据。⑩ 狄振鹏等（2020）提出以产业高端化、构建现代产业新体系为目标，加速推动产业政策全方位转型。⑪ 钟廷勇等（2021）通过对上市公司数据的实证研

---

① 宋则：《传承创新马克思市场学说寻求市场化改革新突破》，《经济研究参考》2017年第40期。
② 黄先海、宋学印、诸竹君：《中国产业政策的最优实施空间界定——补贴效应、竞争兼容与过剩破解》，《中国工业经济》2015年第4期。
③ 于立、刘玉斌：《中国市场经济体制的二维推论：竞争政策基础性与市场决定性》，《改革》2017年第1期。
④ 金碚：《供给侧政策功能研究——从产业政策看政府如何有效发挥作用》，《经济管理》2017年第7期。
⑤ 周开国、闫润宇、杨海生：《供给侧结构性改革背景下企业的退出与进入：政府和市场的作用》，《经济研究》2018年第11期。
⑥ 于良春：《中国的竞争政策与产业政策：作用、关系与协调机制》，《经济与管理研究》2018年第10期。
⑦ 周亚虹、蒲余路、陈诗一，等：《政府扶持与新型产业发展——以新能源为例》，《经济研究》2015年第6期。
⑧ 刘涛雄、罗贞礼：《从传统产业政策迈向竞争与创新政策——新常态下中国产业政策转型的逻辑与对策》，《理论学刊》2016年第2期。
⑨ 费洪平、洪群联、邱灵，等：《新时代我国产业政策转型研究》，《北京交通大学学报（社会科学版）》2021年第4期。
⑩ 杜阳、李田：《产业政策、竞争驱动与企业创新效率》，《经济与管理研究》2020年第7期。
⑪ 狄振鹏、王为东：《我国产业政策转型研究》，《新疆社会科学》2020年第6期。

究，提出产业政策与市场竞争是影响企业生存和发展的重要环境变量。[①] 王桂军等（2020）认为市场竞争越激烈，政府补贴和税收优惠越能提高企业的创新能力。[②] 蒋墨冰等（2021）认为产业政策主要通过增加政府补贴和提升行业竞争程度发挥正向调节作用。[③] 张燕等（2021）认为我国今后更加需要"市场加强型"的功能型产业政策。[④] 石清华（2021）提出我国在经济新常态下，较为适合采用合作主导型模式来驱动我国的产业转型升级。[⑤] 李伟等（2021）较为明晰地提出确立竞争政策基础地位的激励约束和能力障碍。[⑥] 戴一鑫等（2021）借鉴"地理—组织—技术三位一体"的思想，构建了地区产业结构适宜度指标，证实了引发东部和中西部产业集聚增长效应差异的影响因素，认为"一刀切"的产业政策设计对本地的经济增长作用并不是最优的。[⑦]

二、其他学科视野下的产业政策转型

国内竞争法学界对产业政策转型研究起步较晚，研究内容从提出的"竞争政策优先"观点（王晓晔，2011[⑧]），到阐述竞争政策相对于产业政策的一

[①] 钟廷勇、许超亚、李江娜：《产业政策、市场竞争与企业创新策略选择》，《江海学刊》2021年第2期。
[②] 王桂军、张辉：《促进企业创新的产业政策选择：政策工具组合视角》，《经济学动态》2020年第10期。
[③] 蒋墨冰、王龙梅、吕品：《经济政策不确定性、产业政策与企业创新》，《产经评论》2021年第2期。
[④] 张燕、邓峰：《产业政策与微观企业行为研究综述》，《财会月刊》2021年第15期。
[⑤] 石清华：《经济新常态下我国产业转型升级的模式分析》，《学术交流》2021年第2期。
[⑥] 李伟、贺俊：《确立竞争政策基础地位的激励约束和能力障碍》，《学习与探索》2021年第5期。
[⑦] 戴一鑫、李杏：《政策偏向、产业集聚与区域均衡增长》，《山西财经大学学报》2021年第4期。
[⑧] 王晓晔：《自由贸易区竞争政策的合作》，《国际贸易》2011年第10期。

般优先地位（齐虹丽，2003①；戴龙，2009②；李平等，2010③），再到确立竞争政策处于基础性甚至优先性的地位（王先林，2016④）。竞争政策又得到了国内法学界的普遍认同，并成为政府全面深化市场改革政策设计的价值取向（许昆林，2013⑤；张茅，2014⑥），是使市场在资源配置中起决定性作用和更好发挥政府作用的黄金结合点（臧跃茹等，2018⑦）。

此外，20世纪70年代以来，西方政策科学研究者构建了较为成熟的公共政策研究范式，提供了丰富的政策研究文献。国内公共管理学界引入计量分析的方法，在教育、科技、卫生、扶贫、文化旅游、养老及垄断产业等领域的政策研究取得了大量的研究成果。20世纪90年代以来，随着中国经济体制改革及流通业的融合发展，商业经济研究领域对产业政策的研究集中在流通业产业竞争规制方面（马龙龙，2005⑧；洪涛等，2016⑨）。随着文旅融合、文化旅游产业政策成为学术界热点话题，文化旅游产业政策力度对文化旅游产业发展的有效性得到了实证分析（黄锐等，2021⑩）。健康旅游产业政策从基本政策工具和"健康中国"战略两个维度对政策文本得到量化分析（翟燕

---

① 齐虹丽：《产业政策与竞争政策的关系——中国入世后面临的挑战与日本的经验》，《经济科学》2003年第3期。
② 戴龙：《日本反垄断法实施中的竞争政策和产业政策》，《环球法律评论》2009年第3期。
③ 李平、刘桂清：《产业政策限制竞争法律规制的理论逻辑与制度路径》，《吉首大学学报（社会科学版）》2020年第6期。
④ 王先林：《反垄断法与创新发展——兼论反垄断与保护知识产权的协调发展》，《法学》2016年第12期。
⑤ 许昆林：《逐步确立竞争政策的基础性地位》，《价格理论与实践》2013年第10期。
⑥ 张茅：《让竞争政策更有力地助推市场经济》，《工商行政管理》2014年第17期。
⑦ 臧跃茹、刘志成：《以确立竞争政策基础性地位为重点 加快完善社会主义市场经济体制》，《宏观经济管理》2018年第4期。
⑧ 马龙龙：《流通产业政策》，北京：清华大学出版社，2005.
⑨ 洪涛、程敏：《"十二五"时期我国流通政策的新亮点和理论突破》，《商业经济研究》2016年第5期。
⑩ 黄锐、谢朝武、李勇泉：《中国文化旅游产业政策演进及有效性分析——基于2009—2018年政策样本的实证研究》，《旅游学刊》2021年第1期。

霞等，2021[①]）。李在军等（2021）采用文献研究法，运用自组织理论分析了中国冰雪旅游产业融合发展的原理，提出中国冰雪旅游产业融合发展的4条推进路径，为中国冰雪旅游产业与相关产业融合发展提供理论参考[②]。李晓娣等（2021）发现养老产业发展的政策工具呈现偏供给型轻需求型、养老模式参与主体中政策分布不均衡、创新价值链维度养老产业发展尚未成熟的发展状况。[③] 餐饮产业政策研究的国内外文献较为稀少，现有餐饮经济研究更多关注餐饮产业经济贡献和企业管理等微观层面问题。

三、相关研究述评

通过研究，学术界基本达成了以下共识：一是不拘泥于是否需要产业政策的意识形态探讨，产业政策应回归弥补"市场失灵"本源，避免"越位"误伤市场公平竞争，弱化选择性产业政策对市场的支配作用，提升企业家根据市场逻辑和经济规律选择产业、技术路径和商业模式的自由度和决定权；二是产业政策对于市场的作用具有两面性，即促进产业技术、组织及结构等方面的同时，也会因政策制定的系统性失效风险以及执行过程中出现的政府失灵阻碍产业升级；三是竞争政策与产业政策兼容，产业政策转型由选择性向功能性过渡，由要素驱动向创新驱动转变。

但目前的研究也存在着进一步拓展的空间，主要表现在：一是对纵向维度的传统选择性产业政策关注度高，而对横向维度、政府和市场关切的功能性产业政策研究不足；二是关注要素驱动的产业政策研究，对创新驱动的产业政策研究不足，重视产业政策的即时效应，忽略对产业政策长期历史演进的研究；三是研究对象更偏好于垄断行业、高新技术、金融等领域，对充分

[①] 翟燕霞、石培华：《政策工具视角下我国健康旅游产业政策文本量化研究》，《生态经济》2021年第7期。

[②] 李在军、崔亚芹：《中国冰雪旅游产业融合发展的机制与推进路径研究》，《首都体育学院学报》2021年第3期。

[③] 李晓娣、原媛、黄鲁成：《政策工具视角下我国养老产业政策量化研究》，《情报杂志》2021年第4期。

竞争行业研究关注不够，很少顾及就业贡献大、安全保障要求高、创新能力不足的生活服务业；四是研究缺乏对中国餐饮产业发展环境、政策、体制机制等宏观层面的系统研究，餐饮业高质量发展的产业政策转型研究亟待加强。

第四节　研究目的与内容

一、研究的目的

新冠肺炎疫情发生以来，餐饮业在新冠肺炎疫情防控和恢复消费信心方面承担着重要任务。在新冠肺炎疫情暴发到逐渐得到控制再到疫情防控常态化的过程中，餐饮业也发生了深刻的变革，巩固了其在国民经济中的基础性生活服务业地位，成为关系人民的生活质量的幸福产业。2020 年全国餐饮业收入较 2019 年下降 16.6 个百分点，说明餐饮产业在新冠肺炎疫情中遭受重创的现实，大中型企业努力自救举步维艰，而诸多小微型企业无力维持纷纷倒闭。"双循环"新发展格局下的"报复性消费反弹"的期望被不断反复和散点式爆发的疫情打破，与其被动等待和守望市场自我恢复增长，不如学界、产业和政府层面有机联动积极应对。学界层面结合理论工具对市场实际情况进行梳理，发展既保持开放和多元传统，同时又对现实具有较强解释能力的分析框架；产业层面认真审视新冠肺炎疫情对餐饮业发展带来的冲击和机遇并采取应对措施；政府层面将短期政策、长期政策和专项政策相结合，短期政策旨在精准施策、帮扶企业共渡难关，长期政策和专项政策助力餐饮业高质量发展。

二、研究的内容

研究对象为生活服务业的产业政策，具体研究餐饮业产业政策转型。

（一）总体框架

1. 历史经验：改革开放 40 多年中国餐饮业发展历程、基本经验

第一，梳理总结改革开放 40 多年中国餐饮业发展的基本经验与教训，基

于事件系统理论重点研究政策转型与政府职能调整的历史轨迹。第二，对 2020 年中国餐饮业宏观运行情况和危中有机的后疫情餐饮市场进行梳理，对"十四五"产业发展目标与任务进行研判，提出餐饮业高质量发展融入新发展格局的建议。

2. 构建框架：我国餐饮业高质量发展产业政策转型分析框架

通过梳理近十年中国餐饮业理论层面和实践层面的发展，综合分析餐饮业内外部环境、发展机遇与挑战，以及市场机制的基础决定作用和政府作用，确定政策转型分析维度，探究各维度的内涵、外延和相互关系，构建产业政策转型理论框架。

3. 典型探索：产业政策对产业发展的驱动与不协调

通过典型案例从产业政策与产业发展的驱动与不协调两个角度进行探索，一是通过对我国除港澳台的 31 个省、自治区、直辖市餐饮产业竞争力进行评价分析，研究产业政策对产业发展的驱动效果；二是对餐饮夜间经济的空间供给特点、消费特殊性进行梳理，研究这一餐饮经济新业态与产业政策不协调的困境。

4. 困境分析：产业政策与餐饮业高质量发展协调的困境

基于制度经济学的理论，在历史经验和典型探索研究的基础上，基于以人为本、消费升级、绿色生态、能力建设、公共服务、文化传承六个视域，梳理餐饮业政策存在的不协调表现，并剖析不协调的困境，提出新时代中国餐饮业高质量发展的战略思考。

5. 解决路径：基于多视角下的餐饮业高质量发展的产业政策转型建议

在历史经验总结、构建政策转型分析框架、典型案例研究、政策转型困境分析的基础上，基于公共卫生安全视角、生态化发展视角和政策法律化视角，提出餐饮业高质量发展的产业政策转型建议。

（二）研究的重点、难点

1. 研究重点

一是改革开放 40 多年中国餐饮业发展基本经验研究。在总结发展经验的基础上，梳理产业演进的动态过程，揭示产业政策变迁的内在机制。二是产业政策转型理论框架研究。课题研究需要在高质量发展的前提下，发挥市场机制的基础决定作用和政府作用，确定政策转型分析维度，并探究各维度的内涵、外延及相互关系，构建产业政策转型理论框架。三是在"十四五"规划①的指导下，基于公共卫生安全视角、生态化发展视角和政策法律化视角，提出长期政策和短期政策相结合、普惠政策和专项政策相结合的形式构建加快餐饮业高质量发展的政策转型建议。

2. 研究难点

一是改革开放40多年中国餐饮业相关政策文本的收集、筛选和文本数据的过滤、挖掘，以及对餐饮业发展产生的作用和影响分析。二是梳理分析新冠肺炎疫情发生以来与餐饮业相关防控及扶持政策的实施效果研究。三是以我国餐饮业竞争力和餐饮夜间经济为典型案例探索产业政策对产业发展的驱动与不协调作用。

（三）研究的主要目标

理论目标是探索构建高质量发展的餐饮业政策转型理论分析框架。

应用目标是在充分汲取企业和国家级行业协会对研究成果意见的基础上，通过政协委员咨政建言和行业智库等渠道向相关部门提供《关于加快制定〈餐饮业发展促进条例〉的研究报告》。

第五节　研究方法与创新

一、研究方法

（一）研究的基本思路

课题按照"提出问题—实证研究—理论分析—实证研究—对策建议"的

---

① 中华人民共和国中央人民政府. 中华人民共和国国民经济和社会发展第十四个五年规划和2035年远景目标纲要［EB/OL］.（2021-03-13）［2022-02-20］. http://www.gov.cn/xinwen/2021-03/13/content_5592681.htm.

逻辑思路进行研究内容的安排（图1-11）。

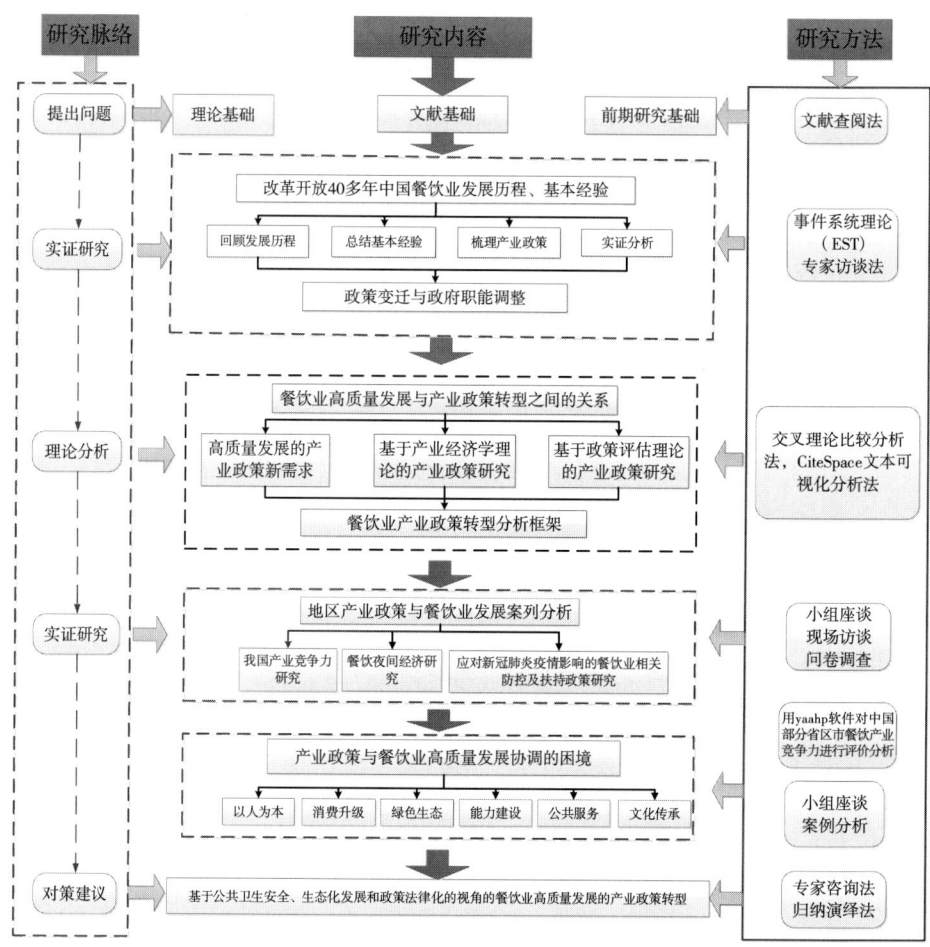

图1-11 研究技术路线图

（二）具体研究方法

1. 规范研究与实证研究相结合

运用产业经济学理论分析餐饮业产业政策转型的必要性、可行性；借鉴政策评估理论、梳理分析与餐饮业相关的生活服务产业政策体系；贯彻新发展理念，构建高质量发展的产业政策分析框架。

2. 实地调查与案例分析相结合

选取北京、上海、云南、四川成都等地政府部门（小组座谈、问卷调查)、企业(现场访谈、资料分析)、公众(问卷调查)调研餐饮业夜间经济、产业竞争力和生态化发展情况、企业效益和政策实效。

3. 定性与定量分析相结合

运用产业发展理论系统分析餐饮业产业功能和独特产业价值；移植公共政策评估的基本范式评价改革开放 40 多年中国餐饮业的产业政策，并用事件系统理论 (Event System Theory, EST) 探讨政策变迁与政府职能转变之间的关系；运用 yaahp 辅助软件对中国除港澳台的 31 个省、自治区、直辖市 2008 年至 2018 年餐饮业竞争力进行评价分析。

二、研究创新

(一) 学术思想、学术观点方面

一是课题组认为产业政策转型是一个历史性范畴，是转型社会发展在制度演化方面的缩影。产业政策由传统的选择性产业政策向普惠化、功能性产业政策转型是根植于我国经济进入新常态和国际贸易竞争环境所做的理性选择。产业政策转型不是管制和替代市场，而是在寻求市场机制和政府作用的平衡点。功能性产业政策可能成为促进"有效市场"，规范"有为政府"的结合点。

二是课题组认为改革开放 40 多年来，中国餐饮业年均复合增长率高达 18%，稳增长、促消费等经济贡献一直稳居服务业前列，是持续吸纳社会就业的"稳定器"，是中小企业、民营经济发展的"晴雨表"，是服务业、大众创业、万众创新的"聚集地"，是人民群众幸福感、获得感最直接的表达。在实施乡村振兴战略、践行绿色发展理念、传承传统文化、重塑文明行为、发挥美食外交作用等方面的具有独特的行业价值。随着科技进步和产业融合发展，餐饮业高质量发展面临供给侧、需求侧、环境侧等困境，同时出现"市场失灵"和"政策缺陷"，需要转换产业政策转型动力，推动产业政策向普惠、功能性转型。

（二）研究方法方面

一是采用定性与定量分析相结合的研究方法，运用事件系统理论（Event System Theory，EST），以全局观念和系统思维梳理改革开放40多年与餐饮业密切相关的国家政策变迁与政府职能、产业发展效果之间的关系，以增强政策文本分析的有效性，提高政策研究的精准性；运用yaahp辅助软件对中国除港澳台的31个省、自治区、直辖市2008年至2018年间餐饮业竞争力进行评价分析，力图克服政策研究时间跨度不够、定量分析不足的缺陷。

二是采用产业经济学和公共管理学交叉研究的方法，将高质量发展对未来产业政策需求的研究与现行政策缺陷的分析研究结合起来，统筹产业发展与政府职能的转变，力图克服产业政策研究的滞后性、可操作性不强的通病，提升研究的系统性、前瞻性和应用价值。

第二章

改革开放40多年中国餐饮业发展历程、基本经验

改革开放40多年来,中国餐饮业经历了产业恢复期、产业增长期、产业成熟期和转型升级期四个发展阶段,并跨越式发展成为基础生活服务消费产业。本章从速度与规模、消费与投资、就业与产业协同等方面,总结了中国餐饮业的产业贡献;重点梳理了市场化改革的历程、食品安全管控能力提升的脉络、对外开放的历史轨迹;归纳了餐饮业在国民经济、促进消费、吸纳就业、行业监管、市场改革、对外开放、融合创新和文化传承等方面的作用与价值。通过对2020年中国餐饮业宏观运行情况和危中有机的后疫情餐饮市场进行梳理,对"十四五"产业发展目标与任务进行分析研判,提出餐饮业高质量发展融入新发展格局的建议。

第一节 改革开放40多年中国餐饮业发展历程[①]

在改革开放40多年的时间里,中国餐饮业既享受了改革开放红利带来的繁荣,又"煎熬"过内外环境动荡后的"寒冬",餐饮业重回理性发展,探索深耕发展模式,初步完成转型升级,产业间融合发展效应增强,成为现代服务业的重要组成部分。1978年十一届三中全会召开标志着中国改革开放的开始。从此,中国餐饮业开始了以个体经济和民营经济为主体的市场化经营新

[①] 于干千、赵京桥:《改革开放四十年来中国餐饮业发展历程、成就与战略思考》,《商业经济研究》2020年第11期。

时代，告别了以国有企业、集体企业为主的计划经济时代，成为改革开放40多年个体经济、民营经济发展最为活跃，市场竞争最为激烈的产业之一。改革开放极大地激发了微观市场主体的活力，释放了消费者的社会化餐饮需求。中国餐饮业从1978年仅有12万家营业网点，54.8亿元收入规模的"小"行业，蝶变成如今营业网点接近480万家，收入规模达到4万亿元的"大"产业。营业网点数量和收入分别是改革开放初期的约40倍和730倍，并一跃成为全球第二大餐饮消费市场。改革开放40多年的产业发展巨变，不仅体现为规模和速度的超常规增长，也体现为结构和质量的优化提升。进入新时期的中国餐饮业在各方面的发展步伐都更加迅速，主要表现在消费群体更广阔，业态和产品种类更丰富，市场体系更加多元化、多层次，网点布局更完备，科学技术应用管理水平更先进，以及更严格的食品安全监管和更坚定的文化自信。

一、产业恢复期（1978—1991年）

1978年，解放思想、实事求是的思想路线在党的十一届三中全会时正式确立，中国人民开始进入了改革开放和社会主义现代化建设的新时期。个体经济和私营经济活动开始被人们认可和接受。1980年，上海首家个体餐馆"美味馆"和北京首家个体餐馆"悦宾饭店"相继开业，标志着餐饮业在个体和私营经济发展上首先实现思想解放并且付诸实践。小小的餐饮门店，在当时就像在平静的湖面扔了块大石头，极大地冲击了固有思想和旧观念，引发了当时部分国家领导人和全国人民的关注，并开始围绕个体餐饮经营遇到的各类经营问题研究个体经济的政策和监管。

改革开放总体战略和路线的确立为餐饮业市场化发展明确了方向，解放了市场主体的思想枷锁。在这一时期，全国各地的个体餐饮企业都如雨后春笋般开业，并带动着一批解放思想的餐饮从业者投资经营餐饮店面。整个中国餐饮收入涨幅明显，在1983年，整个中国餐饮业的收入破百亿元，并在1991年达到500亿元水平。

同一时期，国外的一些餐饮企业也开始进驻中国市场。在1987年11月

12日，美国连锁快餐肯德基第一家分店在北京正式开业，带来了全新的餐饮体验，西式餐饮文化开始冲击固有的餐饮经营管理理念。肯德基前门店开业当日创下2200份炸鸡和营业额83000元的销售纪录，成为中国餐饮发展历程上"现象级"门店，吃肯德基变成了一件时髦的事情，甚至成为北京旅游的一大景点。中国火爆的餐饮市场也吸引了更多的外资餐饮企业来中国投资经营，如麦当劳在1990年进入中国，在深圳开设了第一家分店。

为了更好地服务和规范行业发展，除了原有烹饪中等专业学校、技工学校外，以江苏商业专科学校（现扬州大学旅游烹饪学院）、四川烹饪高等专科学校（现四川旅游学院）、哈尔滨商业大学旅游烹饪学院、济南大学烹饪学院（现济南大学文化和旅游学院）、河北师范大学烹饪与营养教育专业等为代表的院校开始在20世纪80年代末90年代初设立烹饪专科教育，为行业输送人才。行业组织—中国烹饪协会和世界中国烹饪联合会（现世界中餐业联合会）在国家领导人倡导和精心策划下分别于1987年和1991年宣告成立，各地方行业组织也随之陆续成立。教育体系的建立和行业组织的成立为餐饮业进一步发展奠定了人才和组织基础。

二、产业增长期（1992—2001年）

1992年，邓小平同志的南方谈话和中国共产党第十四次全国代表大会（以下简称中共十四大）标志着我国改革开放和现代化建设事业进入了一个新的时期。建立社会主义市场经济体制的目标模式在中共十四大上第一次被明确提出，社会主义市场经济体制改革的序幕正式揭开。[①] 在社会主义市场经济体制建设的推动下各项改革措施陆续推进，包括国有企业改革、分税制改革、价格改革、金融改革、医疗改革、住房改革、教育改革等。社会主义市场经济体制的建设全面激起了社会主义市场微观主体的活力，一方面，原来的国有餐饮企业和集体餐饮企业开启了现代企业制度改革之路，如全聚德、广州

---

① 廖桂容：《近二十年国有经济角色定位衍变的历程、原因及影响——写在确立社会主义市场经济体制改革目标二十周年之际》，《现代经济探讨》2013年第1期。

酒家等一批"老字号"国有餐饮企业通过建立现代企业制度接受市场的检验，再次焕发活力，促进中国餐饮业发展；另一方面，全社会投资热情在餐饮价格市场化和市场供不应求的情况下被激发，民营资本和外资也陆续进入餐饮市场，以民营企业为主体，国有企业、外资企业为补充的所有制结构在餐饮业中形成。在这一时期，餐饮业受改革开放影响，发展速度惊人，全产业的收入规模增长了10倍，到2001年的收入达到4465亿元，10年的复合增长率达到了前所未有的25.3%，成为改革开放40多年发展历程中餐饮业增长速度最快的一段时间。

这一时期也培育和见证了诸多中国领先餐饮品牌诞生和发展，如小南国（1987）、西贝（1988）、西部马华（1988）、真功夫（1990）、唐宫（1992）、吉野家（1992）、丽华快餐（1993）、金鼎轩（1993）、海底捞（1994）、德克士（1994）、陶然居（1995）、永和大王（1995）、味千（中国，1996）、眉州东坡（1996）、面点王（1996）、呷哺呷哺（1998）、外婆家（1998）、丰收日（1999）、华莱士（2000）、刘一手（2000）等。它们在改革开放的春风里蓬勃生长，迄今依然活跃在中国餐饮市场上，并且已经发展成为中国知名餐饮品牌，推动着整个行业的发展。

三、产业成熟期（2002—2011年）

进入21世纪，在社会主义市场经济体制改革持续推进的同时，在2001年12月11日，我国正式加入了世界贸易组织，这也成为中国改革开放的新平台①。在这一时间段，中国对外贸易快速发展，迅速发展成世界出口第一大国和进口第二大国。在2011年，中国GDP超越日本成为世界第二大经济体，人均国内生产总值水平从中等偏下发展到中等偏上，按照联合国粮农组织恩格尔系数划分标准的居民消费结构，城市居民生活水平从小康发展到富裕，农村居民生活水平从温饱发展到小康。宏观经济的景气带来商务和公务餐饮消

---

① 邓佳祺、高明珠：《专利制度与北京上市企业专利产出情况分析》，《科技创新与应用》2021（8）：13—16+22。

费的快速增长,同时,居民生活水平的提高转变了传统的家庭就餐习惯,家庭外出就餐比例不断提高,全国社会化餐饮需求呈现全面爆发的态势。

在供给侧,餐饮产业加速品牌化和连锁化进程,品牌连锁餐饮企业规模迅速扩大,出现了味千(中国)、全聚德、小肥羊(已经被百胜收购)、唐宫、乡村基等上市餐饮公司及大量获得风险投资的餐饮企业。餐饮营业网点快速增长,经营业态不断丰富,形成了包括正餐、快餐、火锅、休闲餐、自助餐、团餐、外卖等在内的较为完善的业态体系,产品线不断扩展,形成了中餐为主,西餐、日本料理、韩餐等各国特色餐饮为辅的多元化餐饮品类结构,餐饮业满足饮食服务消费需求的能力得到了大幅提高。同时,随着大量资本的进入,餐饮业的竞争日趋激烈,优胜劣汰进程加速,产业集中度呈现持续上升趋势。

在供需两端共同推动下,餐饮业收入规模分别在 2006 年和 2011 年突破 1 万亿元和 2 万亿元,2002 年至 2012 年期间的复合增长率达到 16.5%。[①]

在中国不断融入全球化发展的进程中,随着中国在全球经济地位的提升,通过举办奥运会、世界博览会、亚运会等具有全球和区域影响力的国际赛事、展会,以及世界中餐业联合会对代表中华民族几千年文化历史的中餐进行持续全球推广活动后,中国在全世界的影响力有了全面的提高,中国餐饮企业也开始通过品牌连锁的方式走向世界。

四、产业转型升级期(2012—2018 年)

从这一时期开始,中国餐饮业开始告别 30 多年的高速增长,进入转型升级的结构性调整期,其间复合增长率回落至 10.6% 左右。[②] 这一时期既是中国餐饮业面临结构性调整的时期,更是中国餐饮业从传统服务业转型升级,迈向更高质量发展阶段的时期。

[①] 邢颖、黎素梅、于干千:《中国餐饮产业发展报告(2019)》,社会科学文献出版社,2019,第 1—24 页。
[②] 邢颖、黎素梅、于干千:《中国餐饮产业发展报告(2019)》,社会科学文献出版社,2019,第 1—24 页。

中国餐饮业在过去高速规模化扩张，在外部政策、经济、社会和技术环境变化冲击下，面临着较大产业发展压力，不少规模化经营的餐饮企业的收入大幅下降，经营利润大幅缩减，经营压力、生存困境随之迎面而来。限额以上餐饮企业在2012年和2013年增速快速回落，特别是在2013年，限额以上餐饮收入为8180.7亿元，同比下降1.8%。[①]

中国餐饮业一方面要面对战略结构调整挑战，另一方面又处在历史变革的机遇时期。在进入中国特色社会主义发展新时代后，我国社会主要矛盾已经转化为人民日益增长的美好生活需要和不平衡不充分的发展之间的矛盾。在带领中国人民迈向2050全面建成社会主义现代化强国的进程中，大众化餐饮需求在居民收入不断增加、城乡生活水平的持续提高的情况下不断提升，激发了餐饮业增长活力。

近年来，餐饮业在内、外部竞争和环境压力以及历史发展机遇影响下，实行供给侧结构性改革，以此带动了所有产业转型升级，提高发展质量，推动实现可持续发展。在供给侧、需求侧结构性改革的共同影响下，在一系列有关餐饮政策环境的影响下，餐饮业紧跟大众消费需求，以提升文化创意能力、产业化能力、科学技术运用能力、食品安全监督管理能力等方式，加快转型升级步伐。从"十三五"规划到现在，餐饮业正在加快复苏，供给侧结构性改革成果显著。到2018年年底，中国餐饮业收入达42716亿元。不但收入规模破4万亿元，而且在专业化能力、品牌塑造能力、产品创新能力和食品安全监督管理能力方面获得了质的飞跃，产业正在向高质量发展阶段迈进。

在改革开放40多年时间里，餐饮业呈现出跨越式发展，餐饮业抓住了历史机遇，在改革中发展、在开放中学习、在转型中创新，成功地从弱小的传统服务业发展成为国民经济中关系民生的基础性消费产业、幸福产业，在稳增长、调结构、促消费、惠民生等方面的功能和作用日益凸显，成为能够不断满足人民和时代发展需要的产业。

---

① 邢颖、黎素梅、于干千：《中国餐饮产业发展报告（2018）》，社会科学文献出版社，2018，第1-32页。

第二节　改革开放40多年中国餐饮业发展的主要成绩[①]

改革开放40多年，中国的发展当之无愧是世界发展史上的夺目一笔；在急流勇进的历史发展进程中，中国餐饮业乘风破浪、勇往直前，用40多年时间走过其他国家百年的产业发展路程[②]，从产业规模、经济贡献、民生保障、食品安全、市场改革、对外交流、融合创新和文化承载八个方面实现了跨越式发展，为中国经济、社会和文化发展做出了突出贡献。

一、持续高速增长，产业规模跃居世界第二

餐饮业在改革开放40多年时间里长期保持着高速、稳定增长（图2-1）。1978年的餐饮产业收入仅为54.8亿元，以其作为基点，历经28年破1万亿元，5年实现从1万亿元到2万亿元的突破，仅4年时间就从2万亿元到3万亿元，而后也只经过3年，在2018年突破4万亿元，达到42716亿元，产业规模的不断扩大和增速屡创新高，当之无愧成为世界餐饮产业发展史上浓墨重彩的一笔。[③] 评估近三年中美两国的餐饮产业收入平均增长速度，可以预测在2023年美国的全球第一大餐饮市场地位将被中国餐饮业撼动。

[①] 于干千、赵京桥：《改革开放四十年来中国餐饮业发展历程、成就与战略思考》，《商业经济研究》2020年第11期。
[②] 前瞻产业研究院.2019年中国餐饮行业市场现状及前景分析　敢于融入创新，将成为全球第一大市场 [EB/OL]．(2019-07-17) [2022-02-20]．https://www.sohu.com/a/327488682_99922905．
[③] 张敏：《持续成为外资活跃投资领域之一：中国餐饮业国际化经营成效显著》，《国际商报》2019年7月19日。

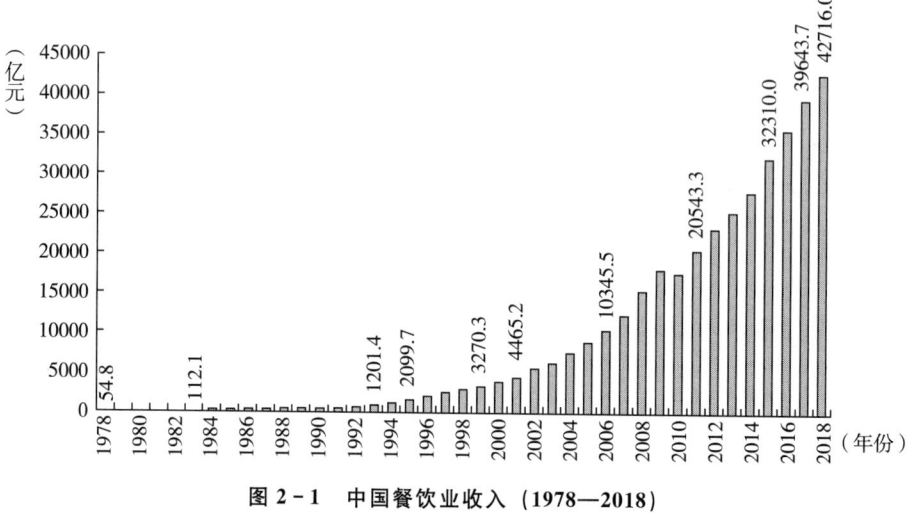

图 2-1　中国餐饮业收入（1978—2018）

资料来源：根据国家统计局统计年鉴和统计公报整理。

二、满足消费需求，经济贡献稳居三产前列

餐饮产业一直保持着稳定、持续、快速增长，其经济贡献一直位居三产前列。[①] 从消费的方面来看，40 年时间里，餐饮收入占社会消费品零售总额的比重开始迅速提高，从 1978 年（3.5%）到 1992 年（高于 5%）再到 2001 年（高于 10%）[②]，之后一直稳定在 10%~11% 的水平，并且在很长一段时间里社会消费品零售增速不及餐饮收入增速。这展示出我国居民消费结构在不同时期的发展变化，以及从自我服务向社会化服务的餐饮消费转变，居民在外就餐比例不断增长，社会化餐饮服务需求持续增长。改革开放初期的人均

---

① 前瞻产业研究院.2019 年中国餐饮行业市场现状及前景分析　敢于融入创新，将成为全球第一大市场 [EB/OL]. (2019-07-17) [2022-02-20]. https://www.sohu.com/a/327488682_99922905.

② 张敏.《持续成为外资活跃投资领域之一：中国餐饮业国际化经营成效显著》,《国际商报》2019 年 7 月 19 日.

餐饮消费支出为5.7元/年，2017年增加到约2850元/年，是改革开放初期的500倍，餐饮消费支出稳定增长。

从投资方面来看，在对餐饮业增长期和成熟期的良好预期下，餐饮业持续成为民营资本、外资的活跃投资领域的重要组成部分，尤其是进入21世纪后和产业转型期前，全社会固定资产投资增长速度连续多年低于餐饮业固定资产投资增长速度。

从关联产业发展来看，餐饮业是紧密连接生产和消费的产业，餐饮产业对包括农业、食品加工制造业、餐厨用品及设备制造业、生产性服务业等在内的上下游相关产业具有直接的带动作用，每年消耗农产品、食品调味品等原材料近两万亿元。[①] 与此同时，作为基础消费产业的餐饮业能够和较多产业融合产生协同效应（如农业、工业、旅游业、文化娱乐业和批发零售业等），特别是数字化经济不断渗入社会生活的时期，餐饮业自带的刚需属性和体验属性使其成为诸多产业跨界融合的热点和亮点。

三、稳定吸纳就业，民生保障作用日益凸显

餐饮业作为劳动密集型服务行业，提供了许多门槛较低的岗位，已经成为国家吸纳普通技术劳动人口和农村人口就业的重要产业之一，为促进就业做出重要贡献。[②] 在这40年时间里，餐饮业是重要的就业稳定器，为无业待业人员（包括国有企业下岗职工，农村进城务工人员）提供就业岗位。1978年，住宿与餐饮业从业人员仅占全社会就业人员的0.26%，约104.4万人，到2016年，住宿与餐饮业就业人口占统计就业人口的5.1%，已经上升到了2488.2万人，其中私营和个体企业从业人员达到了2218.5万人。餐饮业发展

[①] 王雪峰、林诗慧.中国商业发展报告（2019—2020）[R].北京：社会科学文献出版社，2019：73－95.
[②] 前瞻产业研究院.2019年中国餐饮行业市场现状及前景分析 敢于融入创新，将成为全球第一大市场 [EB/OL].（2019－07－17）[2022－02－20]. https://www.sohu.com/a/327488682_99922905.

带动了全产业链上各行各业和区域经济发展,随着产业链的不断延伸,对就业的贡献越来越大。

1978—1991年,批发和零售贸易、餐饮业等产业在1978年的用工需求占全国用工需求的比重为2.84%,在1991年增长到4.85%,平均增长率比全国年末就业人员增长率稍高。

1992—2001年,产业用工需求占全国总需求的比重保持稳定增长,从4.85%到6.51%,就业人员增长率略高于全国水平。[1]

2002—2011年,餐饮业用工需求占全国总需求的比重平均值为1.60%,平均增长率比全国水平稍高。餐饮就业市场主力军已经成为私营和个体企业,在餐饮业的就业人员平均占比为6.37%,在2011年,促进了1072.4万人就业。

2012—2018年,餐饮业对就业的贡献体现在提供就业量大,并且以个体经营为主体。餐饮业用工需求占全国总需求的比重平均值为1.61%,就业吸纳能力位于农业、手工业、住宿业等行业之前。2012—2015年住宿与餐饮业就业人员平均增长率为-2.06%,2016年后开始逐渐回升,2017年餐饮业贡献了约4257.61万个就业岗位(其中包括传统餐饮业3000万个,互联网餐饮服务企业357.61万个和休闲农业乡村旅游企业900万个),私营和个体企业就业人员平均占比为6.40%。[2]

四、加强行业监管,食品安全水平稳定提升

改革开放40多年来,餐饮产业健康发展,食品安全问题日益减少,这得益于政府的行业监管和行业协会自律管理的水平提高。一方面是角色(从"大家长"到"守夜人")和管理方式(从"九龙治水式"到依法监管)的转变;另一

---

[1] 前瞻产业研究院.2019年中国餐饮行业市场现状及前景分析 敢于融入创新,将成为全球第一大市场[EB/OL].(2019-07-17)[2022-02-20]. https://www.sohu.com/a/327488682_99922905.

[2] 于干千、赵京桥:《新时代中国餐饮业的特征与趋势》,《商业经济研究》2019年第3期。

方面是在企业达成共同意识和目标的同时，政府和行业组织专业化指导的渗入。

1978—1991年，行业监管主要聚焦于餐饮产品的卫生范畴，国家通过实施《中华人民共和国食品卫生法（试行）》（1982年，已失效）、《酒类卫生管理办法》（1990年，已废止）等一系列法律法规和行政措施对食品领域的监督管理制度做出重大调整，这标志着我国食品卫生管理全面开启法治、规范化管理模式。

1992—2001年，行业监管主要在关注餐饮产品安全卫生的同时，将新出现的集体和私营餐饮和食品企业列入重点监管范围。我国食品药品监管力度逐渐提高，得益于1998年国务院机构改革时成立了专门的食品安全监管机构（国家食品药品监督管理局）。餐饮产业监管进入以卫生行政部门为主体，国家税务、工商行政部门为辅助的多维度监管模式，开始对长期相对粗放经营的餐饮企业树立了行业规范和依据。

2002—2011年，行业监管主要集中在规范餐饮企业经营和消费环节，助力餐饮业集约化和精细化发展。这一时期的食品安全监督管理制度主要呈现出多个部门分段监督管理为主、品种监督管理为辅的特征，达到了对食品的全过程监管。

2012—2018年，在国家科学、协调发展的政策要求下，行业监管重点为保障餐饮经营规范、提高餐饮食品安全、促进整个餐饮行业健康可持续发展。为实现行业监管各级进行了各项法律法规、规章、规范性文件的设置。第一，随着《中华人民共和国食品安全法》（2009年公布，2015年修订，2018年第1次修正，2021年第2次修正，简称《食品安全法》）的出台，餐饮服务环节食品安全迎来了统一监管、动态监测、全程监控的新阶段。第二，2009年修正的《中华人民共和国消费者权益保护法》（简称《消费者权益保护法》）在消费环境和消费需求不断变化中于2013年进行了第二次修正，其修正稿于2014年1月1日正式实施。《消费者权益保护法》不仅强化了对消费者权利保护的水平，更对经营者提出了更多、更严格的义务要求，这对于长期相对粗放经营的餐饮企业而言不仅是一道"紧箍咒"，更是推动行业转变经营方式、提高服务水平的加速器。

五、坚持市场改革，成为民营经济的"晴雨表"

在改革开放的 40 多年时间里，餐饮业是最早开启市场化征程的产业之一，以个体企业、民营企业为主体，国有控股企业、股份制企业、外资和合资企业并存的多元所有制结构在改革中逐步形成[1][2]，市场决定资源配置作用越发明显，为行业的快速发展做出了贡献。

在这 40 多年时间里，中国餐饮业不断发展，民营餐饮企业逐步成长。既有在 20 世纪 90 年代成立的诸多品牌餐饮企业，从最初的一个门店，几张餐桌，逐步积累，历经二三十年的稳步发展，已经成为中国餐饮业发展的支柱；满足新时代消费需求的新一代的餐饮品牌也在 21 世纪亮相，依托互联网的力量，迅速获取大量粉丝，成为势不可挡的新发展力量。餐饮产业的主体、前进动力和重要的"晴雨表"是民营经济。在这 40 年时间里，整个行业经营管理能力实现了大幅提升，建立了以直营、特许经营、自由连锁为代表的品牌连锁运营模式和供应链管理体系，逐渐实现了从所有权和经营权相结合的家族式管理向现代化的企业管理制度转变，中国餐饮业发展以增强文化自信，做大做强作为主导力量。

1978—1991 年，《国务院关于深化企业改革增强企业活力的若干规定》（1986 年，已废止）的颁布标志着全国大型国有企业股份制改革正式开始，随着居民生活水平的提高，消费观念也逐渐改变，个体经济和私营经济活动开始被认可和接受。改革开放总体战略和路线的确立为餐饮业市场化发展明确了方向，解放了市场主体的思想枷锁。"美味馆""悦宾饭店"的开业揭开了餐饮产业新的篇章，带动了一批解放思想的餐饮从业者投资经营餐饮门店。

---

[1] 前瞻产业研究院. 2019 年中国餐饮行业市场现状及前景分析　敢于融入创新，将成为全球第一大市场［EB/OL］.（2019-07-17）[2022-02-20]. https://www.sohu.com/a/327488682_99922905.

[2] 张敏：《持续成为外资活跃投资领域之一：中国餐饮业国际化经营成效显著》，《国际商报》2019 年 7 月 19 日。

在这一时期，全国餐饮收入保持快速增长，于1983年突破百亿元，在1991年接近了500亿元水平。餐饮产业的快速发展引起全国人民和部分国家领导人的关注，并开始围绕个体餐饮经营遇到的各类经营问题研究个体经济的政策和监管。

1992—2001年，国有企业在上一轮改革中的放权让利、经营承包制等改革红利基本消失的情况下，经营状况持续下滑。1993年中共十四届三中全会明确提出要建立现代企业制度，开启大中型国有企业公司制、中小型国有企业民营化改革进程。[①] 餐饮业充分享受改革开放红利，这一时期培育和见证诸多中国领先餐饮品牌诞生和发展，这些品牌至今依然作为中国餐饮产业的领军推动行业在一轮又一轮的变革中不断向前。1998—2001年，我国限额以上餐饮企业中国有企业资产、主营业务利润逐渐萎缩，逐渐退出产业主导地位。私营企业和有限责任公司企业快速发展，企业资产分别增长了4.2倍和3.37倍，主营业务利润增幅高于资产和成本增幅。国有企业资产占比最大，但在盈利和成本控制方面的劣势已经凸显，有限责任公司和私营企业虽然处于培育和成长阶段，但已展现出蓬勃的生命力。

2002—2011年，国有企业所有权改革进一步深化，国有小企业民营化改革的力度持续加大。[②] 同时，政府部门更多聚焦在支持中小企业、民营企业健康发展上。以私营和个体企业为主的餐饮产业迎来了黄金时期，品牌化、连锁化进程持续加速；中国不断融入全球化发展的进程中，中国餐饮企业也开始用国字号品牌讲中国故事，通过品牌连锁走向世界。2002—2011年，国有企业法人企业数和企业资产都呈现快速萎缩趋势，基本退出产业主导地位；私营企业从法人企业数、企业资产、营业额和利润都快速成长为产业主体，尤其是主营业务利润增长了32.98倍，远远领跑其他类型企业；有限责任公司企业法人企业数、资产和主营业务利润占比与发展速度仅次于私营企业，

[①] 刘奕、夏杰长：《推动中国服务业高质量发展：主要任务与政策建议》，《国际贸易》2018年第8期。
[②] 凌永辉、刘志彪：《中国服务业发展的轨迹、逻辑与战略转变——改革开放40年来的经验分析》，《经济学家》2018年第7期。

在产业中占据重要地位，营业额增长了 3.08 倍，处于产业领先地位。在国家加大国有小企业民营化改革力度的政策红利下，随着民营企业投融资、税收、土地使用等一系列重大政策的推动，以私营企业、民营中小型企业为主的餐饮业得到快速发展，企业资产运营效率不断提高，盈利和抗风险能力不断加强，但与外商和港澳台商投资企业相比仍有一定差距。

2012—2018 年，在国有企业的混合所有制改革和中小企业政策精准对接下餐饮企业取得较快发展。结合"大众创业，万众创新"的整体政策背景，中小企业作为创新主体位置得到了更多政策的支持和强化。民营企业依然占据产业主要地位但增长速度和经营表现却不如有限责任公司亮眼，后者以 34.31% 的法人企业数增长带动了 60.89% 的企业资产提升，营业额和利润增长接近 40%。在国家"正税清费"各项配套政策出台后，餐饮业的政策环境得到了极大的优化[①②]，企业充分享受政策利好，"八项规定"和"厉行节约"的社会新常态成为我国餐饮企业发展的分水岭，以湘鄂情为代表的正餐企业面对变化未能进行及时有效调整导致企业逐步丧失核心竞争力，全聚德、唐宫、小南国等正餐企业以及火锅、快餐和休闲餐饮企业在行业全面回归大众、消费需求和信息技术深刻变革中寻求转型升级。餐饮企业粗放式发展时代结束，部分私营企业和有限责任公司企业对于企业内部的精细化管理的缺乏导致发展后劲不足的现象越发突出。[③] "互联网+""一带一路""5G""人工智能"等都引领着经济社会发展进入一个新时代，国家各级各部门及时调整和完善相关中小企业的政策，一方面促进中小企业在新背景下的新发展，另一方面促进国家和企业发展战略目标的实现，从而促进整个社会的繁荣发展。

---

① 前瞻产业研究院. 2019 年中国餐饮行业市场现状及前景分析　敢于融入创新，将成为全球第一大市场 [EB/OL]. (2019-07-17) [2022-02-20]. https://www.sohu.com/a/327488682_99922905.
② 张敏：《持续成为外资活跃投资领域之一：中国餐饮业国际化经营成效显著》，《国际商报》2019 年 7 月 19 日。
③ 于干千、程小敏：《我国餐饮业供给侧结构性改革的实效与对策研究》，《商业经济研究》2017 年第 24 期。

六、勇于对外交流，成为国际化发展的"窗口"

中国餐饮产业作为改革开放的领头羊，既紧跟改革的步伐又率先实行开放。① 在改革开放40多年时间里，中国餐饮业一直坚持开放发展，秉承包容原则，既欢迎其他国家企业来华投资发展餐饮，也支持中国餐饮企业放眼世界，促进了国家开放型经济的发展。

一方面，中国积极吸引外资餐饮企业进入中国，外国烹饪大师来中国交流，推动了中西方餐饮技艺和文化的交流与学习，满足了中国消费者和在华外国友人的饮食和文化交流需求。② 1983年，第一家中法合资的餐厅马克西姆餐厅在北京开业，至今依然活跃在中国西餐市场上。1987年，肯德基进入中国，截至2021年已经开设了7000多家连锁餐厅，在被中资收购前，中国一直是百胜全球第一大市场。1999年星巴克进入中国，至2021年已有近5000家店面，成为其全球第二大市场。在加入WTO后，随着中国和世界各国的交流日益密切，大量外国美食进入中国市场，并广受中国消费者喜爱，必胜客、赛百味、汉堡王、棒约翰等跨国餐饮品牌已经成为服务中国餐饮消费市场的重要品牌。法国、日本、韩国、墨西哥、巴西、西班牙、意大利、俄罗斯、土耳其、印度以及东南亚等地的特色餐饮纷纷进入中国餐饮市场。

另一方面，中国餐饮业鼓励中餐立足中华传统文化，"走出去"，服务全球消费者③④⑤。早在1980年，四川省与美籍华人合营的川菜馆——荣乐园在纽约开业，成为中国餐饮业"走出去"的开拓者。尽管在"走出去"的过程中，

---

① 王俊岭：《中国餐饮产业规模世界第二》，《商业文化》2019年第21期。
② 于干千、王晋：《中国餐饮业供给侧改革策略研究》，《美食研究》2016年第4期。
③ 程小敏、于干千：《中国餐饮业发展"十二五"回顾与"十三五"展望》，《经济与管理研究》2016年第11期。
④ 前瞻产业研究院.2019年中国餐饮行业市场现状及前景分析 敢于融入创新，将成为全球第一大市场 [EB/OL].（2019-07-17）[2022-02-20]. https://www.sohu.com/a/327488682_99922905.
⑤ 王俊岭：《中国餐饮产业规模世界第二》，《商业文化》2019年第21期。

餐饮企业面临很多挑战，但餐饮企业"走出去"的步伐从未停歇。随着中餐企业自身市场竞争力的增强，当前中餐企业国际化经营的能力有了大幅提高。在国家"发展更高层次的开放型经济"政策和"一带一路"倡议支持下，以全聚德为代表的多家餐饮企业走出国门，将文化自信融入"老字号"招牌和企业文化，以"舌尖上的美食"为桥梁进行传递。

另外，美食是大部分外国友人眼里中国的标签之一，以"美食之都"建设吸引国内外关注，从而促进区域经济发展成为城市发展的重要路径。目前，我国的成都、顺德、澳门是联合国教科文组织认定的国际美食创意城市，扬州、广州、西安、长沙等城市也享有世界中餐业联合会评定的"国际美食之都"的称号。

七、敢于融合创新，成果服务创新的"聚集地"

在改革开放 40 多年时间里，中国餐饮业不断进行融合创新，已经成为服务创新的"聚集地"。餐饮业的创新主要分为经营业态创新、服务创新以及餐饮管理和商业模式创新三个方面。

首先，消费需求多样化使得经营业态必须创新。中国餐饮业经营业态逐渐走向多样化、特色化和细分化，在初期仅有正餐和快餐，渐渐衍生出正餐、快餐、火锅、地方特色餐、休闲娱乐餐、国际餐、轻食、夜宵、小吃等多个新兴业态。超时空情境的未来式科技感餐厅，如 O2O 餐饮、VR 餐厅，主题餐、DIY 餐等生活场景式餐厅。在服务上，部分餐饮企业突破传统营业时空格局，实行全天候、场景可选式餐饮服务。由于中国人口基数大，消费市场广阔，随着中国餐饮产业转型升级和消费需求不断增加，快餐业态依旧欣欣向荣，尤其是中式快餐具备很大的发展潜力。以品牌高低、产品优劣或服务标准程度为基础的市场细分正在正餐和快餐行业中进行，这些细分市场有望成为中国餐饮业的新业态。

其次，餐饮服务创新在各行业融合发展中前进。近年来，餐饮业日益成为国内外旅游业、新兴农业、住宿业等产业进行跨界融合，发展创新的对象。餐饮消费是以体验经济和基础性消费为特征的，因此，在电子商务高速发展的信息时代，餐饮服务成为吸引消费者的重要引流服务。以阿里巴巴的"盒马鲜生",永辉超市的"超级物种",京东的"7-Fresh"为代表的餐饮,都将餐饮业态引进门店,更好的线下体验服务以提供餐饮的方式实现。大量购物中心、百货店也在积极调整业态结构,提高餐饮业态比重,通过餐饮来吸引线下流量。同时,餐饮业也在不断调整,开启零售业态,以此来提高门店收益。

最后,在科学技术的影响下餐饮管理和商业模式都在朝着新方向发展。这主要表现形式和发展趋势有以下四个方面。一是中央厨房和品牌连锁模式。中央厨房逐渐开始自动化生产,控制技术不断提升,传统的餐饮供应链管理模式和门店生产模式被新的生产方式替代,中国餐饮品牌连锁模式得到迅速发展。二是数字化服务业转型。随着信息技术运营、学习成本下降,中国餐饮业的信息化、数字化水平不断提高(如SaaS和互联网平台),餐饮业的各个方面正在实现数字化,实现从传统服务业向数字化服务业转型发展指日可待。三是与互联网结合模式。餐饮外卖市场的飞速发展是餐饮产业与互联网结合的成果,包括美团、饿了么在内的各种外卖平台的出现是餐饮产业外卖市场的重要商业模式创新,促进了外卖市场发展,同时推动了餐饮门店传统外卖服务和整个餐饮企业的经营模式变革。四是物联网、人工智能技术的应用。餐饮外卖市场的飞速发展是餐饮产业与互联网结合的成果(图2-2),包括美团、饿了么在内的各

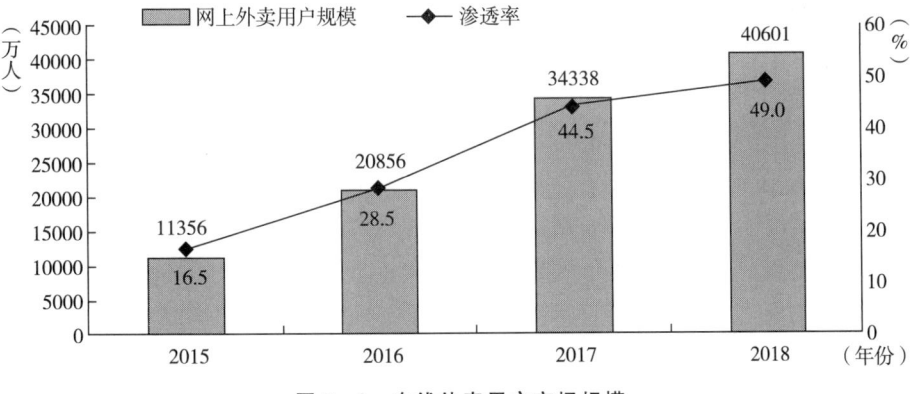

图 2-2 在线外卖用户市场规模

资料来源:中国互联网信息中心:《2016年中国互联网络发展状况统计报告》《2017年中国互联网络发展状况统计报告》《2018年中国互联网络发展状况统计报告》,http://www.cnnic.net.cn/hlwfzyj/hlwmrtj/。

种外卖平台的出现是餐饮产业外卖市场的重要商业模式创新，促进了外卖市场发展，同时推动了餐饮门店、传统外卖服务和整个餐饮企业的经营模式变革。

八、承载文化传承，成为文化自信的"流行语"

中餐传承了中华民族上下五千年的悠久历史文化，是中国人民几千年来的生活习俗、烹饪技术和饮食文化的智慧结晶。餐饮业在这种鲜活的文化传承下，越来越受到全社会的关注，已经是非物质文化遗产继承发展的重要产业之一。长期以来，随着华人华侨在世界各地的扎根，中餐得到了广泛传播，消费面向全世界，消费人群遍布全球[①][②]。随着中国在世界的影响力与日俱增，在全球化影响下对外开放水平不断提高，中餐在中西方文化交流中扮演重要角色，时刻展示着中华民族的文化自信。社会各界越来越关注和重视餐饮食品类非物质文化遗产的申报和保护。到目前为止，国务院公布的四批国家级非物质文化遗产项目之中有71项是饮食类非遗项目，传统手工技艺类居多。中华饮食文化传承具有明显的地域文化特征。立足本地文化、饮食习俗和特色食材的多元化地方菜系不断走向世界，服务全球消费者。[③] 中国历史沿革形成的为人熟知的鲁菜、川菜、粤菜、苏菜、浙菜、闽菜、湘菜、徽菜八大菜系已经在全国乃至全球具有较大影响力，对中餐的传播、发展、传承、教育具有重要意义。改革开放以来，特别是近几年来，随着地方社会、经济、文化的发展，越来越多的地方政府、协会开始重视本地化的特色食材、菜肴、技艺、文化的传承、发展和对外传播，推动了地方特色菜不断走向全国和世界。这些融合了地方文化和独特食材、技艺的菜肴被越来越多的厨师认知并受到消费者喜爱。

---

① 前瞻产业研究院.2019年中国餐饮行业市场现状及前景分析 敢于融入创新，将成为全球第一大市场［EB/OL］.（2019-07-17）［2022-02-20］. https：//www.sohu.com/a/327488682_99922905.
② 王俊岭：《中国餐饮产业规模世界第二》，《商业文化》2019年第21期。
③ 于干千、程小敏：《中国饮食文化申报世界非物质文化遗产的标准研究》，《思想战线》2015年第2期。

第三节　全面准确贯彻新发展理念是重塑
中国餐饮业产业地位的基本准则[①]

餐饮业作为国民经济中基础性的生活服务业在"十三五"期间收入规模完成了从3万亿元到4万亿元的跨越，继续为扩大消费、稳定就业、保障民生、传承文化发挥了重要作用。产业质量在供给侧结构性改革战略指引下，不断实现速度、规模与质量协调发展，提质增效，转型升级效果明显。2020年，突如其来的新冠肺炎疫情（以下简称"疫情"）对餐饮业造成了全面而深远的冲击，餐饮堂食消费陷入前所未有的衰退。在国内疫情得到有效控制后，在中央和地方的各项财金扶持政策和消费促进措施下，餐饮业逐步回暖。经历了疫情洗礼后，产业加快了转型升级，供给质量进一步提升，安全防控能力进一步增强。

2021年是"十四五"开局之年，也是全面建设社会主义现代化国家新征程的起点。[②]《中华人民共和国国民经济和社会发展第十四个五年规划和2035年远景目标纲要》（以下简称《纲要》）的发布为未来社会、经济等各个领域发展提供了发展目标和行动纲领。餐饮业要按照《纲要》部署，紧紧围绕人民美好生活需要，立足新发展阶段，积极贯彻新发展理念，以高质量的产业发展融入"十四五"新发展格局，为2035年远景目标和第二个百年奋斗目标贡献产业力量。

一、2020年中国餐饮产业宏观运行分析

2020年在突如其来的疫情影响下，在复杂国际政治经济形势下，餐饮业

[①] 邢颖、于干千：《中国餐饮产业发展报告（2021）》，社会科学文献出版社，2021，第1-22页。
[②] 王晶：《履职为民奋进新征程　厉行法治展现新担当——省十三届人大五次会议代表审议人大、"两院"工作报告侧记》，《山东人大工作》2021年第2期。

发展面临前所未有之困境。全年餐饮收入下滑 16.6%，为 39527 亿元（图 2-3），低于 2017 年餐饮收入水平，是改革开放以来，餐饮业衰退最为严重的年份。疫情对餐饮业的冲击不仅体现在短期的收入下滑上，更为重要的是，疫情的冲击加快了餐饮业产业结构、产业产品与服务、产业业态与模式、产业生态、产业安全和产业文化等各个方面的深远变化。①

图 2-3　中国餐饮业收入规模增长情况（2010—2020 年）　单位：亿元

资料来源：国家统计局 www.stats.gov.cn/。

（一）疫情导致餐饮收入严重下滑

"十三五"期间，餐饮业保持了平稳快速发展，到 2019 年实现餐饮收入 4.6 万亿元，比"十三五"初期增长 44.6%。但在 2020 年，公共卫生安全成为餐饮业的"阿喀琉斯之踵"，而疫情就像一支箭射中了它，使得餐饮业在最为火热的春节市场遭遇寒冬。在全国各地重大突发公共卫生事件一级响应形势下，餐饮业因其门店分布广、消费人群和就业人员多而杂等特点，公共场所就餐极易造成疫情扩散，成为疫情防控的重要战场之一。① 各地餐饮企业按照当地政府统一部署要求积极开展门店和就业人员的疫情防控工作，原本高速运转的餐饮全产业链突然暂停，上中下游企业原材料与产品积压，人力成本更是让企业不堪重负，随时面临资金链断裂风险乃至生存危机。2020 年第一季度，全国餐饮收入几近腰斩，仅为 6026.3 亿元，月平均负增长 44.3%（图 2-4）。

---

① 邢颖、于干千：《中国餐饮产业发展报告（2021）》，北京：社会科学文献出版社，2021，第 1—22 页。

为了帮助困境中的餐饮企业，中央及地方政府出台了诸多保护市场主体的金融和财政扶持政策，以及诸如消费券等促进消费发展的多种措施。① 从 2020 年第二季度开始，在中央统一部署下，各地积极推进全社会复工复产，餐饮业也开始恢复生产经营。尽管随着国内疫情取得有效防控后，第二、三季度餐饮收入下滑速度逐月放缓，但受到全球疫情防控压力和个别地区疫情反复影响，餐饮消费信心恢复缓慢，餐饮堂食消费难以如期反弹，餐饮企业复工难复产现象普遍存在。餐饮业直到 2020 年 10 月才实现了 0.8% 的名义正增长，第四季度逐步恢复到疫情前收入水平。

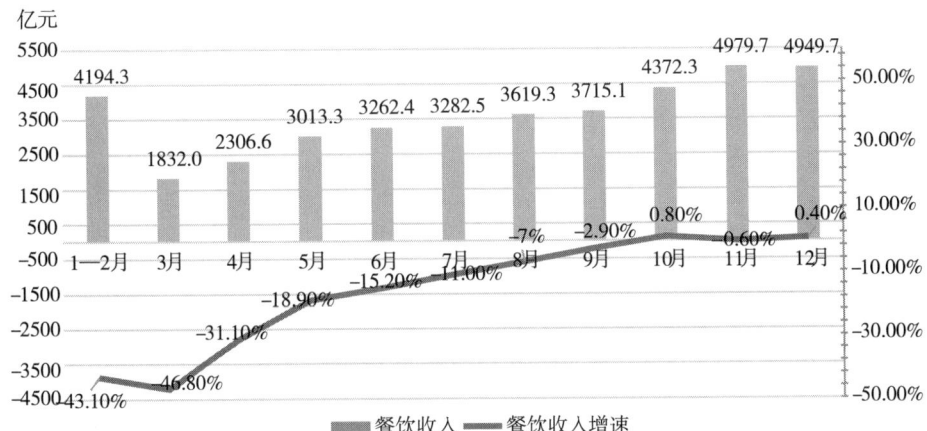

图 2-4　2020 年中国餐饮业收入月度情况

资料来源：国家统计局 www.stats.gov.cn/。

从疫情对社会消费品零售的影响来看，餐饮业受到疫情冲击的影响要远大于零售业（图 2-5），全国商品零售在 2020 年 7 月就实现了月度正增长，全年商品零售下滑 2.3%，而餐饮收入在 7 月依然同比下降 15.2%，全年下滑 16.6%。受此影响，餐饮收入占社会消费品零售总额比重回落到 10% 的水平，是"十三五"期间的首次下滑。

---

① 于干千、赵京桥、杨遥：《公共卫生安全视域下餐饮业高质量发展的产业政策转型》，《开发研究》2020 年第 4 期。

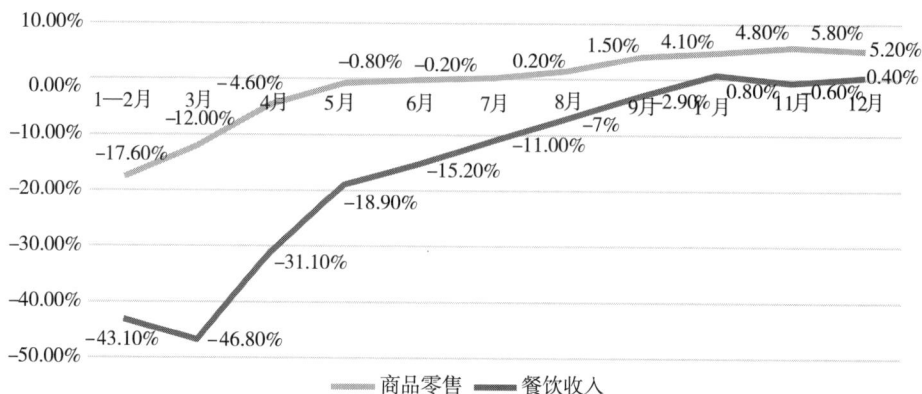

图 2-5　2020 年中国商品零售与餐饮收入月度增速情况

资料来源：国家统计局 www.stats.gov.cn/。

（二）疫情加快餐饮业结构调整

疫情加快了餐饮企业的优胜劣汰。疫情冲击给广大中小微餐饮企业带来了巨大的持续经营压力，不少缺乏竞争力和资金的餐饮企业选择了退出市场。这给拥有较多资金储备或者资金来源的上市餐饮企业、品牌餐饮企业带来了市场扩张机会。从限上餐饮企业收入数据来看，限上餐饮企业在突发应急事件中具有更强的抗风险能力和恢复生产能力。在疫情得到有效控制，全国餐饮复工复产中，限上餐饮收入显示出更快的恢复速度（图 2-6），在 2020 年 9 月就实现了月度正增长，全年实现限上餐饮收入 8232 亿元，同比下降 14%（图 2-7）。

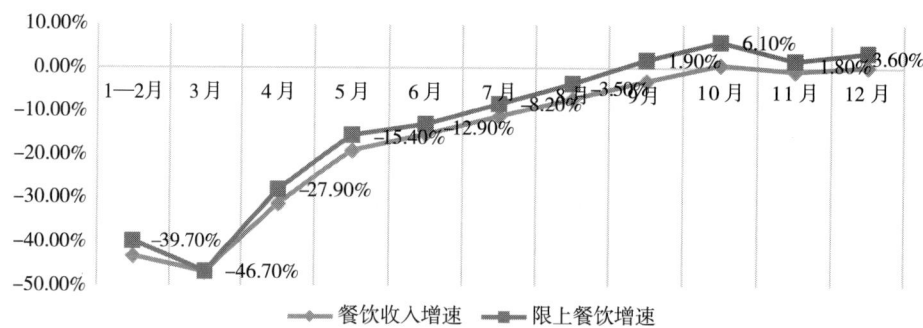

图 2-6　2020 年限上餐饮收入月度增速情况

资料来源：国家统计局 www.stats.gov.cn/。

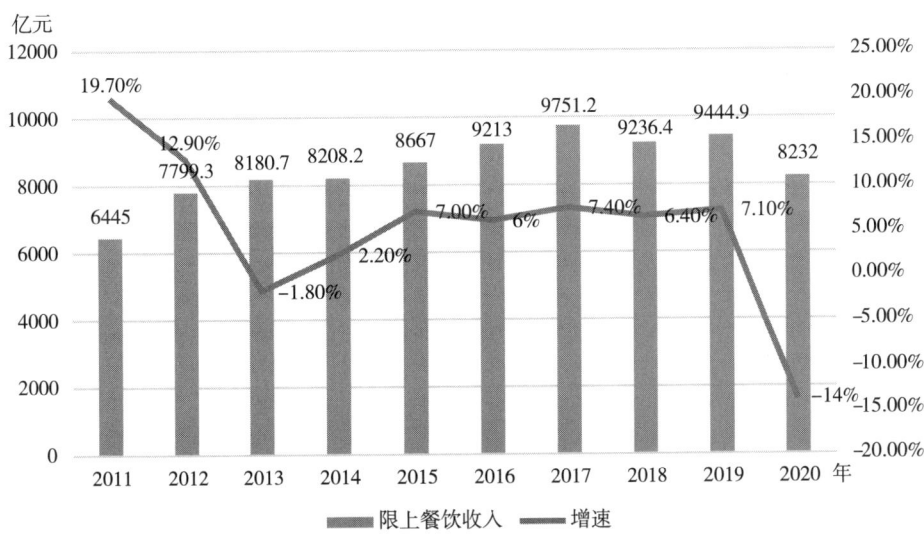

图 2-7 中国限上餐饮收入情况（2011—2020）

资料来源：国家统计局 www.stats.gov.cn/。

此外，餐饮网点布局在疫情影响下调整提速且更趋合理。具有社会餐饮服务属性的餐饮网点在疫情冲击下强韧性的优势充分显现，而依靠人流量的商业网点其韧性不足的劣势也暴露无遗。

（三）疫情加快餐饮标准化和零售化

在疫情影响下，生存和发展倒逼餐饮企业加快产品变革，以满足疫情防控需要和适应以"宅经济"为代表的消费场景的转换以及满足各地抗疫工作的民生保障需求。一是餐饮企业加快研发适用于宅食消费场景和外卖服务模式的各类标准化餐饮半成品、预制菜等，加快餐饮产品零售化发展，提高门店零售能力；二是大中型和连锁餐饮企业增加符合卫生安全规范的标准化餐饮生产方式（如中央厨房、无接触服务等设施设备）的投入，在提升企业应对公共卫生安全事件中的抗风险能力的同时，为未来餐饮服务的属性调整（从商业经营转移到社会服务）做好准备，以应对餐饮生产方式的变革；三是许多社区餐饮门店充分利用门店的生产和流通能力，向社区居民提供食材、餐饮半成品、预制菜等餐饮零售服务，既保障了社区居民的民生需要又满足社区居民的多样化饮食消费需求。

（四）疫情加快餐饮数字化

"十三五"是餐饮业数字化发展的重要时期，在线外卖迅速发展，渗透率逐年上升，2021 年，中国在线外卖市场规模达到了 8117 亿元，且预测 2022 年将达到 9417.4 亿元。2021 年在线外卖用户数约达到了 5.44 亿，其中 35 岁及以下的用户达到了用户占比的 83.5%[1]；SaaS 等餐饮数字化系统和智能厨房设备快速推广应用，进一步提高了餐饮企业运营效率。2020 年，生存和发展倒逼餐饮企业必须加快数字化改造，以适应当前社会经济数字化进程和满足疫情防控下的餐饮消费需求。一是更多餐饮企业开设了线上餐饮门店，开辟线上销售和服务渠道，全年外卖交易额超过 8000 亿元[2]，在线外卖已经成为餐饮企业生存发展的重要商业模式。二是餐饮企业进一步加快了 SaaS 等信息化服务应用，积极利用数字技术改造餐饮服务流程，降低成本，提高效率，形成了覆盖前端点菜、结账到后端供应链、生产制作等环节的餐饮数字化流程，加快了餐饮服务数字化发展。同时餐饮企业积极推进智能餐饮服务应用，加大了机器人厨师、送菜机器人等无接触服务在门店的应用，通过数字化、智能化服务满足防疫需要并提供便利化服务。三是自建和第三方在线餐饮服务平台在疫情期间加速发展。以美团为例，2021 年活跃商家数为 880 万家，同比增长 29.2%；交易用户数达 6.91 亿人，同比增长 35.2%；每位交易用户平均每年交易笔数为 35.8 笔，同比增长 27.2%；餐饮外卖交易金额为 7021 亿元，比上年同期的 4889 亿元增长 43.6%。[3] 互联网餐饮服务平台已经成为餐饮供需匹配的重要平台[4]，而平

---

[1]《预计 2022 年中国在线外卖市场规模将达到 9417.4 亿元》，《金融投资报》，http://www.001ce.com/gouwu/2022/1108/100073884.html，访问日期：2022 年 11 月 12 日。

[2] 前瞻产业研究院.2020 年中国外卖行业市场分析：市场规模超 6500 亿元 外卖品类向多元化方向拓展 [EB/OL]. (2021-02-08) [2022-02-20]. https://www.sohu.com/a/449487231_473133.

[3]《美团 2021 年财报：全年营收 1791 亿元》，《新浪财经》，https://t.cj.sina.com.cn/articles/view/1663401214/63257cfe020016rjh?finpagefr=p_104，访问日期：2022 年 11 月 12 日。

[4] 邢颖、黎素梅、于干千：《中国餐饮产业发展报告（2018）》，社会科学文献出版社，2018，第 302 页。

台的监管和治理也成为餐饮业高质量发展的重要内容①。

（五）短期扶持政策和消费刺激措施支持餐饮企业求生存谋发展

自新冠肺炎疫情发生以来，餐饮业一直是疫情防控重点产业和政府重点扶持的生活服务业之一。国务院及各部委相继制定出台了疫情防控指南，财政、金融扶持政策，复工复产政策，以及促进消费政策等十多个与餐饮业相关扶持政策，各地方政府也根据不同的疫情和地情，在党中央、国务院政策意见指引下细化出台了数十项扶持政策，帮助企业开展安全有效防控工作，规范有序复工复产，有效减轻了餐饮企业成本压力，增强了抗击疫情、恢复增长的信心②，并通过多种方式刺激消费，提振国内消费市场。但由于全球疫情输入压力持续，国内疫情存在反复，餐饮消费的公共卫生安全信心较为脆弱，餐饮消费恢复相对于其他商业活动要更慢，餐饮经营面临人工、租金、供应链等诸多挑战。因此，要化危为机，推动餐饮业恢复性增长，不仅要优化当前餐饮业扶持政策，加大扶持力度，提升帮扶企业的服务质量和效率，还需要着眼长远发展的产业发展政策，吸引产业投资，提振产业发展信心。

二、危中有机的后疫情餐饮市场

习近平总书记强调：危和机总是同生并存的，克服了危即是机。新冠肺炎疫情给餐饮业全产业链带来的不仅是巨大危机更是深刻而长远的变革，中国人民向往高质量的经济发展和高品质的美好生活，并不断付诸努力。在"十四五""加快形成以国内大循环为主体、国内国际双循环相互促进的新发展格局"的战略指引下，后疫情餐饮市场迎来新发展机遇。

（一）新消费机遇

尽管疫情重创了餐饮市场，但十几亿人的饮食消费需求并没有消亡，而

---

① 邢颖、于干千：《中国餐饮产业发展报告（2021）》，社会科学文献出版社，2021，第1-22页。
② 于干千、赵京桥、杨遥：《公共卫生安全视域下餐饮业高质量发展的产业政策转型》，《开发研究》2020年第4期。

是以不同的场景和不同的诉求在疫情和后疫情餐饮市场中出现,而且当前正处于消费升级的长期趋势中,消费者对健康、营养的品质餐饮,对餐饮服务体验和饮食文化体验需求不断增长。这给后疫情时期餐饮市场发展带来了新消费机遇,主要体现在以下三个方面。

一是疫情期间堂食场景的公共卫生安全风险以及数字商务、数字生活的发展推动了传统堂食场景向宅食场景、食堂场景等生活和工作餐饮消费场景转换。这种消费场景的转换带来了对互联网外卖服务,高品质团餐服务,高品质方便食品、预制菜的消费需求的快速增长。

二是疫情冲击进一步提高了消费者对餐饮消费的安全和健康诉求。在后疫情餐饮市场发展中,符合食品安全生产标准和公共卫生安全环境的餐饮产品和服务更加受到消费者青睐,这推动了品牌餐饮和连锁餐饮的消费需求增长。此外,轻食品类,饮食健康服务等餐饮产品和服务越来越成为餐饮的重要品类和服务。

三是被疫情压抑的餐饮体验消费需求在疫情后释放带来了沉浸式主题文化餐饮、美食旅游等体验式、融合式餐饮消费需求的新发展。

(二)新投资机会

疫情带来的短期产业波动造成了行业剧烈洗牌,给餐饮业投资带来了新机会。一方面,诸多在疫情期间因短期资金短缺而陷入面临经营困境的品牌连锁餐饮企业需要更多资本市场支持来稳定企业发展,这为产业资本和风险资本进入餐饮市场创造了良好投资机会;另一方面,拥有较多现金储备或资金支持的品牌连锁企业正利用行业洗牌机会加快布局全国餐饮市场,获取更多优质商圈门店资源,进一步扩大市场占有率。[①] 如百胜中国在 2020 年开设了 1165 家门店;海底捞在 2020 年开设了 544 家门店,占 2020 年年底统计的门店总量的 45%;麦当劳在 2020 年也开设了 430 家门店。这些资本的进入和新增门店投资会进一步加快品牌连锁餐饮发展,提高餐饮市场集中度。

---

① 于干千、赵京桥:《改革开放四十年来中国餐饮业发展历程、成就与战略思考》,《商业时代》2020 年第 11 期。

（三）新技术发展

信息技术、食品工业技术正在改变传统餐饮的管理方式、服务模式和生产工艺，而疫情的防控加快了新兴技术在餐饮业的应用。[①]

在信息技术应用发展方面，疫情加速了经济、社会的数字化进程，数字商务和数字生活成为日常生活方式。消费者的线上化成为餐饮线上化发展的最大动力。为了更好地与消费者沟通，线上门店的品牌维护、产品信息、营销策划与促销引流、售后服务成为门店日常管理的重要内容。线上品牌社区成为餐饮企业宣传品牌、推广产品以及维系消费者关系的重要方式，而微博、微信、抖音、快手等新媒体成为餐饮企业的重要引流渠道。消费行为的线上化积累为基于人工智能、大数据的智能分析技术发展提供了学习素材和发展空间[②]，智能技术已经开始帮助餐饮企业更好地洞察消费者。在供给端，人工成本和租金成本的上升，要求餐饮企业充分应用信息技术，创新产品与服务，规范企业经营和成本核算，优化传统流程和供应链，而互联网服务平台、SaaS服务和移动支付的快速发展和应用极大降低了中小微餐饮企业从前端到后端全流程数字化成本。此外，为了满足疫情防控需求，基于机器人厨师、机器人服务员等智能设备的智能餐厅加快应用实践，优化商业模式；为了满足消费者的体验需求，3D裸眼技术、虚拟现实技术等开始融入餐饮环境布置与菜品设计。总之，信息技术正在加快与餐饮业融合，以数字服务方式优化传统餐饮服务流程，以数字内容提升餐饮消费体验，以智能技术变革传统餐饮生产、服务方式。

在食品工业技术应用发展方面，疫情催生的"宅"经济带来了大量方便餐食和预制菜产品的消费需求，这大大加快了餐饮产业化发展进程。餐饮零售化发展要求通过食品工业技术应用实现餐饮产品从人工烹饪工艺向工业化工艺流程转变，实现餐饮产业化，并在保鲜技术和冷链环境下，为消费者提供接近于堂食产品的餐饮体验。

---

① 于干千、赵京桥：《新时代中国餐饮业的特征与趋势》，《商业经济研究》2019年第3期。
② 邢颖、黎素梅、于干千：《中国餐饮产业发展报告（2018）》，社会科学文献出版社，2018，第302页。

（四）新产业链协作

餐饮业的规模持续增长，带来了产业分工的不断细化，从农地到餐桌的全产业链上，从餐饮企业开业、运营到注销的全企业生命周期，涌现了大量生产、服务企业，共同构筑了繁茂的餐饮生态圈。疫情对餐饮业的冲击波及了整个餐饮生态圈，不仅体现在2020年第一季度产业停摆阶段导致的供应链短期停滞，更为重要的是疫情防控时期推出的禁野、禁塑政策，禁止餐饮浪费指示，境外输入冷链防控措施，以及以北京新发地市场疫情暴发为代表的疫情反复事件等给餐饮产业链发展带来了长期影响，推动了餐饮产业链专业化分工水平的提高，加快了产业链的生态化和数字化协作，催生了新的产业链协作机会。[①] 主要体现在以下三个方面。

一是餐饮产业链分工水平提升。近年来，餐饮业的规模化发展推动餐饮供应链市场的快速增长，超万亿的餐饮供应链市场成为产业和资本争抢的香馍馍，形成了多方角逐的市场格局。其中有餐饮企业自身成立发展起来的综合性餐饮供应链企业（如海底捞的颐海国际），有依托零售企业成立的食材供应链企业（如永辉的彩食鲜），有互联网供应链平台企业（如美菜、美团快驴、饿了么有菜等），还有拥有农产品种养殖、加工优势的供应链企业（如正大食品、首农裕农、望家欢等），以及垂直食材供应链企业（如专注于火锅供应链的锅圈食汇、懒熊火锅和查特熊，专注于速冻品的供应商千味央厨、安井、三全、惠发等）。尽管餐饮供应链企业在疫情期间都面临严峻经营压力，但供应链的巨大市场潜力吸引了更多资本进入食材供应链领域。不少食材供应链企业都在2020年获得融资，渡过疫情难关，并加快了市场布局（表2-1）。餐饮企业对供应链服务需求不仅在食材领域，还包括餐饮易耗用品、设备设施、商务服务等，越来越多的生产企业、服务企业也进入餐饮供应链市场。

[①] 于干千、赵京桥、杨遥：《公共卫生安全视域下餐饮业高质量发展的产业政策转型》，《开发研究》2020年第4期。

表 2-1　2020 年食材供应链企业主要融资情况

供应链公司	时间	融资额	投资方
锅圈食汇	2020 年 2 月 B 轮	5000 万美元	IDG 资本（领投）、嘉御基金、不惑创投投资
	2020 年 7 月 C 轮	6000 万美元	启承资本（领投）、IDG 资本、嘉御基金、不惑创投、光源资本
望家欢	2020 年 3 月 B 轮	6 亿元人民币	美团、隐山资本
乐禾食品	2020 年 5 月 C 轮	4 亿元人民币	美团龙珠资本及鼎晖投资（领投）
	2020 年 12 月 D 轮	数亿元	钟鼎资本、龙珠资本、鼎晖投资（领投）
莲菜网	2020 年 5 月 B+轮	1.55 亿元	美菜（领投）
冻师傅	2020 年 7 月 Pre-A 轮	数千万	溇策资本、信天创投（领投）
蜀海	2020 年 7 月	数千万	雨知控股、亭和明、太阳维斯塔
彩食鲜	2020 年 12 月 A 轮	10 亿元	中金资本、腾讯（领投）

资料来源：作者根据企业公开融资信息整理。

二是生态化协作成为餐饮产业链协作新要求。2020 年以来，从国家到地方纷纷出台禁野政策，加强生态保护，环境保护和资源保护力度（表 2-2）。这些法律法规的出台和修订完善，以及整治落实对传统不符合禁野、禁塑要求的食材供应商、塑料制品供应商造成巨大冲击，对食材供应商的食材流通效率、降低损耗率提出了更高要求。这给合规食材供应商、环保制品供应商提供了更好的发展机会。

三是数字化协作成为餐饮产业链协作的新方式。疫情防控要求，冷链防控要求以及北京新发地市场疫情暴发冲击了传统餐饮食材采购环节，数字化采购和数字化溯源成为餐饮企业在保障食材供应前提下提高供应链效率、加强食材供应链安全管理的重要方式。这给专业食材供应商，食材供应平台发展创造了更多机会。同时，为了更好地降低门店仓储成本和食材损耗，餐饮企业也加快了供应链数字化管理，利用数字技术实现消费、生产和供应链之间的匹配，提高供应链的精准性。

表 2-2 2020 年出台的禁野、禁塑、禁浪费相关主要法律法规

禁止事项	法律法规	发布机构	时间
禁野	全国人民代表大会常务委员会关于全面禁止非法野生动物交易、革除滥食野生动物陋习、切实保障人民群众生命健康安全的决定	全国人民代表大会常务委员会	2020 年 2 月发布、实施
	中华人民共和国固体废物污染环境防治法	全国人民代表大会常务委员会	2020 年 4 月修订通过，2020 年 9 月实施
禁塑	关于进一步加强塑料污染治理的意见	国家发展和改革委员会、生态环境部	2020 年 1 月发布、实施
	关于扎实推进塑料污染治理工作的通知	国家发展和改革委员会、生态环境部等九部委	2020 年 7 月发布、实施
	关于进一步加强商务领域塑料污染治理工作的通知	商务部办公厅	2020 年 8 月发布、实施
禁止餐饮浪费	中华人民共和国反食品浪费法	全国人民代表大会常务委员会	2021 年 4 月发布、实施

资料来源：作者根据政府公开信息整理。

三、"十四五"产业发展目标与任务

"十四五"时期是我国全面建成小康社会、实现第一个百年奋斗目标之后，乘势而上开启全面建设社会主义现代化国家新征程、向第二个百年奋斗目标进军的第一个五年。① 进入这一发展阶段，外部发展环境处于百年未有之大变局中，国际政治经济形势更加复杂多变，再加上新冠肺炎疫情的冲击，经济社会发展的不稳定性、不确定性明显增加②，给中国发展带来新的挑战，但中国当前依然处于战略机遇期；从内部发展来看，中国已转向高质量发展

---

① 董惠敏，等：《2020 年度国家治理领域 100 个精彩观点归纳》，《国家治理》2020 年第 48 期。
② 何德旭，等：《"十四五"时期中国经济发展的新变化、新挑战》，《财经智库》2021 年第 1 期。

阶段，制度优势显著，治理效能提升，经济长期向好，发展基础更加坚实，但发展不平衡、不充分问题仍然突出，改革攻坚、创新驱动、农业基础、城乡协调、生态环保、民生保障、社会治理等方面依然需要进一步加强。①

在这重要的新发展阶段和百年未有之大变局中，《中华人民共和国国民经济和社会发展第十四个五年规划和2035年远景目标纲要》（以下简称《纲要》）的发布为未来社会、经济等各个领域的发展提供了发展目标和行动纲领。②尽管餐饮业在《纲要》文本中仅直接提及1次，但作为基础性的劳动密集型生活服务业，餐饮业连接着农村和城市，连接着生产和消费，肩负着食品安全与人民健康，承载着中华饮食文化，与经济建设、文化建设、社会建设、生态文明建设有着紧密联系，在《纲要》的多个目标和战略中都有着重要任务。因此，餐饮业要按照《纲要》部署，紧紧围绕人民美好生活需要，立足新发展阶段，积极贯彻新发展理念，以高质量的产业发展融入"十四五"新发展格局③，为2035年远景目标和第二个百年奋斗目标贡献产业力量。

（一）产业发展基础与不足

改革开放四十多年来，中国餐饮业始终坚持市场化发展道路，坚持开放发展道路，增长速度和产业规模实现了跨越式发展，产业收入超4万亿元，保障就业近3000万人，在稳增长、促消费、稳就业、惠民生等方面做出了突出贡献④，取得了举世瞩目的成就，并且积累了在行业监管、协同开放、融合创新、传承文化等方面的产业发展经验。⑤"十三五"期间，餐饮业加快转型升级，努力推进供给侧结构性改革，逐步迈向高质量发展，为"十四五"期间的高质量发展打下了坚实基础。其具体表现在：一是产业规模持续增长，

---

① 新华社. 中华人民共和国国民经济和社会发展第十四个五年规划和2035年远景目标纲要［EB/OL］.（2021-03-13）［2022-02-20］. http：//www.whwips.com/upfile/202103/2021031444338569.pdf.
② 李雪松、陆旸、汪红驹，等：《未来15年中国经济增长潜力与"十四五"时期经济社会发展主要目标及指标研究》，《中国工业经济》2020年第4期。
③ 李旭章：《正确理解和全面把握全面深化改革的重大意义》，《人民论坛》2020年第31期。
④ 于干千：《特约专栏介绍我国餐饮业高质量发展》，《粮油食品科技》2021年第3期。
⑤ 于干千、赵京桥：《新时代中国餐饮业的特征与趋势》，《商业经济研究》2019年第3期。

成为恢复市场信心、促进消费的重要产业；二是产业就业保持稳定增长，成为稳定就业、创造就业的重要产业；三是产业数字化转型取得积极成效，在信息技术的支持下，餐饮业全产业链联动开启数字化转型征程，实现了经营效率的提升和服务能力的提高；四是产业标准化、工业化发展水平快速提升，产业现代化发展水平有了大幅提升；五是产业内分工不断细化，专业化分工水平不断提升，产业生态日益完善；六是餐饮业态、品类多样化发展，商业模式持续创新，品牌餐饮企业不断涌现，连锁经营取得了长足进步，持续经营能力不断提高，满足人民美好生活需求的多元化餐饮市场体系不断完善；七是产业依法监管水平大幅提升，产业食品安全风险控制能力持续提高；八是中华饮食文化传承发展取得积极成效，地方饮食特色化发展、品牌餐饮企业国际化发展加快推进。

虽然餐饮业在供给侧结构性改革的指引下，经过多年转型升级，供给侧质量不断提升，开始步入高质量发展阶段，为"十四五"高质量发展奠定了坚实的基础。① 但总体来看，过去粗放式增长带来产业发展质量不足的问题依然存在，餐饮业满足人民对美好生活需要的能力和水平发展得并不充分、不平衡，主要体现在以下七个方面。

一是市场主体质量发展落后于整体产业规模发展，大产业小品牌现象普遍。多年以来，尽管海底捞、呷哺呷哺、华莱士、西贝西北菜、眉州东坡等品牌餐饮企业不断做大做强，但总体来看，区域品牌、地方品牌居多，全国性品牌少，全国性品牌中具有国际竞争力的品牌更少。1987年进入中国的百胜中国依然是当前中国最大的连锁餐饮企业，而诸多中华老字号餐饮品牌在市场化经营中面临困境，影响力日渐减弱。

二是产业化水平落后于整体产业规模发展，家庭作坊式生产方式依然普遍，产业整体效能不高。餐饮业产业化水平经过多年发展已经有了较大提高，标准化、专业化生产能力在不断提升，产业内分工水平不断细化，但小微餐饮企业依然以传统家庭作坊式生产方式为主，企业管理水平和餐饮供给品质较低。

---

① 于干千、赵京桥：《改革开放四十年来中国餐饮业发展历程、成就与战略思考》，《商业时代》2020年第11期。

三是餐饮产品附加值低，品质和服务需要进一步提升。随着我国居民消费结构不断升级，消费水平不断提高，优秀品牌餐饮企业越来越重视餐饮品牌培育，服务质量和文化内核，满足消费者精神层面的需求，提高餐饮产品附加值。但过去以温饱为导向的餐饮产品，产品附加值低，面临越来越激烈的市场竞争。餐饮业重产品轻服务、有饮食缺文化、喜模仿厌创新的现象依然较为普遍，守正不够和创新不足同时存在。

四是产业发展规模与区域发展不平衡。从东部、中部和西部区域发展来看，中部和西部在近年来呈现更高的增长速度，但东部11个省市的餐饮收入相当于中部和西部的总和，区域发展需要更加平衡；从城乡发展来看，城市餐饮一直是餐饮企业的重点市场，餐饮产品质量和服务能力更高，但随着城乡一体化发展，乡村振兴战略的深入实施，乡村消费水平的不断提升，乡村居民的消费支出快速增长，乡村地区居民和乡村旅游游客对社会化餐饮服务需求不断增长，城乡餐饮供给不平衡问题凸显。

五是产业生态化、绿色化发展水平不高。生态化、绿色化餐饮已经成为餐饮发展的趋势，但当前餐饮生态化和绿色化发展依然存在大量发展问题与挑战，比如绿色餐饮或者生态餐饮的概念和评价标准还有待进一步研究明确，对于绿色餐饮和生态餐饮的评价实施，激励和约束机制尚未建立，这导致了市场中存在大量虚假宣传概念和劣币驱逐良币的现象。另外，当前餐饮领域还存在大量食品浪费现象，需要进一步明确立法，加强宣传。

六是产业国际化发展水平相对落后。随着中餐企业自身市场竞争力的增强，当前中餐企业国际化经营的能力有了大幅提高。在国家"发展更高层次的开放型经济""一带一路"倡议的支持下，以及行业组织的引导下，我国一批品牌中餐企业和餐饮食品企业（全聚德、便宜坊、海底捞、大董烤鸭、小南国、眉州东坡、小尾羊、狗不理、广州酒家、局气等）发挥排头兵作用拓展海外市场。但相对于中国经济、社会发展的全球影响力，餐饮产业国际化发展规模还较小，产业国际化发展还需要进一步推进，品牌餐饮企业的国际化经营能力依然较弱，全球餐饮人才培养体系和政策支持缺乏，全球化道路的堵点仍需要打通。

七是产业治理效能还有待加强。在我国餐饮业迈向高质量发展的进程中，暴露出诸多现实治理困境。例如，监管和服务部门职责不清、协同不足、落实不严，民众餐饮不文明现象时有发生，特色餐饮文化保护传承制度不完善，相关投融资和税收制度不健全，公共服务保障落后等。

（二）《纲要》规划部署

《纲要》为未来经济、社会发展设立了发展目标、发展战略与任务，其中包括加快发展现代产业体系，形成强大国内市场[1]，建设数字中国，构建高水平社会主义市场经济体制，全面推进乡村振兴，提升国家文化软实力，推动绿色发展，提升国民素质，增进民生福祉，建设更高水平的平安中国在内的十大规划任务（见附表1），这些都是与餐饮业在"十四五"期间的发展息息相关。

餐饮业要按照《纲要》任务部署，加快推进高质量发展，为完成规划任务做出自己的贡献。

（三）产业发展目标与理念

立足新发展阶段，面向"十四五"和2035年发展目标，餐饮业必须清晰和深刻认识当前存在的问题与不足，牢记满足人民日益增长的美好生活需要的核心使命[2]，以"创新、协调、绿色、开放、共享"的新发展理念为指引，进一步推进供给侧结构性改革和注重需求侧改革[3]，打通堵点，补齐短板，贯通餐饮业生产、分配、流通、消费各环节，形成需求牵引供给、供给创造需求的更高水平动态平衡[4]，提升产业整体效能，处理好速度与质量、竞争与合作、传承与创新、效率与公平、市场与监管、经济效益与社会责任的关系，

---

[1] 何成学：《试论党的十九届五中全会精神的内涵特色》，《北部湾大学学报》2020年第12期。

[2] 何德旭、汪红驹、何代欣，等：《"十四五"时期中国经济发展的新变化、新挑战》，《财经智库》2021年第1期。

[3] 何立峰：《深入学习贯彻党的十九届五中全会精神　坚定扎实推动我国经济高质量发展》，《中国产经》2021年第1期。

[4] 新华社.中华人民共和国国民经济和社会发展第十四个五年规划和2035年远景目标纲要[EB/OL].（2021-03-13）[2022-02-20]. http://www.whwips.com/upfile/202103/2021031444338569.pdf.

转化危机,实现"十四五"餐饮业高质量发展目标,全面落实"十四五"发展战略与发展任务,更好地发挥餐饮业在经济、社会、文化、生态领域的积极贡献,努力建成满足人民美好生活的高品质生活服务业,建构高质量产业体系的现代服务业,推动文化传承与创新的饮食文化产业和引领文明素养提升的健康服务业,推进构建和融入"十四五"以国内大循环为主体、国内国际双循环相互促进的新发展格局①(见图2-8)。

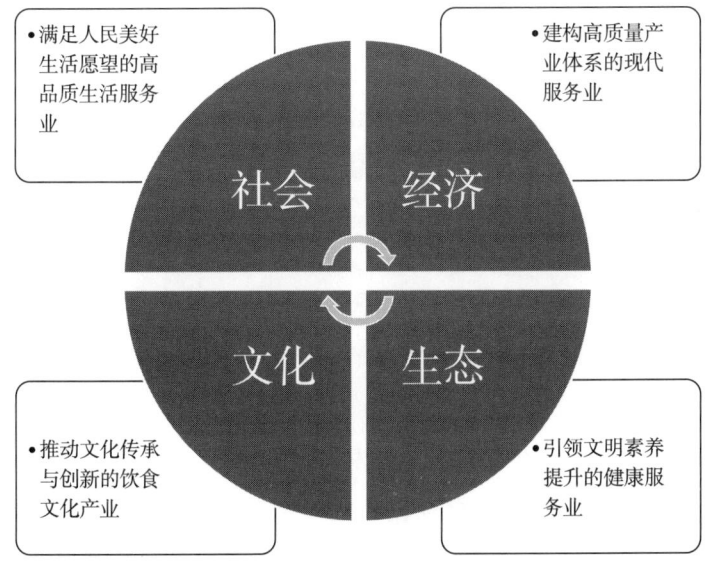

图2-8 "十四五"餐饮业高质量发展目标

(四)产业发展任务

餐饮业要紧紧围绕《纲要》和产业发展目标,贯彻新发展理念,落实八大产业发展任务,积极推进供给侧结构性改革、需求侧改革、数字化赋能、乡村振兴、文化软实力建设、美丽中国、健康中国、就业优先和平安中国等国家大战略的实施(见图2-9)。

---

① 新华社. 中华人民共和国国民经济和社会发展第十四个五年规划和2035年远景目标纲要 [EB/OL]. (2021-03-13) [2022-02-20]. http://www.whwips.com/upfile/202103/2021031444338569.pdf.

图 2-9 "十四五"餐饮业高质量发展任务

(1) 推进餐饮业供给侧结构性改革,促进服务业繁荣。餐饮业作为基础性的生活性服务业,要深化餐饮业供给侧结构性改革,扩大有效供给,提高产业效率与品质,构建优质高效、结构优化、竞争力强的餐饮产业体系;要依托国内餐饮市场,贯通从农田到餐桌的各个环节,提高供给适应、引领和创造需求的能力,形成需求牵引供给、供给创造需求的更高水平动态平衡。①

(2) 推进餐饮消费需求侧改革,全面促进消费。餐饮消费是基础性消费,要完善餐饮市场体系建设,更好地满足个性化、差异化、品质化消费需求,发挥好稳定消费、促进消费的产业功能;要顺应居民消费升级趋势,把扩大餐饮消费同改善人民生活品质结合起来,促进餐饮消费向绿色、健康、安全的方向发展②;要适应老龄化社会的餐饮消费需求,开发适合老年人的餐饮产品和服务,做好养老餐饮服务工作。

---

① 张占斌、黄锟:《牢牢把握"十四五"经济社会发展主题主线》,《人民论坛·学术前沿》2020 年第 22 期。
② 张占斌、黄锟:《牢牢把握"十四五"经济社会发展主题主线》,《人民论坛·学术前沿》2020 年第 22 期。

（3）推进数字餐饮建设，构筑美好数字生活新图景。要深入推进餐饮业数字化转型，推动数据赋能全产业链协同转型，提高餐饮全产业链数字化水平；推动各类餐饮消费场景数字化，为消费者提供高效、便利的餐饮服务，助力打造智慧共享、和睦共治的新型数字生活。

（4）推进餐饮业融入乡村经济，全面推进乡村振兴。要推进餐饮业与乡村经济业态紧密融合，便利乡村特色种养殖业走上餐桌，壮大乡村美食旅游和完善乡村餐饮服务；要发挥餐饮业消费对接和产业对接优势，开展脱贫地区餐饮食材产销对接活动，以消费扶贫和产业扶贫两种方式提升脱贫地区整体发展水平。

（5）发展饮食文化产业，提升中华饮食文化的影响力。中国餐饮业是中华饮食文化传承发扬的重要产业，要深入实施中华优秀传统文化传承发展工程，强化饮食类非物质文化遗产系统性保护，推动中华优秀传统饮食文化创造性转化、创新性发展；要推动中餐"走出去"，向国际化发展，加强对外民间文化交流，讲好中国故事，传播好中国声音，促进民心相通。

（6）加快绿色、生态、节约型餐饮发展，助力建设美丽中国和健康中国。餐饮业要加快绿色化、生态化转型，坚持节约能源、节约用水、节约粮食，全面提高资源利用效率；要做好垃圾分类管理和厨余垃圾回收工作，构建资源循环利用体系；要加快建立绿色餐饮、生态餐饮、节约餐饮标准、认证、标识体系；要做好禁止餐饮浪费工作，禁止使用野生动物作为食材，积极推广分餐、公筷等餐桌文明。

（7）做好餐饮业民生保障工作，增进民生福祉。餐饮业关系到稳定就业和保障民生，要充分发挥其稳定就业、保障民生的重要作用；要积极开展餐饮职业技能培训，健全终身技能培训制度，建设一批餐饮业公共实训基地和产教融合基地，推动产业培训资源共建共享；要积极参与全国职业技能大赛[①]，做好餐饮类各项比赛工作。

---

① 新华社. 中华人民共和国国民经济和社会发展第十四个五年规划和2035年远景目标纲要 [EB/OL]. (2021-03-13) [2022-02-20]. http://www.whwips.com/upfile/202103/2021031444338569.pdf.

(8) 把餐饮业列入实施健康中国战略的重要产业，纳入国家公共卫生安全体系和国家应急保障体系。餐饮业深入实施食品安全战略，加强供应链管理，做好餐饮公共卫生安全防控和生产安全工作，建立公共卫生安全应急管理制度和企业全员安全生产责任制度；深刻认识粮食安全问题，有效降低粮食生产、储存、运输、加工环节损耗，开展节约粮食行动①；做好国家应急餐饮保障工作。适时制定和出台《餐饮业发展促进条例》，依法推进餐饮业高质量发展，将行得通、真管用、有效率的政策规章上升为法律。将餐饮业发展促进条例纳入相关法律议程依法推进改革，是餐饮业治理体系和治理能力现代化的现实要求，是构建餐饮业高质量发展的长效机制的法律保障。

四、推动餐饮业高质量发展融入新发展格局

《纲要》描绘了未来发展蓝图，为餐饮业的发展指明了方向，明确了战略与任务。餐饮业要立足新发展阶段，深化供给侧结构性改革，推进需求侧改革，积极练好内功，紧紧围绕人民美好生活需要，锚定产业高质量发展目标，贯彻"创新、协调、绿色、开放、共享"的新发展理念，按照八大产业任务部署，积极推动产业品质提升②，市场体系完善，数字化转型，绿色、生态发展引领，饮食文化传承和中餐"出海"这六大重点工作内容，推进"十四五"发展目标与战略实施，以高质量发展融入"双循环"新发展格局。

（一）产业品质提升

产业品质提升是"十四五"餐饮业高质量发展的基础工作。通过实施品质工程，深化供给侧结构性改革，提高餐饮业市场主体质量，提高产业链分工水平，强化餐饮业安全防控能力。

---

① 新华社. 中华人民共和国国民经济和社会发展第十四个五年规划和2035年远景目标纲要［EB/OL］.（2021-03-13）［2022-02-20］. http：//www.whwips.com/upfile/202103/2021031444338569.pdf.

② 何立峰：《深入学习贯彻党的十九届五中全会精神　坚定扎实推动我国经济高质量发展》，《中国产经》2021年第1期。

一是提高餐饮业市场主体质量。提高餐饮企业烹饪技艺水平、服务水平和管理水平，铸造核心竞争力；推动餐饮企业品牌化、标准化、连锁化、资本化发展，做大做强，提高市场竞争力；推动中国餐饮评价标准体系建设，引领市场主体高质量发展。

二是提高产业链分工水平。一方面要推动餐饮业专业化生产性服务业发展，如厨房服务、食品安全服务、供应链服务、信息化服务、品牌服务、管理服务、餐饮科技服务等，繁荣产业生态，提高产业分工水平，提升整体产业效能；另一方面，推动发展餐饮平台经济，通过平台组织和赋能，降低产业生态协调成本，提升个体经营户，中小微企业的餐饮经营能力。

三是强化餐饮业安全防控能力。安全是餐饮企业的生命线，要从食品安全、公共卫生安全和生产安全三个方面筑牢产业发展生命线。餐饮企业要建立安全管理制度，落实安全责任，加大教育培训力度，提高员工安全意识和风险防控意识；提高监管力度和水平，利用社会化、数字化监管机制，推进线上线下一体化监管，完善信用约束机制。

（二）市场体系完善

餐饮市场体系完善是提高餐饮有效供给能力，顺应消费升级趋势，提供全方位、全周期餐饮服务的重要工作内容。

一要发展多层次餐饮服务市场。满足城乡居民个性化、多样化的餐饮消费需求；既要完善早餐供给，社区服务市场，发展快餐、团餐业态，提高餐饮市场服务保障能力，又要持续扩大优质餐饮消费产品、中高端餐饮服务供给，匹配消费升级带来的对优质餐饮品牌、服务和饮食文化消费的需要。

二要科学规划社会餐饮网点和布局。加快餐饮服务在各个消费场景科学布局，提高居民消费便利水平；优化数字社会背景下的餐饮门店布局，提高门店经营效率；完善社区餐饮服务，保障"一老一小"餐饮服务需求。

三要推进地方特色餐饮市场繁荣发展和走向全国，满足居民特色饮食体验需求，推进乡村振兴。鼓励餐饮企业对接脱贫地区特色农产品种养殖和加工业，利用消费扶贫和产业扶贫方式提高脱贫地区产业发展水平。

(三) 数字化转型

数字化转型是将餐饮服务数字化，既是提高产业整体能效的重要工作内容，也是构建数字生活图景的重要版图。一要加快餐饮企业利用信息技术改造生产流程、服务流程和管理流程，提高决策数字化、精准化水平；二要加快餐饮企业线上化发展，提高线上门店运营水平，满足数字社会消费者的餐饮服务需求，同时也提高餐饮供需匹配水平，更好地满足消费需求；三要完善互联网生活服务平台治理机制，构建公平、公正、透明的平台竞争环境，防止平台垄断侵害市场主体利益。

(四) 绿色、生态发展引领

绿色化、生态发展引领是餐饮业引领绿色、生态的生产、生活方式，助力美丽中国、健康中国建设的重要工作内容。一要加快绿色、生态餐饮标准制定、推广和实施，完善绿色、生态餐饮的信息披露和动态监测机制，如资源节约和循环利用情况、碳排放、食品浪费、阳光厨房、可追溯供应链等，建立激励约束机制，鼓励餐饮企业参与绿色、生态和节约餐饮建设；二要加快建立禁止餐饮浪费长效机制，依法反对食品浪费；三要加大健康文明用餐方式的宣传力度，推广分餐、公筷等餐桌文明行为，引导绿色、健康的生活方式。

(五) 饮食文化传承

饮食文化传承是餐饮业实施文化强国战略的重要工作内容，也是提高餐饮业文化软实力，提高餐饮产品和服务附加值的重要工程。一要加大餐饮业非物质文化遗产的挖掘、保护和宣传，通过建立饮食文化档案，建设饮食文化博物馆等方式，形成长效保护机制；二要推动中华优秀传统饮食文化创造性转化、创新性发展，鼓励餐饮企业与文化产业融合发展，推动餐饮文创等产品和服务的发展；三要鼓励地方特色菜系发展，传承地域特色文化、风俗和食材。

(六) 中餐"出海"

中餐"出海"工程是推动中国餐饮业向国际化发展，增强中餐品牌国际影响力，提高中餐国际竞争力的重要方式，也是以民间交流方式推动中华文化传播，促进中外文化交流，推动中华文化"走出去"的重要支撑。

鼓励中餐企业"走出去"，要从资金、人才、供应链和海外商务服务四个方面切实解决"走出去"面临的问题和挑战。一是要在保障金融安全前提下，加大对中餐企业"走出去"的金融支持；二是建立海外中餐人才培养、培训和交流机制，满足海外人才发展需求；三是打好海外发展供应链基础，畅通国际食材等餐饮供应链；四是完善海外投资、法律、财务、税务等商务服务供给，降低海外投资风险和提高海外投资便利度。

五、依法提升餐饮业治理效能

在我国餐饮业迈向高质量发展的进程中，暴露出诸多现实治理困境，亟待制定专门的餐饮业发展促进条例，为餐饮业渡过难关、实现恢复性增长和立足长远、谋划高质量发展提供法律保障。其一，我国目前并无国家层面专门针对促进餐饮业发展的立法。其二，由权力机关即全国人民代表大会及其常务委员会作为立法主体制定新法。其三，新法的名称既要体现立法目的，又要符合通用表述。其四，统筹协调，处理好与相关法律的衔接配合。

第三章

中国餐饮业高质量发展产业政策转型分析框架

十九届五中全会公报提出：加快发展现代产业体系，推动经济体系优化升级……加快发展现代服务业。① 现代服务业也进入了新阶段，其中餐饮业高质量发展作为重要内容，面临着新的历史使命。餐饮产业关乎国计民生，关乎乡村振兴战略，在全面建成社会主义现代化强国的长期进程中，其对经济发展、文化繁荣、社会民生和生态保护都有基础性作用。本章通过梳理近十年中国餐饮业理论层面和实践层面的发展，综合分析餐饮业内外部环境、发展机遇与挑战，以及市场机制的基础决定作用和政府作用，构建了由科技、产业融合、健康和人民满意四个要素组成的中国餐饮业高质量发展产业政策转型分析框架。

第一节 对餐饮业产业定位的再认识和新定位②

习近平总书记强调："危和机总是同生并存的，克服了危即是机。"新冠肺炎疫情对餐饮全产业链产生了剧烈冲击，但也为产业转型升级和高质量发展带来新的机遇。本节通过梳理新冠肺炎疫情对餐饮全产业链的冲击与影响，

---

① 人民网—中国共产党新闻网．十九届五中全会公报要点［EB/OL］．(2020-10-29)[2022-02-20]．http://cpc.people.com.cn/n1/2020/1029/c164113-31911575.html.
② 邢颖、黎素梅、于干千：《中国餐饮产业发展报告（2020）》，社会科学文献出版社，2020，第35—54页。

提出疫情之下餐饮业应把握转型升级和高质量发展的机遇，研判后疫情时期对餐饮业发展的再认识和新定位。

一、新冠肺炎疫情对餐饮全产业链的冲击与影响

新冠肺炎疫情对餐饮全产业链产生了剧烈的冲击，导致需求端受到抑制，供给端运转停顿，停摆的联动效应开始突显，餐饮消费需求受抑反弹乏力，餐饮收入降幅进一步扩大。2020年我国餐饮行业收入为39527亿元，同比下降15.4%，降幅比社会消费品零售总额降幅高出12.7个百分点，预期的市场自身恢复和"报复性消费"的理想状态并未出现，新冠肺炎疫情对餐饮产业的沉重打击远远超过2003年的"非典"。餐饮产业链运行全线受阻，餐饮企业无法对各生产要素进行统筹安排和全面调度，经营停滞、库存积压和不断开支让企业不堪重负，同时对就业市场、创业信心和精准扶贫造成巨大压力。目前，餐饮业直接就业人员近3000万人，自主创业和再就业能力较低，疫情导致餐饮业"休克"会对低收入人群的收入来源、就业机会、社会稳定造成较大冲击。餐饮业关店退市风潮削弱了大学生的创业信心，增大了以餐饮业上游原材料供应为依托的贫困地区精准扶贫压力。①

二、疫情之下把握餐饮业转型升级和高质量发展的新机遇

新冠肺炎疫情中蕴藏着餐饮业发展的新机遇，主要体现在产业结构和饮食文化两个方面。一是推进产业结构优化，餐饮企业深刻反思、总结经验，通过加速数字化进程和强化知识管理提升企业管理能力；根据企业自身情况对商业属性进行调整，增加社会服务属性，增加对社区和大众餐饮的投入；探索智慧化、无接触服务和跨界融合发展，助推产业转型升级。二是激发饮

---

① 于干千、赵京桥、杨遥：《公共卫生安全视域下餐饮业高质量发展的产业政策转型》，《开发研究》2020年第4期。

食文化变革,此次疫情倒逼社会大众重新审视传统餐饮消费习惯和餐饮文化,以"取其精华,去其糟粕"的辩证态度进行变革,倡导全社会节约粮食、文明餐饮、摒弃野味和回归亲情文化的守正创新措施。从提升食品安全治理效能方面来看,此次疫情使政府、社会和民众对餐饮业产业安全的内涵有了深刻认识,对将餐饮业纳入公共健康体系建设和应急体系建设形成了广泛共识,必将有力推进餐饮业高质量发展的进程。①

三、后新冠肺炎疫情时期餐饮业发展的新政策环境

在新冠肺炎疫情的影响下,中国政府出台了一系列政策,主要涉及公共卫生安全防控、扶持复工复产、促进消费及保护野生动物等方面,对餐饮业未来的经营发展有重大影响和深远意义。

(一)餐饮业要加快适应常态化新冠肺炎疫情防控和更加严格、完善的公共安全防控政策

新冠肺炎疫情给中国公共卫生安全体系和人民生命健康造成了严重冲击,同时加快了中国疫病防控政策和国家公共卫生应急体系的完善。

从短期来看,新冠肺炎疫情防控将成为中国社会经济活动的常态。虽然从2020年1月开始的应急性超常规疫情防控随着全国中高风险区域全部清零(2020年5月7日)宣告终止(2020年4月8日湖北武汉解封,5月2日全国各省市突发公共卫生事件一级响应调整完毕,5月7日全国中高风险区域全部清零),中国政府的疫情防控反应机制迅速、有效,中国新冠肺炎疫情得到全面、有效控制。但是其他国家和地区的新冠肺炎疫情仍在肆虐,国内个别地区仍有聚集性疫情风险出现,疫情不定时散点式暴发,中国疫情防控仍然需要随时高度戒备。因此,在中央防控精神指引下,中国新冠肺炎疫情进入了常态化防控阶段。《国务院应对新型冠状病毒感染肺炎疫情联防联控机制关于

---

① 邢颖、黎素梅、于干千:《中国餐饮产业发展报告(2020)》,社会科学文献出版社,2020,第1—34页。

做好新冠肺炎疫情常态化防控工作的指导意见》（国发明电〔2020〕14 号）（以下称《常态化指导意见》）明确提出"按照相关技术指南，在落实防控措施前提下，全面开放商场、超市、宾馆、餐馆等生活场所"，对于餐饮业来说，只有按照《常态化指导意见》，以及商务部联合国家卫健委发布的由中国商业联合会、中国饭店协会、中国烹饪协会、全国酒家酒店等级评定委员会、美团点评集团联合制定的《餐饮企业在新型冠状病毒流行期间经营服务防控指南（暂行）》以及国务院在 2020 年 2 月 21 日印发的《国务院应对新型冠状病毒感染肺炎疫情联防联控机制关于印发企事业单位复工复产疫情防控措施指南的通知》（国发明电〔2020〕4 号），落实好防控措施，才能真正实现全面开放。

从长期来看，研究和总结此次新冠肺炎疫情防控的经验和教训，完善中国疫病防控体制机制和国家公共卫生应急管理体系成为当务之急。[①] 餐饮业是公共卫生安全防控的重要环节，要不断加快产业公共卫生安全防控和应急管理体系的构建。此外，餐饮产业作为应急管理体系的重要方面，为救护、医疗、伤病等人员提供基本的生活保障，增强餐饮服务保障能力也是当务之急。

（二）餐饮业复工复产要充分利用政府扶持政策，抓住国家促进消费发展的政策红利

从短期扶持政策来看，为帮助在新冠肺炎疫情期间受到重创的餐饮企业，特别是中小微企业、个体工商户渡过难关，协助企业和个体工商户复工复产，恢复生机，中央及地方政府出台并落实了一系列扶持政策，包括复工复产便利化措施，降低运营成本、提高流动性、加大政府服务力度等政策，中央及部委的扶持政策大致可以分为财政扶持政策、金融扶持政策和其他扶持政策三类。

1. 财政扶持政策

新冠肺炎疫情发生后，党中央、国务院高度重视财政政策的直接扶持作

---

① 习近平：《全面提高依法防控依法治理能力 健全国家公共卫生应急管理体系》，《求是》2020 年第 5 期。

用,财政部、国家税务总局牵头出台了包括减免增值税、延长亏损结转期限、减免和缓缴社保费、缓缴住房公积金、鼓励减免租金、减免检测和认证费用等一系列财政扶持政策。

2. 金融扶持政策

新冠肺炎疫情暴发伊始,中国人民银行、财政部、中国银行保险监督管理委员会等金融监管部门发布了诸多金融扶持政策,超预期提供流动性保障金融稳定,防范由疫情引发的金融风险,支持金融机构降低融资成本,有序复工复产。与餐饮业相关的金融扶持政策主要包括:加强制造业、小微企业、民营企业等重点领域信贷支持,不得盲目抽贷、断贷、压贷;提供临时性还本付息安排;提高金融服务效率;降低融资成本;等等。

3. 其他扶持政策

除了财政和金融扶持政策,国家发展和改革委员会、国家市场监督管理总局、人力资源和社会保障部、商务部、民政局等部委在稳定就业,降低电、气价格,优惠租金,积极发挥行业协会作用,便利市场准入,优化行政服务等方面进一步落实中央抗疫精神。

在党中央、国务院的抗击疫情精神及各部委支持抗击疫情文件的指引下,各地方陆续出台地方应对疫情防控、稳定社会经济发展的各项政策,其中部分省市与餐饮业相关的扶持政策,主要包括有序推进企业复工复产,以减税降费,延税延费,减免租金,降低水、电、气价等方式降低企业负担,加大金融支持力度,降低融资成本,支持企业稳岗,出台消费券促进消费恢复等措施。

从长期来看,中美贸易摩擦,贸易保护主义抬头,中国经济增速放缓,特别是新冠肺炎疫情背景下,外部环境复杂多变,国外需求降低,以国内大循环为主,成为当前工作重要抓手,2018年中央首提"六稳六保"(稳就业、稳金融、稳外贸、稳外资、稳投资、稳预期,保居民就业、保基本民生、保市场主体、保粮食能源安全、保产业链供应链稳定、保基层运转),促进中国经济稳中求进。新冠肺炎疫情暴发以来,在中央"加快释放国内市场需求""扩大居民消费,合理增加公共消费"精神的指引下,各部委陆续出台促进消费发展的政策措施（表3-1）。如国家发改委等23个部门出台了《关于促进消费扩容提质加快形成强大国内市场的实施意见》，提出大力优化国内市场供给、重点推进文旅休闲消费提质升级、着力建设城乡融合消费网络、加快构建"智能+"消费生态体系、持续提升居民消费能力、全面营造放心消费环境六个方面工作和十九条任务来加快发展国内消费市场；出台了《商务部关于统筹推进商务系统消费促进重点工作的指导意见》，落实各省市促进消费发展的重点工作，并会同国家邮政局、中国消费者协会在2020年4月28日至5月10日举行"双品网购节"，促进假期消费。在中央和各部委促进消费政策指导下，各省市积极落实地方促进消费发展的各项政策。

表3-1 中央及部委出台的促进消费发展的政策措施

文件名	出台部门	成文时间
《国务院办公厅关于加快发展流通促进商业消费的意见》	国务院	2019年8月16日
《商务部关于应对新冠肺炎疫情做好稳外贸稳外资促消费工作的通知》	商务部	2020年2月18日
《关于促进消费扩容提质加快形成强大国内市场的实施意见》	国家发展和改革委员会等23个部门	2020年2月28日
《商务部关于统筹推进商务系统消费促进重点工作的指导意见》	商务部	2020年4月22日

资料来源：作者根据中央及各部委出台文件整理。

综合上述中央及地方出台的与餐饮业相关的复工复产扶持政策和促进消费政策，可以看出，虽然新冠肺炎疫情为餐饮业带来了沉重打击，但一系列扶持政策和促进消费发展政策的及时出台，对缓解企业当前困境、恢复市场信心和推动餐饮业未来发展起到了积极、有效的作用。

（三）餐饮业要严格执行"禁野"政策

受新冠肺炎疫情及近年来全球公共安全事件的影响，消费者对禁止非法交易和滥食野生动物形成了广泛共识。全国人民代表大会常务委员会出台了《关于全面禁止非法野生动物交易、革除滥食野生动物陋习、切实保障人民群众生命健康安全的决定》(以下简称《革除滥食野生动物陋习的决定》)。根据《革除滥食野生动物陋习的决定》和《中华人民共和国畜牧法》，农业农村部起草了《国家畜禽遗传资源目录（征求意见稿）》，包括猪、牛、羊、马、驴、骆驼、兔、家禽八类传统畜禽，以及梅花鹿、马鹿、驯鹿、羊驼、珍珠鸡、雉鸡、鹧鸪、绿头鸭、鸵鸟、水貂（非食用）、银狐（非食用）、蓝狐（非食用）、貉（非食用）十三类特种畜禽。湖北、广东、江西、北京、广西、湖南等省市陆续在《革除滥食野生动物陋习的决定》的指导下，积极推进地方立法工作，加大保护野生动物的力度。深圳市人民代表大会常务委员会于2020年3月31日率先通过了《深圳经济特区全面禁止食用野生动物条例》（以下简称《深圳条例》），并自2020年5月1日起实施，《深圳条例》明确规定的禁止食用野生动物及其制品包括：①国家重点保护野生动物以及其他在野外环境自然生长繁殖的陆生野生动物；②人工繁育、人工饲养的陆生野生动物；③用于科学实验、公众展示、宠物饲养等非食用性利用的动物及其制品。同时明确了可食用动物为《国家畜禽遗传资源目录》中规定的可食用动物，以及依照法律、法规未禁止食用的水生动物。《深圳条例》还明确推行可食用动物冷链配送、禁止私宰家禽家畜及相关行为、禁止以提供食用为目的向消费者销售家禽家畜活体。可以预见的是，随着各地方对禁食野生动物的立法推进，全国范围内禁食野生动物是必然趋势，餐饮业要认真学习"禁野"法律法规并严格遵守。

四、后新冠肺炎疫情时期对餐饮业发展的再认识和新定位

餐饮业既是当前防疫重要阵地，又是复工复产、提振消费信心的主战场。餐饮业的高质量发展，既是满足人民美好生活新期待的必然要求，又是巩固抗疫成果、助推餐饮转型升级的迫切需求。此次新冠肺炎疫情使餐饮业受到空前的冲击，也使学界和业界可以从公共卫生和应急保障两个视角认识餐饮业在国家高质量发展中的作用。从过去的发展来看，餐饮业作为国民经济中关系民生的基础性消费产业，历经了改革开放40多年的跨越式发展，产业规

模和增速大幅度增长,并在供给侧结构性改革战略的引领下,内部结构和发展质量得到优化提升,成为继美国之后的全球第二大餐饮产业。[①] 在新冠肺炎疫情中,餐饮业在社会经济中的流砥柱作用有目共睹,在稳定经济增长、恢复市场信心促进消费、稳定就业、惠民生聚民心等方面表现不俗,此外餐饮业还肩负生态文明建设和文化传承的重任,不断探索有效实践。餐饮业在国家公共卫生安全体系中的重要责任和国家应急保障体系中的重要作用得到社会的高度认可,餐饮业通过中央厨房、高效的餐饮物流供应链和智慧化无接触服务系统为各地抗疫工作及复工复产提供重要的后勤保障和民生保障,在"疫情阻击战"中功不可没。因此,在后新冠肺炎疫情时期的餐饮业发展中,在更好地发挥产业原有社会、经济、文化效应的同时,必须进一步做好餐饮业公共卫生安全防范工作和公共卫生应急管理工作,发挥餐饮业对公众健康消费的引领作用,支撑"健康中国"战略的实施;必须进一步完善餐饮业应急保障体系,保证安全、可靠、高效地完成国家应急保障任务。

(一)餐饮业对后新冠肺炎疫情时期稳定社会经济发展具有重要作用

在后新冠肺炎疫情时期,恢复正常社会经济秩序,稳定社会经济发展成为重要任务。但全球疫情持续蔓延,变异毒株轮番暴发,全球社会、经济发展都受到了严重冲击,尤其是以美国、欧洲国家为主的发达国家疫情暴发对全球供应链造成重大影响,严重挫伤本已低迷的全球经济。在当前国内外抗疫形势下,中国外需面临严峻挑战,稳定社会经济发展必须进一步增强内需的稳定作用,特别是发挥消费的"压舱石"作用。要发挥消费的"压舱石"作用,就必须重视餐饮业对稳定消费的"稳定器"作用,主要体现在以下三个方面。

1. 餐饮消费是居民消费的稳定器

从产业供给来看,2020年我国餐饮行业收入为39527亿元,占社会消费

[①] 于干千,赵京桥. 改革开放40年来中国餐饮业发展历程、成就与战略思考[J]. 商业经济研究,2020 (11):5-8.

品零售总额的 10.08%，在国民经济中的消费贡献日益突出。从消费需求来看，新冠肺炎疫情无法动摇中国建设中国特色社会主义现代化强国的坚定步伐，不改变中国当前社会主要矛盾，中国居民对美好生活的追求会带来对高质量社会化餐饮需求的持续增长；从消费内部结构来看，在整个消费升级的进程中，尽管饮食消费比重长期下降，但其比重和规模依然是居民消费结构中最大的，因此，满足新时代居民美好生活需要的重要内容就是满足饮食消费升级需要。随着中国居民外出就餐倾向的不断提高，餐饮业在满足居民饮食消费需求中发挥了越来越重要的作用，成为消费升级的主力军。

2. 餐饮业是低收入群体就业的稳定器

稳定就业对稳定消费、稳定社会经济发展意义重大，特别是餐饮业作为就业门槛较低的劳动密集型服务行业，其是中国吸纳低技能劳动力、城镇闲散劳动力和农村转移劳动力的重要产业，对保障低收入群体的社会稳定和消费有重要作用。近年来，随着受到社会各界的关注，大学生纷纷选择餐饮业作为创业起点。2019 年，课题组估算，餐饮业吸纳直接和间接就业人员超过 3000 万人。由于全产业链涉及行业多，且产业融合范围广、程度深，因此餐饮产业对社会经济发展的带动以及就业的贡献将高于课题组的估算。

3. 餐饮业是餐饮产业生态体系的稳定器

餐饮业紧密连接生产和消费，经过长期发展，已经形成较完备的产业生态体系。从供应链来看，餐饮业对农业、食品加工制造业、餐厨用品及设备制造业、生产性服务业等上下游相关产业有直接带动作用，每年消耗农产品、食品调味品等原材料近 2 万亿元；从协同产业来看，餐饮业作为基础消费产业，与旅游、文化娱乐、批发零售业等产业都有较强的产业协同效应，特别是在电子商务爆发式增长时期，餐饮业的体验经济属性使其成为重要的线下引流产业，成为旅游休闲产业、文化创意产业、批发零售业跨界融合的焦点。①

---

① 前瞻产业研究院.2019 年中国餐饮行业市场现状及前景分析　敢于融入创新，将成为全球第一大市场［EB/OL］.（2019-07-17）［2022-02-20］.https://www.sohu.com/a/327488682_99922905.

（二）餐饮业是关系国家公众健康的重要产业

餐饮业是关系国家公众健康的重要产业，主要体现在以下三个层面。

1. 食品安全层面

保障食品安全是餐饮业发展的基本要求。"十二五"以来，餐饮业不断加强供应链管理，提高生产和服务的规范化和标准化水平，特别是《中华人民共和国食品安全法》颁布以后，餐饮企业依法履行食品安全职责，加大食品安全管理投入和从业人员食品安全教育培训力度，使产业食品安全风险控制能力不断提升。

2. 健康饮食层面

健康从饮食开始。随着居民生活水平从温饱向小康、富足发展，饮食对居民健康的影响越来越大，不合理饮食、营养过剩带来的高血压和糖尿病等慢性疾病已经成为困扰居民健康的重要问题，健康饮食在居民健康管理中的地位与作用越来越重要，消费者对饮食安全的关注进一步提升到对饮食健康的关注。从公共卫生服务来看，健康饮食管理和服务也越来越重要。公共卫生是关系全体人民健康福祉的公共事业，是具有普遍性、普惠性的卫生服务。中国基本卫生服务包括十四项：居民健康档案管理，健康教育，预防接种，0~6岁儿童健康管理，孕产妇健康管理，老年人健康管理，慢性病（高血压、糖尿病）患者健康管理，严重精神障碍患者管理，肺结核患者管理，传染病及突发公共卫生事件报告和处理，中医药健康管理，卫生计生监督协管服务，免费提供避孕药具，健康素养促进行动。[①] 其中，多项基本卫生服务与饮食健康服务息息相关。

与此同时，随着中国城镇化水平的不断提高、居民生活水平的快速提升，社会化餐饮消费成为饮食行为的重要趋势，餐饮服务成为现代城市生活服务的重要组成部分，餐饮业成为城市运行的重要民生保障，也成为满足人民美好生活的重要幸福产业。按照人均50元的就餐标准，中国餐饮业在2019年

---

① 国家卫生健康委．关于做好2019年基本公共卫生服务项目工作的通知［EB/OL］．(2019-09-05)［2022-02-20］. http://www.nhc.gov.cn/jws/s7881/201909/83012210b4564f26a163408599072379.shtml．

提供就餐服务达 920 亿人次。因此，无论是从饮食对健康的重要性还是从餐饮服务的普及水平看，餐饮业在居民全生命周期健康饮食管理和公共健康管理中的重要性都日益突显。

3. 公共卫生安全层面

餐饮业是提供社会化饮食服务的产业，无论是经营场所还是生产过程、消费行为，都关系人民的健康与安全，都是公共卫生安全的重要环节。新冠肺炎疫情传播速度快、覆盖范围广、参与人员多、防控难度大，是历史上少见的重大突发公共卫生事件，为餐饮业的稳步健康发展带来了挑战。[①] 规模庞大的餐饮业在重大突发公共卫生事件中缺乏科学、系统的公共餐饮安全应对措施，显得格外脆弱和被动。没有安全和健康护航，没有科学防护体系和应急管理体系指引，无论是餐饮业的消费贡献、就业贡献还是文化弘扬、民生保障功能，在公共卫生安全危机下都举步维艰。从短期和长期来看，针对此次疫情暴露出来的防控体制机制问题、应急管理体系问题、后勤保障问题、人员组织问题等都成为降低疫情防控效率、制约应急管理水平的短板和不足，习近平总书记指出：既要立足当前，科学精准打赢疫情防控阻击战，更要放眼长远，总结经验、吸取教训，针对这次疫情暴露出来的短板和不足，抓紧补短板、堵漏洞、强弱项，该坚持的坚持，该完善的完善，该建立的建立，该落实的落实，完善重大疫情防控体制机制，健全国家公共卫生应急管理体系。

从上述三个层面可以看出，随着社会经济的发展、居民生活水平的提高以及威胁人类的病毒不断出现，餐饮业在食品安全管理、公众健康饮食管理及公共卫生安全防控中承担着越来越重要的社会责任。

（三）餐饮是国家应急保障体系中的重要服务保障

民以食为天。在国家应急保障中，饮食保障是重要内容。在当前重大突发公共卫生事件中，饮食保障主要通过如下四种形式进行。第一种是工业化方便食品，比如方便面、蛋糕、面包。这种供应方式生产成本低，供应快速，

---

① 北京商报．国家卫健委：这次新冠肺炎疫情是新中国成立以来防控难度最大的一次重大突发公共卫生事件 [EB/OL]．（2020 - 02 - 28）[2022 - 02 - 20]．https：//baijiahao. baidu. com/s? id＝16597780314647564528&wfr＝spider&for＝pc．

供应范围广，易储存和携带，但营养和口味单一，并不适合长期后勤保障。第二种是由商贸流通企业供应粮食、蔬菜和肉类等生活物资，由公众自主烹制解决。这种供应保障方式适合居家且具备烹制设备和技能的家庭，具有个性化特点，是当前居家防控的主要饮食保障方式，但在公共卫生安全风险下，个人生活物资购置防控成本较高。第三种是中央厨房或移动餐车统一制作、包装，统一配送供应，这与第二种供应方式相比，生产更加标准化、集约化，与第一种供应方式相比，在口味和营养上更丰富，适用于长期集体供餐，是当前疫情防控的各医疗单位、机关、企事业单位、定点隔离点的主要饮食保障方式。第四种是以互联网餐饮服务平台为依托的无接触式餐饮外卖。这种供应方式可以满足居民个性化饮食需要，是第二种居家防控饮食保障的补充，但在重大突发公共卫生事件下，监管成本风险较大，供应成本较高，应急保障功能较弱。

综合上述四种饮食保障方式，专业化餐饮服务已经是国家应急保障体系中的重要服务保障，特别是基于中央厨房的规模化、标准化饮食供应，具有保障成本较低、保障能力强、保障期限长、风险更加可控的特点。

（四）强化餐饮产业发展的政府职能与作用

改革开放 40 多年来，餐饮业的发展取得了非凡成就，为中国经济、社会和文化发展作出了突出贡献[1]，产业地位快速提升，很多地方已经把餐饮作为政府工作和城市品牌的重要抓手，引领地方社会、经济发展。作为服务人民基础消费需求的餐饮业，满足人民日益增长的美好生活的餐饮消费需求，既是产业发展的根本目标，又是政府服务产业保障民生的重要职能。[2] 充分发挥政府在餐饮业高质量发展中的作用，建立和完善以大众化餐饮服务市场为主体的多层次餐饮服务市场体系，不断增强人民的获得感和幸福感，同时增强餐饮业就业群体的归属感和责任感。

---

[1] 前瞻产业研究院 . 2019 年中国餐饮行业市场现状及前景分析　敢于融入创新，将成为全球第一大市场［EB/OL］．(2019-07-17)［2022-02-20］. https://www.sohu.com/a/327488682_99922905.

[2] 《中央政治局主持会议　中央委员会总书记习近平作重要讲话》，《江淮法治》2021 年第 21 期。

（五）以新发展理念为指引，制定餐饮业高质量发展规划

2019年餐饮业收入规模已经超过4.6万亿元，如果没有新冠肺炎疫情的影响，2020年将超过5万亿元。但一方面，受到全球疫情暴发的影响，外防输入压力大增，餐饮复工复产受阻，消费者对公共卫生安全心有余悸、信任降低；另一方面，新型冠状病毒毒株不断变异，全球疫情不断反复，导致全球经济持续走低，外需下降也严重影响了我国消费经济反弹，国内餐饮收入提振乏力，餐饮企业重新洗牌，产业恢复增长期被迫延长到2021年。餐饮产业在惠民生聚民心、稳定就业和恢复市场信心方面具有中流砥柱的作用，且在生态文明建设和传统文化传承方面责任重大，因此，国家应进行顶层设计，研究"十四五"期间乃至更长时期内餐饮业高质量发展规划，指导产业科学、稳定、健康发展。疫情冲击不改变餐饮业长期发展趋势。为更好地推动餐饮业创新、协调、绿色、开放和共享发展，构建现代化餐饮产业体系，实现高质量发展，餐饮产业高质量发展规划应更加注重以下五个方面统筹协调，即以创新发展为重要动能、以协调发展为基本保障、以绿色发展为本质要求、以共享发展为重要特征和以开放发展为内在要求：一是创新发展，产业规划要更加注重营造适宜创新的餐饮营商环境，通过人才政策、创业政策、金融政策，吸引人才和资本进入餐饮业，鼓励符合数字经济发展趋势、满足人民消费升级需求、提升产业效率的数字化餐饮服务创新，餐饮业态和商业模式创新以及餐饮生产力创新；二是协调发展，产业规划要统筹解决产业发展中的各种矛盾，实现城乡一体化发展，产业发展规模、速度与质量的平衡发展以及产业发展与产业治理的协同；三是绿色发展，产业规划要构建符合餐饮业绿色发展需要的法律法规体系、绿色标准体系和食材负面清单等，建立数字化监测机制和激励与约束机制，通过系统化产业规制方式护航餐饮业绿色发展；四是共享发展，产业规划要符合共享经济和平台经济发展需要，构建社会化多边治理体系，加强对外卖平台的公平性审查，维护共享市场和平台市场公平公正，保护中小餐饮企业的权益；五是开放发展，中华饮食发展在全球饮食文化交流中不断发展，饮食文明的融合发展与传播是构建人类命运共同体的重要内容。产业规划要营造开放、包容的外商投资环境，以及符合

对外投资需要的人才、金融、商务、法律服务生态。

第二节 科技成为新时代中国餐饮业发展的核心要素

信息化革命之后很长一段时间，由于餐饮业管理水平、餐饮业从业人员素质、餐饮成本控制、餐饮信息系统开发等制约餐饮业整体信息化水平，导致众多中小微企业实现数字化管理存在障碍。本节通过分析技术环境变化给餐饮业高质量发展带来的机遇与挑战，提出科技是中国餐饮业高质量发展产业政策转型分析框架的第一要素。通过梳理现阶段我国餐饮业在全产业链监管、预防管控风险和智能化助力食品安全中的实践，规划出产业政策转型在科技化发展中的重点。

一、技术环境变化带来的机遇与挑战

随着社会的进步、生产方式的迭代更新及消费者需求的不断升级，科技在餐饮业高质量发展中发挥着越来越重要的作用，科技不但延长了餐饮业的产业链，并且对产业链的各个环节都产生了深刻影响。未来餐饮业技术环境的变革将主要发生在信息技术和生物科技两个方面。

（一）信息技术基础设施升级扩容，信息应用水平提升

新冠肺炎疫情带来的封锁效应客观上推动了中国数字经济发展，为数字经济发展创造了多种应用场景，结合大数据、云计算、人工智能等信息技术的发展。[①]消费的海量线上化转移和产业的大规模数字化转型，对信息基础设施提出了更多的需求和更高的要求。2020年3月，中共中央政治局常务委员

---

① 王晓红、朱福林、夏友仁：《"十三五"时期中国数字服务贸易发展及"十四五"展望》，《首都经济贸易大学学报》2020年第6期。

会会议强调要"加快 5G 网络、数据中心等新型基础设施建设进度"。新型基础设施建设已经成为中国占领新兴信息技术高地，加快数字经济发展，实现高质量发展的重要抓手。以 5G 网络、物联网、工业互联网、卫星互联网为代表的通信网络基础设施，以人工智能、云计算、区块链等为代表的新技术基础设施，以数据中心、智能计算中心为代表的算力基础设施，三大信息技术基础设施的完善发展，将会极大地提高全社会的信息生产力，加快社会数字化进程，提升社会智能化水平。信息技术基础设施的升级扩容，将会支撑信息应用水平的大幅提升，主要体现在消费者应用和企业应用两个方面。

从消费者应用来看，随着信息技术基础设施的升级，网民规模的不断扩大和活跃程度的日益提高，移动智能终端的快速普及，基于用户需求的大量应用软件开发呈井喷式发展，呈现出移动化、平台化、社交化、视频化四大升级趋势。[①]

一是移动化。移动互联网提速和移动智能终端升级，大幅提高了消费者的移动连接能力和信息获取与处理能力，加快了线上线下消费场景融合，进一步发挥了线上交易优势和线下体验优势，推动了消费场景的移动化。

二是平台化。互联网平台作为一种网络多边市场，可以充分发挥信息技术在供求中的高效匹配作用，降低社会交易成本，而且随着互联网平台的集聚能力越来越大，其匹配能力也越来越大，所产生的交易能力也越来越大。当前基于社会、经济活动需求形成的互联网平台有网络零售平台（如天猫淘宝、拼多多等），生活服务平台（如美团、饿了么等）和交通出行平台（如滴滴等），并且这些互联网平台已经基本覆盖了消费者的日常消费需求。新冠肺炎疫情期间，消费的线上化进一步推动了互联网平台的快速发展和性能的不断优化。

三是社交化。随着微信、微博、QQ、钉钉、抖音、快手等不同应用形式、不同应用场景的社交软件的普及应用，以及各类消费平台、文娱平台的社交功能的完善，网络中存在的强连接和弱连接的消费者迅速形成了跨地域、

---

① 李彦臻、任晓刚：《科技驱动视角下数字经济创新的动力机制、运行路径与发展对策》，《贵州社会科学》2020 年第 12 期。

全天候，具有快速传播能力和强黏性的消费社交网络。这使得社交化消费成为消费的重要特征，消费者不仅关注产品和服务本身，还关注消费行为是否可以获得更好的社交体验。

四是视频化。视频消费受制于网络传输速度和流媒体数据处理能力，随着云计算、5G网络、数据中心，以及流媒体处理技术等软硬件能力的提升，信息传输和处理能力大幅提升，使得视频消费体验大幅提升，基于视频的信息应用快速发展，如短视频社交和直播电商等。

从生产应用来看，物联网、大数据技术和人工智能技术的发展，为企业提供了智慧化的解决方案，提高了企业的市场判断力和决策力，以及基于需求数据的智能化企业生产和供应链管理水平。

对于餐饮业来说，要充分认识新兴信息技术对餐饮生产、经营和消费的影响，重视互联网平台经济发展，加快线上消费与线下场景的融合，重视网络社区的维护，提高消费的社交体验，重视短视频、直播等新兴传播手段，提升品牌传播能力，重视消费数据资源的挖掘和分析，推动经营管理信息化向经营管理决策数字化转变。

（二）生物科技发展对餐饮食材产生重要影响

食材是餐饮业发展的基础原料，因此生物科技发展对食材发展带来的影响会对餐饮业带来巨大影响。

2019年，生产"人造肉"的美国超肉公司（Beyond Meat）成功在美国证券市场上市，引发了全球对"人造肉"生物技术的关注。肉是人类消费的重要食材，全球拥有上万亿美元的市场。近年来，随着生物科技的发展，肉类替代品的研发生产越来越受到生物科技创业企业和风险投资资金的青睐。[1] 从传统食材来看，利用大豆等植物蛋白、鸡蛋、明胶等原料生产的素肉已经进入消费食谱[2]，可以在一定程度上解决素食需求，但无法满足肉食消费者对

---

[1] 王小理：《生物安全时代：新生物科技变革与国家安全治理》，《国际安全研究》2020年第4期。

[2] 陈万球：《构建面向2035年生物技术创新与生物安全治理体系》，《中国科技论坛》2020年第11期。

真肉口感和味道的需求,因此传统素肉仅能满足素食消费者的小众市场,而无法替代肉,没有对肉类市场产生巨大冲击。此外,还有利用动物干细胞制造人造肉的技术正在研发、探索中。[①] 中国南京农业大学就在 2019 年成功制造出人造肉,这种人造肉在细胞结构上与传统肉细胞结构一样,但要实现传统肉类口感还需要持续研发。

在生物科技飞速发展的环境下,餐饮业要积极关注生物科技对食材等原材料的影响,既要充分利用生物科技带来的食材创新,给消费者提供更多消费体验,也要积极关注生物科技对食材供应链和食品安全的全方位影响。

二、对科技化管理的关注成为产业政策转型的重点

餐饮企业着眼于整个运营价值链,守护消费者舌尖上的安全。从供应商、物流中心到餐厅和外送,在每个环节都要嵌入先进的管理理念和科学技术,保证每一份餐饮产品的安全。

(一) 全产业链监管

1. 供应商管理

餐饮企业要通过各类数据渠道和信息平台选择严格遵守国家相关法律法规或标准要求的供应商,确保餐饮产品在源头的合规性和安全性,并符合餐饮企业约定的产品质量标准和管理要求。通过与供应商携手共进,履行企业"从种子到筷子,从农田到餐桌"的食品安全承诺。

一是供应商审核。餐饮企业执行严格的新供应商准入机制,包括风险评估、资质审查、工厂准入审核。定期审核供应商,以验证供应商食品安全和质量管理体系持续符合餐饮企业的要求。通过多种方式定期和突击相结合对供应商进行食品安全和质量审核。另外,整合各品类供应商管理规范和特殊管控要求,对供应商审核标准(如 STAR 标准)进行整体优化升级。

[①] 肖海、张坤生:《我国合成生物学发展下的知识产权保护》,《科技管理研究》2020 年第 20 期。

二是供应商绩效评估。引入软件管理系统（如 SaaS 管理软件）建立全面绩效管理体系，定期对供应商进行食品安全和质量绩效评估，降低餐饮企业的信息化成本和学习成本，提升餐饮业数字化管理能力。

三是供应商能力提升。通过线上学习和远程互动的方式将先进的食品安全与质量管理方法及经验及时传递给供应商，提升行业水平。制作线上学习资源，如供应商 STAR 标准培训及技术类培训，在食品安全、养殖技术、动物福利、加工质量、过程管控及合规性等方面，帮助供应商提升技术及管理水平。

四是食品安全抽检。将食品安全抽检过程透明化和可视化，定期对供应商产品进行抽检，确保符合标准要求，并通过直播方式对外同步进行抽检，保证抽检的公平、公正，并且对供应商具有较强的约束和警示意义；将抽检结果进行计量化和可视化分析，保证供应商了解掌握抽检结果和关联信息。

五是上游供应商管控。餐饮企业要求供应商具备对其原材料食品安全相关风险进行全面辨识和有效管控的资质和能力。对于餐饮企业最重要的原料品类（如肯德基的鸡肉、德庄火锅的毛肚、全聚德的鸭肉）持续打造该品类从养殖到屠宰加工的全链条食品安全和质量管控体系。通过实行养殖场（或种植地）飞行检查和原料食品安全监测，对上游供应商的绩效进行分级评估，推动源头管理升级。

运用电子化农场信息系统，实现对兽药和养殖场（或种植地）信息的电子化备案和追踪。另外，针对果蔬原料，餐饮企业致力于建立可持续发展农业及持续改进农场管理体系。餐饮企业要求种植者、生产商以谨慎、负责任的科学态度，从种植开始进行系统化管理，有效预防食品安全问题。从种植基地选择、土壤水源安全、种植技术、农药管理、肥料使用等方面，持续推动果蔬基地实施国家标准、行业标准和企业标准。

2. 物流管理

餐饮企业布局先进的物流体系、自有管理团队、完善的网络布局，包括物流中心和整合中心，形成干线与城配相结合的多温区配送体系，实现供应商—物流中心—餐厅之间产品批次追溯的电子化管理，为保障食品安全提供了坚实的基础。企业对物流服务商（包括仓储和运输）实行定期审核和日常检查制度，以验证服务商的食品安全和质量管理体系持续符合企业的要求。

3. 餐饮/外送管理

一是餐饮产品和餐饮服务创新。新时代中国餐饮业的趋势：数字技术和信息技术的运用推动产品和服务的创新发展；人工智能、大数据、虚拟现实（Visual Reality）、新材料、人脸识别、快捷支付等技术推动餐饮产品和餐饮服务的创新发展；提升餐饮运行效率和风险管控；新材料带来新装修，虚拟现实技术带来新体验；菜品与科技的融合创新，使得消费者在获得味觉享受的同时，综合性感官体验发挥到最大，体验身临其境的视觉享受。①

二是餐厅运营管理。餐饮企业建立科学系统的餐厅运营操作标准及程序，从原料的采购、原料的接收、原料的储藏、烹饪制作、菜品出品和安全卫生管控、用品用具消杀等环节进行线上线下双线管控，确保每家餐厅执行一致的食品安全标准、提供相同品质和口味的食物。餐厅经营期间，餐厅运营团队负责检查相关食品安全标准的执行情况。

三是餐厅风险管理。借助管理软件提供数据可视化分析，餐饮企业定期对餐厅进行回顾性评估，识别潜在食品安全及质量风险，并采取有效措施，降低风险、消除隐患；对新产品、新店布局、新设备和业务进行前瞻性风险评估，预警潜在风险，确保符合食品安全与质量要求。

四是外送操作管理。餐饮企业通过自有外送平台、企业专属外送服务团队及第三方外卖平台为顾客提供外送服务，并制定完善的外送管理方案，包括产品制作过程、外送时间、外送食品安全防护及设备清洁和维护。此外，企业与外送服务商签订《外送食品安全与质量操作规范承诺书》，就合规性、人员管理、配餐要求、外送设施和设备等方面进行明确的规定，并通过可穿戴设备对外送人员操作进行监督和管理。

五是稽核与检查。品质管理团队对每家餐厅经营合规审计进行定期和突

---

① 于干千、赵京桥：《新时代中国餐饮业的特征与趋势》，《商业经济研究》2019 年第 3 期。

击检查，检查涵盖食品安全、产品品质和顾客服务等内容。另外，企业还对关键菜单产品定期进行质量评估，对餐厅使用的工器具、餐具、水、冰等辅料及相关产品进行微生物抽检，确保符合标准要求。

（二）预防管控风险

近年来，政府、行业及社会对食品安全持续关注，食品安全整体环境有了长足的进步。由于食品供应链具有庞大且复杂的特性，其潜在风险也相应存在。餐饮企业运用创新的智能化技术，打造先进高效的食品安全风险管理系统；针对上游供应商、下游供应商、物流中心、餐厅及政府监管和消费者等环节，梳理出多个管控点，并通过信息监测、风险识别、风险分类、风险矩阵采取行动措施；建立行业热点持续监测机制，通过各渠道获取行业热点信息，针对行业热点反映的关键要素进行分析，并结合自身管理状况开展持续提升行动；密切关注并定期收集国家及地方法律法规、政府监管动态，筛选分析，及时发布法规速递，指导内部贯彻落实；针对政府监管趋势，提前制定措施，持续改进。

（三）智能化助力食品安全

以百胜中国为例，在完善流程和自动化的基础上，企业积极探索、广泛利用先进的数字化和智能化科技，推动食品安全管理改革，打造引领行业的数智化供应链；通过抽检审核（"快照"模式）、事后整改、绩效评估等传统的管理方式，透过科技加持，实现数据实时采集和分析、关键环节可见、及时纠偏，从而更高效且及时地防范食品安全问题。

1. IFS——基于知识图谱技术的食品安全风险评估和预警系统，升级食品安全防控

百胜中国全面抽提自身食品安全和品质管理经验，连通内外部食品安全大数据，基于知识图谱、自然语义处理、命名实体识别等机器学习和深度学习技术与算法，打造并上线了食品安全风险评估和预警管理系统。

拥有八大功能模块的食品安全风险评估和预警系统，在风险预警和风险评估方面有着显著的功能。该系统作为一个设计科学、有强大人工智能、机器学习和推理逻辑的工具，能自动识别风险和分级预警，极大地提升了风险

管理效能。其中两个主要功能模块的作用列举如下。一是风险预警。对每日监测到的政府抽检、行政处罚、媒体曝光、动物疫情和法律法规变化，结合餐饮企业相关信息自动识别风险、分类预警，与企业供应链数据进行比对、搜索、挖掘关联关系，快速排查供应链是否存在潜在风险。二是风险评估。对新供应商、新产品、新/现有供应商＋新产品及现有供应商＋现有产品 4 个场景进行全方位、多维度评估，秒级生成评估报告，以知识图谱的方式可视化地全面呈现风险信息和相关情况。

2. E－QA——从农田到餐桌，实现全程食品安全和质量流程在线管理

E－QA 实现了从农田到餐桌全程食品安全和质量流程在线管理。E－QA 在同一平台上涵盖了上游供应商、下游供应商、物流中心和餐厅食品安全与质量电子化管理，在行业内领先实现了原料添加剂合规性自动校验，保证新品上市前的添加剂使用合规。作为食品安全与质量管理的数据集成平台，E－QA 极大地提升了供应商和品项管理能力和效率。E－QA 可以实现"端到端"质量数字化，串联业务场景，驱动效率升级。E－QA 系统是供应链智能化"端到端"数字化全链路管控宏图的重要一环，实现了供应商数据与百胜中国的直接对接。百胜中国将每个品项的生产过程都分成若干数据模块，并定义了每个模块的控制点，在生产过程中通过将数据实时传送到 E－QA 系统，实现了数据互联可视、智能实时采集、全链高效追溯的强大功能。

3. IoT——冷链监控全网覆盖，为食品安全保驾护航

冷链物流环节的实时产品温度监控对保障冷库温度、节能降耗至关重要，也一直是冷链物流行业的攻坚难题。

依托物联网、大数据和云计算等前沿技术手段，百胜中国物流已经搭建完成覆盖全链路的完整冷链温度控制体系。从仓库实时温度监控、冷机监控到在途产品实时温度监控、车辆状况监控，依托智能化管理平台的 7×24 小时无间断管理，保障食品安全无后顾之忧。

第三节　融合成为新时代中国餐饮业发展的主流趋势

餐饮业在纵向融合发展的同时，逐渐形成了横向融合发展态势。餐饮业的体验功能和基础性消费特点，使其形成天然与其他行业融合的优势，进而成为各个消费领域吸引客流的重要产业[1]，对其他产业形成有效补充。同时，餐饮业也通过与其他产业的融合，形成了自身垄断竞争的新优势，促进了自身的创新发展。本节提出产业融合是中国餐饮业高质量发展产业政策转型分析框架的第二个要素，通过梳理现阶段我国餐饮业与零售业、农业、旅游业和文化产业融合发展的实践，规划出产业政策转型在产业融合发展中的重点。

一、餐饮业与零售业融合发展方式和产业政策转型重点

（一）餐饮门店与实体零售业相互引流提升消费体验

对于零售业来说，由于受到电子商务的冲击，线下交易份额在逐步萎缩[1]。以城市综合体为例，过去大型商超是其主要引流点，但近些年一些大型商超的连续亏损和相继倒闭，导致城市综合体经营困难并努力通过调整引流点而逆境求生。餐饮消费既是刚需，也体现了消费者的精神文化追求，餐饮企业的实体门店并不会因为电子商务的冲击而导致门店客流量减少，反而在后疫情时代消费者将亲朋好友围坐餐桌视作缓解新冠肺炎疫情带来压抑情绪的"安全阀"。因此，作为体验经济的重要产业，餐饮业是零售业线下引流的最好业态选择之一。对于餐饮业来说，由于实体门店在服务半径、就餐时间和人工成本方面的限制[1]，传统模式很难做到生产要素分配最优化和效益最大化。与零售业的融合发展能在很大程度上抚平服务半径、餐位限制和消费周

---

[1] 于干千、赵京桥：《新时代中国餐饮业的特征与趋势》，《商业经济研究》2019年第3期。

期带来的影响。换言之，零售业较为完备的线上线下销售网络可以作为餐饮业的引流工具，为餐饮企业全天引流，并且大部分都是外卖（而非堂食）餐饮产品，餐饮门店将房租、水电和人工的成本转移到切实提升产品和服务质量上，打造"小而精而美"的餐饮门店。

（二）餐饮企业借力零售大数据平台搜寻全渠道发展的核心价值

餐饮企业根据自身定位和发展需求与零售平台寻求合作。首先，零售平台通过大数据和云计算分析餐饮企业的规模、布局、营运能力等方面的特点，判断餐饮企业的核心价值[①]是否与平台属性相符。其次，定位餐饮企业与零售平台的业务聚点，环绕该聚点进行区块式业务开发，以此保证双方资源投入的精准性和收益性。在核心业务区块式开发较为理想的情况下，服务项目不断定制化组合并向外延伸。传统的餐饮企业只能做到对企业本身的内部质量管理，如进货渠道、食品安全质量、员工操作规范、服务效率和质量等，很难对价值链上的其他企业和环节进行有效内控，而零售大数据平台能较好地解决这个难题，餐饮企业可以通过零售大数据平台提供的贯穿全渠道的数据信息了解价值链各环节的运行情况及存在的问题，从而实施有针对性的应对方案。

（三）构建餐饮—零售企业数据共享网络平台

互联网商业平台的用户活动是交互性数据的最主要来源。[②] 餐饮企业依托零售企业提供的数据信息，如消费者浏览时间、浏览时长、浏览关联信息、消费者所在区域、消费者年龄、消费水平等，对消费者进行属性分析、消费群聚类、消费者画像绘制（如中产精英、都市白领、小镇青年和二次元群体等），针对不同聚类人群进行定制化产品设计研发和精准营销投放。零售企业的消费群体呈现网状分布，而餐饮企业消费群体呈现辐射点状分布，餐饮消费是刚需，并且具有较强的社交属性，两种消费网络可以进行有益互补。对

[①] 杨守勇、武勇：《线上线下融合视角下我国零售业流通效率的测度分析》，《商业经济研究》2021年第14期。

[②] 易露霞、吴非、徐斯旸：《企业数字化转型的业绩驱动效应研究》，《证券市场导报》2021年第8期。

关联数据进行重新梳理,可以发掘更多本企业难以搜集却相互关联的用户数据。①

(四)5G 网络推动建设线上线下无缝融合场景体验平台

5G 网络将推动线上线下无缝融合场景体验平台的建设,在交互层面为消费行为提供无限可能。② 线下餐饮门店和零售门店的共同特点和发展趋势相似,即突出功能性,增强体验性。购买行为被转移到线上,线上体验将作为线下体验门店的延伸③(餐饮企业线上销售工业化成品或半成品,如全聚德、海底捞、呷哺呷哺、德庄、唐宫等;以及品牌周边产品,如西安饮食、广州酒店等),提供不受时空限制的、更身临其境的交互场景。而餐饮门店消费的刚需比零售门店强,所以诸多业态零售门店和餐饮经营的融合越发频繁,如生鲜零售门店、服装零售门店、大型商超等都引入餐饮业态。另外,根据线上数据分析消费者的消费行为和消费偏好,配合当下热点话题(如新浪微博热搜、抖音热搜等)对消费场景和产品组合进行优化升级(如南方夏季吃菌菇类餐饮的消费者较多,2021 年夏季抖音出现"红伞伞,白杆杆"神曲;另外,还有"酸菜鱼""黄焖鸡"等抖音神曲),以达到刺激消费需求的目的③。

二、餐饮业与农业融合发展方式和产业政策转型重点

(一)以核心农业产业园区为中心突出餐饮业主导实现错位发展

以核心农业产业园区为中心,突出餐饮业主导,以餐饮企业带动规划建设现代农业园区和餐饮生态产业链,因地制宜,体现特色,呈现差异,布局观光、采摘、体验、康养、培训、健身、娱乐、教育等产业,实现错位发展。餐饮产业链上游食品安全质量监控得以加强,以餐促农、以农兴餐,在空间

---

① 易露霞、吴非、徐斯旸:《企业数字化转型的业绩驱动效应研究》,《证券市场导报》2021 年第 8 期。
② 蒲德祥、霍慧芳:《数字经济研究的热点、趋势与展望》,《统计与决策》2021 年第 15 期。
③ 梁鹏、顾宝:《数字经济背景下平台助力零售业发展的对策研究》,《商业经济研究》2021 年第 14 期。

上形成农业种植养殖区域、中央工厂加工包装区域、物流配送区域和餐饮门店销售区域延伸发展的空间结构,促进产业园区、田园景区、新型社区共建发展。①

(二)扩大和拓宽餐饮业与农业的市场容量和营销渠道

餐饮和农业的产业融合催生了数量众多的细分市场,相应地,也提供了足量的工作岗位与创业机遇,为农村当地大量的剩余劳动力提供了可供选择的就业机会、创业机会。就我国而言,餐饮业和农业都具备劳动密集型产业的基本特征,一直都对劳动力资源有着较大的需求量,并且从业者门槛要求较低。产业的深度融合,不仅极大地增强了生产要素之间的双向流动性,而且也通过分工的进一步细化,产生大量的岗位需求。② 所以,餐饮业和农业的融合对接,在充分带动当地民众就业、创业的同时,通过增加产业链上游从业者经济收入,释放其潜在的消费需求,提高投入、产出、获利之间的转化效率,从而进一步扩大和拓宽餐饮业和农业的市场容量和营销渠道。

(三)持续撬动餐饮业和农业的内生力

得益于产业融合所提供的优惠政策、利好环境,使当前餐饮产业链前端(农副产品种植养殖区域)的基础设施资源基本上完成了现代化升级、改造,在很大程度上优化了交通运输条件落后、道路网络建设不完善、社会公共服务功能缺失等问题,建立起规范的、充分的公共文化服务机制,实现了对乡村区位空间、优势资源的有效利用,由此也极大地改善了乡村的生活条件和市场氛围,随着农餐产业与乡村休闲旅游产业的深度耦合③,乡村旅游市场的活力被进一步激发,更多高层次外出就业人才返乡创业,吸引更多潜在的消费群体,顺势拉动了更多资本对于相关联产业的参与,使农餐融合成为驱动农村经济发展的又一动力源。

---

① 程静、冯永泰:《乡村振兴与农业现代化发展探析》,《理论视野》2021 年第 4 期。
② 王晶晶、周发明:《农旅融合发展对农业生态效率的影响效应》,《湖南农业大学学报(社会科学版)》2021 年第 2 期。
③ 张祝平:《乡村振兴背景下文化旅游产业与生态农业融合发展创新建议》,《行政管理改革》2021 年第 5 期。

三、餐饮业与旅游业融合发展方式和产业政策转型重点

(一) 打造高度整合的互补产业链

产业融合在进一步加强区域、乡镇和农村各个产业之间的对接性、整合度的同时,也使结构较为单一的旅游业得以借助资源共享、优势互补的运营模式,获取来源渠道更为丰富、价格更加低廉的原料与劳动力,使餐饮、住宿、娱乐、运输等相关联产业之间,能够通过深度合作、互利联动,形成高度整合、协同互补的产业链,从而共同扩大市场占比[①],从而促使资金、技术、劳动力、先进的生产经营管理制度等要素集中涌入餐饮产业链,分布于各个产业融合区块,夯实其产业经济基础,逐步建立起现代化的农业、工业体系与商业生态,由此也能减少额外的各项投入与开支,确保餐饮业和旅游业在有效优化成本控制、保持收支平衡的基础上,充分提高经济效益所得。[②]

(二) 结合核心资源融合发展产业新形态[③]

1. 食俗文化旅游

通过挖掘当地民俗文化所传递的理念、人文、科学知识,提炼其蕴含的理念、知识和制度,通过具象化的民俗文化产品弘扬传统文化。食俗是饮食文化的形象化表现,食俗的传承离不开饮食文化的开发。而饮食文化的开发主要是以餐饮业为基础,并结合现代生活的需要,以旅游的渠道进行分享、传承。从餐饮业、旅游业发展的实践来看,包括食俗在内的饮食文化内容,一方面推动了产业的发展,提升了产品的附加值,丰富了产品

---

① 高瑞龙、胡晓舟:《政策工具视角下的乡村休闲旅游业发展》,《西北农林科技大学学报(社会科学版)》2021年第2期。
② 李凤亮、杨辉:《文化科技融合背景下新型旅游业态的新发展》,《同济大学学报(社会科学版)》2021年第1期。
③ 邢颖:《中国餐饮产业发展报告(2016)》,社会科学文献出版社,2016,第231—243页。

的表现形式，另一方面也使餐饮业和旅游业互相融合、优质互补的模式成为常态。

2. 美食体验线路

将饮食文化作为资源开发和作为产品开发是截然不同的，美食体验线路是旅游产品，是基于满足有特殊的美食需求而开发的产品，这与游客泛泛体验美食是有区别的。从已有的饮食文化旅游开发的理论研究和现实的旅游实践来看，美食旅游在我国还处于初级阶段，更多的是将饮食作为旅游目的地营销工具和旅游的配套产品，冠以"某某文化美食游"，如"红色文化美食游""三国文化美食游"等。在实际体验中，往往是噱头大于实际，饮食产品的体验多过饮食文化的交流和分享，并没有形成以美食为主体的文化内涵挖掘和全方位开发，只是将美食作为旅游、文化的要素，而不是将美食作为一种旅游。[①] 比如，法国的葡萄酒品鉴之旅模式值得借鉴，让游客参与认识葡萄生长—葡萄采摘—葡萄分拣—葡萄挤压—葡萄榨汁—葡萄汁封存等葡萄酒制作全过程。在这种模式中巧妙设计和鼓励参与是关键，这需要充分了解旅游者的旅游动机和偏好，对饮食文化的各种表现载体做深入发掘和创意组合，最后以线路产品的方式呈现。只有这样才有可能形成真正的美食旅游，进而在美食旅游中感受文化、传递文化自信。

3. 美食街区/村落

美食街区/村落的形成最初是基于商家经营的自发选择和自然集聚，形成集聚后为食客提供多元化的美食体验，并没有特定的文化主题，如北京的簋街，商家经营的餐饮内容比较多元，既有中餐也有西餐，既有北京面食也有云贵川风味。这类美食街区主要靠餐饮企业自身的设计和表现，并没有太多指向性的饮食文化内容，最大的作用是感受地方饮食文化氛围。[②]

近几年，美食街区/村落开始进行有主题的规划设计，如成都的宽窄巷

---

① 于干千、程小敏：《中国饮食文化申报世界非物质文化遗产的标准研究》，《思想战线》2015年第2期。
② 程小敏：《饮食文化多样性的传承与创新——以普洱饮食文化为例》，《美食研究》，2015年第1期。

子、北京的南锣鼓巷,将城市建筑、文创产品、特色美食集聚在一个空间里,给游客营造一种集美食、文化、休闲于一体的体验氛围,但在这种模式中,美食的文化特色并不明显,美食相比于文化和休闲更多的是作为一个氛围元素。而且对游客饮食文化理解层次的迎合,往往会导致各地的美食街区同质化严重。根据课题组调研的结果,北京的南锣鼓巷和成都的宽窄巷子在经营内容上有30%~40%是相同的。这种街区对传承饮食文化并没有起到非常积极的作用。

从目前的实践来看,陕西咸阳的袁家村模式是值得借鉴的。袁家村是以乡土风情民俗作为开发对象的,其中与饮食相关的内容是主体。在青砖灰瓦的农房中,油坊、醋坊、茶坊、面坊、辣子坊、豆腐坊、醪糟坊等分布其中,面条、面饼、凉皮、凉粉等关中小吃令人眼花缭乱。袁家村最大的特点是没有吆喝叫卖,只有现场制作的忙碌和空气中弥漫的美食味道,而且各家经营产品绝不相同。从传承饮食文化的角度来看,袁家村最大限度地挖掘了关中饮食文化的内涵,原生态地展现了关中食俗,诚恳地与游客进行饮食文化的交流与分享。[1]

4. 美食节庆

节日庆典能高度浓缩多种地方文化内容。传统节庆活动的举行本身就是一种风俗或习俗的体现,如元宵节的灯会、春节的游会以及很多民族的传统节日庆典。在这种传统节庆活动中,饮食文化的内容能够相对完整地传递,并随着节庆活动的固定举行和固定饮食礼仪而不断传承延续。[2] 而课题组探讨的美食节庆是从饮食文化开发的角度,通过主动策划的美食节庆活动来挖掘饮食文化内容的。

从目前美食节庆活动的实践来看,尽管是主动策划的美食节,但在文化挖掘上远远不够,商业气息太重,而且各地的美食节庆活动同质化严重,将

---

[1] 程小敏、于干千:《饮食类非物质文化遗产的"嵌入式"传承与精品化发展——以云南过桥米线为例》,《思想战线》2017年第5期。
[2] 詹一虹、程小敏:《全球创意城市网络"美食之都":国际标准与本土化实践》,《华中师范大学学报(人文社会科学版)》,2016年第6期。

以特色美食及相关美食文化活动展示和民众文化交流的美食节变成了"美食小吃街"、参展企业的现场推介会，真正的美食内涵很少。而且由于时间有限，大部分游客所见的往往是表面化的文化现象，加上美食质量参差不齐，不仅影响了游客的体验和对地方美食的认知，无法实现主动宣传饮食文化内容的初衷，还有可能适得其反。

四、餐饮业与文化产业融合发展方式和产业政策转型重点①

文化与政治、经济、社会、生态文明形成五位一体的总体布局，饮食文化作为中华优秀传统文化，对于增加国家文化自信不可或缺。科技变革引领经济社会新发展，伴随着文化事业和文化产业的蓬勃发展，政治、经济、社会、生态文明也发生相应变化。我国餐饮产业顺应了时代发展的必然要求，突破传统餐饮服务业的发展模式，探索"文化"与"餐饮"共生发展模式②，实现企业社会效益和经济效益双收，提升餐饮企业文化内涵、提升餐饮管理和服务文化价值、增强餐饮企业核心竞争力等。

（一）用"餐饮"弘扬文化，提升企业社会价值，实现"经济文化"

挖掘与弘扬本国文化，是获取产业竞争优势的关键。我国率先探索"餐饮"与"文化"融合发展且较为成功的餐饮企业有全聚德、西安饮食和广州酒家，融合思路是将"中华老字号"植入国内外重要节事活动或与知名文学艺术作品和知识产权（Intellectual Property，IP）相互渗透并进行推广。

"中华老字号"植入国内外重要节事活动主要包括：全聚德积极参加各类国际旅游美食节事活动，各类主流媒体和新媒体从品牌文化、代表人物等不同角度对企业进行详细报道，完满完成"一带一路"高峰论坛等国宴服务，与国家体育总局训练局签署战略合作协议；西安饮食定期开展亲民互动营销

---

① 杨遥、于干千：《我国餐饮产业发展贡献与转型升级研究》，《商场现代化》，2020 年第 4 期。
② 姜长宝：《经济文化与中小企业应对措施》，《企业经济》，2008 年第 9 期。

活动,将触角延伸到文化产业,与各类媒体进行深度合作,如推出专栏节目、策划主题活动、参加国际节事活动等;广州酒家举办"饮和食德——与广州酒家邂逅时光轴上的味道"展览、旧物征集、快闪店等特色活动,传递公司经营理念及粤菜文化内涵,巩固品牌影响力。

"中华老字号"与知名文学艺术作品相互渗透主要包括:全聚德与电视剧、动画电影等进行品牌跨界合作等,充分展示中华美食和"大国工匠"风采的同时,增加品牌的曝光度和美誉度,提高品牌的影响力和号召力;西安饮食进行文化包装,并通过小说、连续剧和电影等形式宣传推广、与影视剧合作,植入广告扩大了品牌知名度;广州酒家主动寻找创意亮点,探索传统食品的"好吃"又"好玩"路径。

(二)以文化带动"餐饮",增强企业品牌竞争力,实现"文化经济化"

在新的消费格局和经济形势下,我国大部分餐饮企业(特别是高端餐饮企业)都转向了多业态、多品牌梯度的发展模式,跨区域连锁化也成为扩张的重要方式。在"双循环"的新发展格局下,国内消费市场成为餐饮企业竞争的主要战场,以文化交融筑牢情感认同,以文化交流搭建消费者与企业沟通的桥梁成为餐饮企业经营的关键,因此餐饮企业之间的竞争逐步从单纯的商业模式的较量向演绎文化、传递价值观方向转变。企业从企业文化、核心竞争力、品牌理念和业务特色等方面进行了深刻的思考[①],并充分运用信息和数字化技术对运作模式进行变革,我国部分上市餐饮企业的实践探索值得借鉴学习(表3-2)。

文化的形成是一个长期的过程,它会影响人的思维习惯和思想观念。饮食文化是餐饮高质量发展重要的"软基因",实现"文化"和"餐饮"的融合发展,使二者相互促进、相互融合[①]。

---

① 黄永胜、胡建玲:《我国高端餐饮企业转型发展路径探究》,《商业经济研究》,2015年第18期。

表 3-2 我国部分上市餐饮企业文化融入品牌运作模式实践

餐饮企业	文化融入品牌运作模式实践
唐宫（中国）、国际天食和香港稻香	采取品牌多元化，休闲餐饮品牌在正餐品牌的基础（如"粤式烟火气""盛唐文化"品牌形象、中央厨房、供应链等）上带动企业发展
全聚德	采用"老字号"影响力和"餐饮+食品"双驱动品牌连锁化，并建立起完整的企业品牌识别系统
西安饮食	通过"文化+旅游+资本营运+特色产业"战略推行"餐饮产品多元化+跨界经营"模式
广州酒家	将"饮和食德，广酒故事"融入"食品+餐饮"，"传统"与"新潮"的碰撞让老字号焕发新活力，统筹内部优势资源助力主业加速发展

第四节　健康成为新时代中国餐饮业发展的内涵特征

食品安全是餐饮业的根基，是新时代居民美好生活的重要诉求，营养健康发展理念是餐饮业高质量发展的强大推动力。本节提出健康是餐饮产业政策转型分析框架的第三要素，通过梳理营养健康理念贯穿于全产业链的逻辑和路径，规划出产业政策如何使营养健康理念更好地体现在中国餐饮业高质量发展中。

一、健康对于餐饮业的重要性

（一）健康的首要保障是安全

食品安全是重大民生问题，是餐饮企业安身立命的基本。《中华人民共和国食品安全法》的颁布，体现了国家从法律层面对消费者权益的保护重视，从食材的可追溯、餐饮企业制度规范、餐饮企业配备食品安全员等方面综合治理食品安全问题。建立食品安全档案，运用信息化手段跟踪监管餐饮从种子到餐桌消费全链条。真正做到满足大众"民以食为天，食以安为先"的朴素追求。

（二）健康是新时代居民美好生活的重要诉求

改革开放以来，随着居民生活水平的提高，从吃得饱到吃得好，再到吃得健康的转变，人民对美好生活的追求越来越强烈。加上"三高"问题凸显，解决居民的饮食健康问题，成为餐饮业需要解决的重要问题。居民对就餐环境、营养搭配等各个方面提出要求。餐饮企业需要适配消费者的结构性餐饮需求转变。

二、对健康的关注成为产业政策转型重点

（一）认真研究国家政策文件，树立营养健康的发展理念

2016年，中共中央 国务院印发《"健康中国2030"规划纲要》。2017年，国务院办公厅印发《国民营养计划（2017—2030年）》。2019年，国务院印发《国务院关于实施健康中国行动的意见》。2019年，健康中国行动推进委员会发布《健康中国行动（2019—2030年）》。2019年，国家卫生健康委员会召开健康中国行动－合理膳食行动推进会议。以上都指出了提高全面健康水平的重要性，需要全面实施健康中国行动，推进合理膳食和国民营养计划实施，树立营养健康的发展理念。

（二）积极倡导餐桌文明，引导社会文明时尚

饮食文明是一个不断演进的历史过程，在不同的历史条件下会有不同的饮食方式。1910年，东北暴发鼠疫，东北三省防鼠疫全权总医官伍连德开创了双筷进食方式，成为防治鼠疫的有效措施之一，也是中国早期对饮食方式的研究和反思。2003年，"非典"疫情结束后，一些社会组织和地方倡导实行分餐制，但很快就销声匿迹了。新冠肺炎疫情的发生，再次说明了餐桌文明的重要性。世界中餐业联合会和中国贸促会商业行业委员会于2020年顺应健康饮食生活的新需要，指导餐饮企业推进餐桌文明，联合发布《中餐分餐制、公筷制、双筷制服务规范》，为推进海内外中餐业和中国餐饮业实现高质量发

展找到了着力点和抓手。新冠肺炎疫情的影响具有历史性，社会消费习惯和理念正在发生深刻变化。一是食品安全卫生意识逐步加强；二是文明餐饮的消费习惯逐渐养成；三是更加关注餐饮全链条的餐饮品质；四是餐饮服务需求意识得到加强。①

（三）严格遵守规范性文件要求，进一步提升规则意识

中国的法制体系已经健全，法治成为治国理政的基本共识。以《中华人民共和国食品安全法》《中华人民共和国食品安全法实施条例》《中华人民共和国价格法》《食品生产许可管理办法》《中华人民共和国消费者权益保护法》《中华人民共和国反食品浪费法》《餐饮服务食品安全操作规范》为基础的餐饮业相关规范体系已经建立，明确了餐饮企业的权利、义务与责任。受新冠肺炎疫情的影响，公共卫生安全观念强化等对于餐饮业发展将会起到规范引领作用。餐饮业需要进一步提升规范意识水平，严格遵守法律法规等规范性文件要求。

（四）坚持守正创新，满足人们美好饮食需要

如何传承和发展中华饮食文化，是当前摆在全行业面前的一项重要课题。中国饮食文化凝练了中华民族五千年的饮食生活，是中华优秀文化的重要组成部分，已成为增强消费基础性作用、推动经济高质量发展的重要力量，也是坚持以人民为中心、满足人民美好生活需要的重要载体和增进文明交流互鉴、促进中外民心相通的重要基础。②

（五）加强质量管理，建立健全质量管理体系

餐饮企业应树立质量意识，从食材质量、食品质量、服务质量等方面进行全过程、全方位的质量控制，将全面质量管理、精益管理等先进的质量管理方法应用到餐饮企业质量管理实践中，建立餐饮采购标准、制作标准、服务标准，借助信息化、技术化、智能化的手段提升质量的供应。

---

① 于干千、赵京桥、杨遥：《公共卫生安全视域下餐饮业高质量发展的产业政策转型》，《开发研究》，2020年第4期。
② 邢颖、黎素梅：《中国餐饮产业发展报告（2020）》，社会科学文献出版社，2020，第261—281页。

（六）加强风险管理，不断提升发展潜能

新科技革命背景下，人工智能、大数据、虚拟现实、人脸识别、快捷支付等技术推动餐饮产品和餐饮服务创新发展。应提升餐饮业运行效率和风险管控，从社会、企业、个人三个层面进行风险管理，加强事前风险预防能力。

对于中国餐饮业来说，新冠肺炎疫情既是挑战，也是机遇。越是在这个时候，餐饮企业越要用全面、辩证和长远的眼光看待行业发展，越要增强信念、坚定信心，探索健康发展新方式、新业态、新路径，创造市场条件，打通生产、流通和消费环节，让优质的餐饮服务与饮食生活需求有效对接。餐饮业高质量发展的道路一定会越走越宽广。

第五节　人民满意度成为新时代中国餐饮业发展的重要衡量指标

新冠肺炎疫情对我国整个社会的影响在时间和空间上都是广泛而深刻的，它逼迫我国餐饮消费文化不断转变，人民满意度成为新时代中国餐饮业发展的重要衡量指标。本节提出人民满意度是中国餐饮业高质量发展产业政策转型分析框架的第四要素，通过系统梳理新冠肺炎疫情给餐饮产业的社会环境带来的挑战和机遇，规划出产业政策转型在政策层面、个人层面和餐饮企业层面的重点。

一、社会环境变化带来的挑战和机遇

（一）坚决遏制野味饮食文化的发展

《中国—世界卫生组织新型冠状肺炎病毒（COVID-19）联合考察报告》明确表明新型冠状病毒为动物源性病毒，可能宿主为蝙蝠。尽管中间宿主还未确定，但是病毒来源于野生动物已经形成了共识，摒弃滥食野味陋习已经是我国社会的共同话题。《全国人民代表大会常务委员会关于全面禁止非法野

生动物交易、革除滥食野生动物陋习、切实保障人民群众生命健康安全的决定》已经通过，这是从国家层面坚决抵制滥食野生动物的陋习，在全国掀起了遏制野味饮食文化，提倡健康、生态的饮食文明的浪潮。

（二）加速了分餐、公筷、双筷等文明餐饮社交习惯的普及

基于当前疫情防控的背景，在世界中餐业联合会的倡导下，全球中餐业开展"分餐制、公筷制、双筷制"取代"单筷制、共餐制"的文明用餐行动。通过在文明餐饮社交习惯和餐饮服务规范上达成共识和共同推动，进一步提高中餐业的公共卫生安全防范水平。

（三）回归家庭餐桌的亲情文化对餐饮社交文化的影响

由于疫情期间服务业大规模停摆，平日里工作忙碌的人们也有了机会在家里陪伴家人或独处。尤其在2020年疫情暴发时，恰逢春节这个对于中华民族最重要的节日，市井百态、寻常生活成为人们高强度、高密度现代生活的安全阀，阖家团聚，围坐餐桌，其乐融融，共享美食，让现代人冷漠、疏离的亲情逐渐回到过去的温度，回归家庭餐桌替代了外卖和堂食，人们的家庭观念意识越来越强，随之将带来的是整个餐饮社交文化的改变，以及新餐饮业态的产生。

二、对人民满意度的关注成为产业政策转型重点

（一）政府层面的产业政策转型重点

1. 引导产业健康有序发展

以政府主管部门牵头，搭建政府、行业、高校、企业沟通平台，出台餐饮发展规划和政策意见，统筹区域餐饮发展格局，加快餐饮与文化、旅游等其他领域的融合。利用新媒体，促进餐饮宣传。加快区域餐饮文化走出去和引进来的步伐，促进餐饮文化交融。政府加强基础设施建设，为餐饮产业创造基础环境。为餐饮企业发展创造良好的营商环境，吸引资本进入，对当地餐饮资源进行有序、合理开发。

2. 完善餐饮产业现代化监管体系和提高监管能力[①]

我国针对餐饮产业已经基本建立起相对完整的产业监管体系，但产业政策之间联动效果较差，且多有盲点出现，产业监管能力还相对较弱，与产业现代化监管体系的要求相距甚远。因此，从推进国家治理体系现代化的视角，完善餐饮产业监管体系和提高政府监管能力，应该重点做好如下方面的工作。

第一，在"放管服"改革、市场公平竞争、"舌尖上的安全"、消费者权益保护和餐饮高质量发展等方面坚守底线，勇于革新。进一步简政放权，理顺政府和企业、市场、社会的关系。

第二，以"上下协同、内外互动"的思路联动社会各个层面，参与事中和事后监管。以诚恳开放的姿态邀请第三方组织（如行业协会、专业机构、中介组织、非营利组织、新闻媒体）和社会公众成为市场监管多元共治的一部分。强化顶层设计，推进体制机制改革，通过多种手段增加社会多元主体参与市场监管的安全感、归属感和获得感，激活更多的社会主体对餐饮市场行为加以监督和制约，使社会多元共治的市场监管体系不至于流于形式，提高社会多元主体参与治理的积极性和治理效能。

第三，树立法治意识和完善法治基础，构建餐饮产品安全诚信体系。构建餐饮产品安全诚信体系是治理我国食品安全问题的关键，是餐饮产业监管体系的重要组成部分，是一项政府推动下全社会共同参与的系统工程。依法执政、依法行政、依法监管，平等对待所有餐饮产品供给者和消费者，牢固树立食品安全理念，严格按食品安全标准进行生产经营、消费和管理。

第四，采用信息化手段优化监管程序，优化餐饮产业管理效能。运用信息化、技术化手段解决餐饮产业运行效率问题、食品安全问题、质量管控问题，构建全流程、全链条式监管机构和监管体系，优化餐饮产业管理效能。

3. 智慧治理助推治理体系和治理能力现代化

基于数字技术而发展变革的智慧治理面临诸多风险，而发展区块链技术为智慧治理的风险应对提供了有效的规约路径，能够提升餐饮企业治理水平。

[①] 杨遥、宫润华、段朋飞：《事件系统理论视角下餐饮产业市场监管体系研究》，《现代营销（下旬刊）》2021年第3期。

第一，基于区块链技术强大的数据信息处理能力、数据加密性与匿名化处理能力[①]，依托智慧平台进行市场调研，找准定位，"以需求为导向"从消费者的角度去研发餐饮产品，并根据智慧平台提供的数据和模型进行验证和调整。将餐饮产品通过线上线下投放市场后，还可根据信息反馈进行产品复盘和优化升级。

第二，完善多元主体与技术互构的协同关系结构，实现特殊餐饮业态规模经济。智慧治理的成熟程度在餐饮产业主要体现在是否渗透到餐饮市场的"死角"和"冷宫"，如老年餐、学生餐、病号餐和社区餐饮等，具体表现为智慧决策、智慧服务及智慧监督的应用[①]。我国目前存在一些偏重公益性质的餐饮业态需求量大，但供给不足且质量差的矛盾，深究其原因在于价格制约、利润微薄、配置空间缺乏、个性化服务不足和配置人员能力参差不齐等[②]，而这些餐饮业态是保证人民幸福感和获得感的底线。实现规模经济是偏重公益性质的餐饮业态在保本微利的情况下仍能良性运行的关键，还可利用 SaaS 等软件计算有限的送餐时间段及送餐成本，优化送餐路线以提高经营效率。

（二）个人和餐饮企业层面的产业政策转型重点

1. 个人食品安全和营养健康需求

食品安全是重大民生问题，是餐饮企业安身立命的基本。《食品安全法》的颁布，标志着我国从法律层面对消费者权益保护的重视。食材的可追溯、阳光后厨、餐饮企业制度规范、餐饮企业配备食品安全员，从人、财、物、法规等层面综合治理食品安全问题，建立食品安全档案，运用信息化手段跟踪监管"从种子到餐桌"的餐饮消费全链条，真正做到满足人民大众"民以食为天，食以安为先"的朴素追求。改革开放以来，随着人民生活水平的提高，从吃得饱到吃得好，再到吃得健康的转变，人民日益增长的对美好生活的向往越来越强烈。

---

① 阿柔娜、王松：《数字文化视域下智慧治理的变革与发展》，《东北师大学报（哲学社会科学版）》2021年第4期。

② 杨遥：《中国社区居家养老餐饮服务市场运行对策研究》，《美食研究》2017年第4期。

2. 餐饮企业的供给

餐饮企业牢固树立食品安全质量意识，从食材质量、食品质量、服务质量等方面进行全员、全过程、全方位的质量控制，将全面质量管理、戴明环、精益管理等先进的质量管理方法应用到餐饮企业质量管理实践中，建立餐饮采购标准、制作标准、服务标准，借助信息化、技术化、智能化手段实现安全食品供给。

餐饮企业承担着传承和发展中华饮食文化的责任。中华饮食文化凝练了中华民族五千年的饮食生活，是中华优秀传统文化的重要组成部分，已成为增强消费基础性作用、推动经济高质量发展的重要力量，也是坚持以人民为中心、满足人民美好生活需要的重要载体和增进文明交流互鉴、促进中外民心相通的重要基础。

新科技革命背景下，信息化和数字化技术推动着餐饮企业商业模式和生产方式的不断变革。商业模式方面，企业要提高运行效率的同时，还要加强风险管控和用户隐私保护意识，享受大数据带来的巨大流量变现红利的同时，要主动加强网络信息安全建设，为消费者隐私筑起铜墙铁壁。生产方式方面，虽然通过国家大力倡导"光盘行动"，在一定程度上纠正了社会大众的餐饮浪费行为，但目前我国餐饮浪费现象依然严重，粮食安全形势严峻。因此，餐饮业的参与者（包括产业链上、中、下游企业，以及餐饮消费者）应该通过信息化和数字化技术搭建的桥梁携手跨越数字鸿沟，找到餐饮浪费现象的症结和解决措施，共同努力减少餐饮浪费，助力我国完成碳达峰碳中和目标。

拓宽政行校企育人视野，从仅聚焦于餐饮业的人才培养模式拓展到全产业链的人才培养模式，充分发挥企业的主导权和话语权，培养在各环节职业素养好、专业技能强的人才，尽量减少产业链各环节脱节严重的情况，切实提高产业整体专业水平。另外，多种形式多方合力加强文化和餐饮融合，以传承"匠人精神"，传递文化自信。

第六节 案例研究：产业政策驱动我国餐饮产业竞争力研究[①]

纵观改革开放40多年以来，竞争与合作成为新时代、新阶段、新发展、新格局中的重要特征，突出了"创新、协调、绿色、开放、共享"的新发展理念的核心要义。过去中国餐饮产业发展在促进人类幸福感、满意度等方面积极发挥作用，在未来解决主要矛盾的进程中，餐饮产业也必将发挥重大作用。本研究以迈克尔·波特钻石模型为基础，根据餐饮产业特殊性进行模型的修正，分析中国餐饮产业竞争力问题，构建科学合理的竞争力评价指标体系，并运用yaahp辅助软件、Excel软件对评价指标体系进行分析和计算，对2008年、2013年、2018年中国除港澳台的31个省、自治区、直辖市餐饮产业竞争力进行评价分析。研究结果显示：①我国除港澳台的31个省、自治区、直辖市餐饮产业呈现不均衡发展的态势；②城市餐饮产业竞争力提升与区域化发展路径呈现相关关系；③餐饮空间格局与城市群格局呈现相关关系。研究最后结合迈克尔·波特钻石模型分析框架，从加大生产要素建设、提升整体发展水平，优化餐饮产业结构、加强区域产业协同，加强餐饮企业创新、推动产业转型升级，提升政府领导作用、促进餐饮市场开拓，发挥行业协会作用、做大做强民族餐饮五个方面提出增强中国餐饮产业竞争力的对策建议。

一、研究回顾

（一）餐饮产业的研究

国内餐饮产业研究起步较晚，通过查阅书籍、研究报告、咨询专家、检

[①] 段朋飞、宫润华、杨柳青：《高质量发展目标下中国餐饮产业竞争力评价研究》，《价值工程》2020年第7期。

索 CNKI 等方式发现相关文献较少。陈海（2000）[①] 在《扬州大学烹饪学报》（现《美食研究》）上发表文章是在 2000 年提出西部大开发战略后，进行的西部餐饮产业改革创新发展研究。仇学琴、姜若愚（2003）[②] 也在西部大开发战略背景下，根据云南地域特色，提出将"民族＋旅游＋餐饮＋文化"融合发展，从而形成新产业的构想。杨柳（2007）[③] 运用因子分析法构建指标体系，通过国际对比、国内对比，较为全面地对我国餐饮产业竞争力进行了研究。该论文拉开了餐饮产业发展研究的序幕，整个餐饮产业开始在中国烹饪协会、世界中餐业联合会的推动下蓬勃发展。此后，于干千（2008）[④] 借鉴了管理学家约瑟夫·熊彼特的创新理论，指出餐饮企业的创新路径，进而提出中国餐饮企业创新发展的对策建议。赵京桥（2014）[⑤] 对餐饮业食品安全风险控制水平与推动餐饮产业科学发展的关系进行了研究。程小敏（2015）[⑥] 在经济新常态背景下，谋划了餐饮产业十三五发展顶层设计问题。于干千、王晋（2016）[⑦] 在供给侧改革情境下，对我国餐饮业供给侧结构性改革问题进行了研究。钱学艳、张立涛和罗海杰（2019）[⑧] 借助大数据，对新科技革命影响下，餐饮行业信息不对称、供需不协调问题进行了研究。于干千、赵京桥（2019）[⑨] 分析了新时代中国特色社会主义背景下中国餐饮业的特征与趋势。

（二）产业竞争力的研究

20 世纪 80 年代，产业竞争力问题已经成为学术界和企业界关注的热门话

[①] 陈海：《西部餐饮业发展思考》，《扬州大学烹饪学报》2000 年第 4 期。
[②] 仇学琴、姜若愚：《云南民族旅游餐饮文化产业发展研究》，《经济问题探索》2003 年第 4 期。
[③] 杨柳：《中国餐饮产业竞争力研究》，博士学位论文，北京交通大学，2007。
[④] 于干千：《中国餐饮企业技术创新模式的选择与创新能力的培育》，《财贸经济》2008 年第 5 期。
[⑤] 赵京桥：《基于产业发展视角的中国餐饮业食品安全研究》，《商业研究》2014 年第 12 期。
[⑥] 程小敏：《新常态视角下对中国餐饮业增长性的思考》，《美食研究》2015 年第 3 期。
[⑦] 于干千、王晋：《中国餐饮业供给侧改革策略研究》，《美食研究》2016 年第 4 期。
[⑧] 钱学艳、张立涛、罗海杰：《大数据驱动下的智慧餐饮创新模式研究》，《美食研究》2019 年第 3 期。
[⑨] 于干千、赵京桥：《新时代中国餐饮业的特征与趋势》，《商业经济研究》2019 年第 3 期。

题。公认在产业竞争力方面有巨大贡献的学者是美国学者迈克尔·波特，他在《国家竞争优势》一书中就提出了区域特定产业竞争力的六要素[①]。我国学者周亚（2007）[②]，王军、井业青（2012）[③]，熊励、顾勤琴、陈朋（2014）[④]，张鸿、代玉虎、张权（2014）[⑤]，张春香（2018）[⑥]，分别运用因子分析法、聚类分析法、层次分析法、熵权法和钻石模型构建竞争力评价指标体系，对产业竞争力进行了研究。

（三）文献述评

从研究内容上来看，餐饮产业发展、产业竞争力前期研究积累了相当的成果。从研究方法上来看，定性与定量相结合为主要研究方法，如运用SPSS、AHP等软件进行因子分析、聚类分析、层次分析、模糊综合评价等。其存在的不足主要体现在，选取指标体系的代表性需要科学界定，另外，质性研究缺乏对客观事实的整体把握。

二、研究方法和数据来源

（一）中国餐饮产业竞争力评价指标体系

本研究采取定性与定量相结合的方法，定性方面借助专家评价小组对难以量化的指标进行打分，定量方面客观采集数据；指标体系构建方面，以迈克尔·波特钻石模型分析框架，根据餐饮产业特点并参考专家评价小组的建

---

① 波特：《国家竞争优势》，华夏出版社，2002。
② 周亚：《产业竞争力：理论创新和上海实践》，上海社会科学院出版社，2007。
③ 王军、井业青：《基于钻石理论模型的我国绿色产业竞争力实证分析：以山东省为例》，《经济问题》2012年第11期。
④ 熊励、顾勤琴、陈朋：《数字内容产业竞争力指数评价体系研究》，《科技进步与对策》2014年第9期。
⑤ 张鸿、代玉虎、张权：《区域电子信息产业竞争力评价研究》，《统计与信息论坛》2014年第3期。
⑥ 张春香：《基于钻石模型的区域文化旅游产业竞争力评价研究》，《管理学报》2018年第12期。

议修正模型，构建竞争力评价指标体系。本研究构建的中国餐饮产业竞争力评价体系包括三个层次：①目标层 A（中国餐饮产业竞争力评价指标体系 A）；②准则层 B（中国餐饮产业竞争力的六大准则要素 B1~B6）；③指标层 C（包括 28 个细分指标 C1~C28）；具体见表 3-3。

研究成立的专家评价小组来自政府、行业协会、餐饮企业共计 21 人（其中，政府 5 人、行业协会专家学者 9 人、餐饮企业 7 人，所有人员均有硕士以上学历或者 10 年以上餐饮领域的研究或者餐饮行业管理经验。该指标体系得到专家评价小组的认可。

表 3-3　中国餐饮产业竞争力评价指标体系 A

准则层	代码	指标层	代码	单位
生产要素	B1	餐饮业从业人数	C1	人
		人力资源素质	C2	/
		餐饮相关上市公司数量	C3	家
		餐饮院校数量（本科层次）	C4	所
需求条件	B2	城镇常住人口	C5	万人
		国内旅游人次	C6	亿人次
		入境旅游人次	C7	百万人次
相关性与支持产业	B3	农林牧渔总产值	C8	亿元
		旅游业收入	C9	亿元
企业发展	B4	餐饮企业创新能力	C10	/
		餐饮企业战略管理能力	C11	/
		资产总额	C12	亿元
		营业额	C13	亿元
		连锁比率	C14	/
		限额以上餐饮业法人企业数	C15	家
		主营业务利润率	C16	/
		人均营业利润	C17	万元
政府	B5	宣传力度	C18	/
		扶持性政策	C19	/
		规范性政策	C20	/
		公共服务水平	C21	/
		各级政府和部门间的协调	C22	/

续表

准则层	代码	指标层	代码	单位
机会	B6	人均GDP	C23	元
		人均消费支出	C24	元
		城镇居民人均年可支配收入	C25	元
		城市化水平	C26	/
		行业组织宣传力度	C27	/
		美食节庆活动	C28	/

（二）评价指标体系的权重

本研究运用德尔菲法对中国餐饮产业竞争力评价指标体系的判断矩阵进行评分，确定评价指标体系的权重。基于专家评价小组的访谈和咨询结果，对各指标相对关系进行评价，按照判断矩阵原则、程序、有效性进行操作，最终运用 yaahp 辅助软件对指标体系进行分析和计算，结果显示中国餐饮产业竞争力评价指标体系准则层、生产要素指标、相关性与支持产业指标、企业发展指标、需求条件指标、政府指标、机会指标 7 个判断矩阵一致性指标 $CR<0.1$（表 3-4），最终得到 28 个评价指标（C1~C28）的最终权重 W（表 3-5）。

表 3-4 判断矩阵的 $\lambda_{\max}$ 和 CR

判断矩阵	$\lambda_{\max}$	CR
中国餐饮产业竞争力评价指标体系准则层	6.1838	0.0292
生产要素指标	4.0458	0.0172
相关性与支持产业指标	2.0000	0.0000
企业发展指标	8.0000	0.0000
需求条件指标	3.0000	0.0000
政府指标	5.0000	0.0000
机会指标	6.0000	0.0000

表 3-5　评价指标的最终权重

指标	指标代码	权重（W）	指标	指标代码	权重（W）
餐饮业从业人数	C1	0.0082	限额以上餐饮业法人企业数	C15	0.0607
人力资源素质	C2	0.0155	主营业务利润率	C16	0.0607
餐饮相关上市公司数量	C3	0.0365	人均营业利润	C17	0.0304
餐饮院校数量（本科层次）	C4	0.0242	宣传力度	C18	0.0276
城镇常住人口	C5	0.0371	扶持性政策	C19	0.0276
国内旅游人次	C6	0.0093	规范性政策	C20	0.0276
入境旅游人次	C7	0.0186	公共服务水平	C21	0.0138
农林牧渔总产值	C8	0.0294	各级政府和部门间的协调	C22	0.0552
旅游业收入	C9	0.0098	人均 GDP	C23	0.0265
餐饮企业创新能力	C10	0.0304	人均消费支出	C24	0.0265
餐饮企业战略管理能力	C11	0.0304	城镇居民人均年可支配收入	C25	0.0531
资产总额	C12	0.0607	城市化水平	C26	0.0531
营业额	C13	0.0607	行业组织宣传力度	C27	0.0531
连锁比率	C14	0.0607	美食节庆活动	C28	0.0531

（三）比较对象数据来源

本研究的基础数据来源如下。

（1）国家、省、自治区、直辖市统计局网站，国家、省、自治区、直辖市统计年鉴，以及国家、省、市统计公报：《中国统计年鉴》（2008 年），《中国统计年鉴》（2013 年），《中国统计年鉴》（2018 年）；31 个省、自治区、直辖市的统计年鉴（2008 年），31 个省、自治区、直辖市的统计年鉴（2013 年），31 个省、自治区、直辖市的统计年鉴（2018 年）；31 个省、自治区、直辖市的国民经济和社会发展统计公报（2008 年），31 个省、自治区、直辖市的国民经济和社会发展统计公报（2013 年），31 个省、自治区、直辖市的国民经济和社会发展统计公报（2018年）。

（2）开设烹饪与营养教育专业的高校官方网站。

（3）政府、行业协会、高校科研机构、企业相关专家。

对于竞争力分析重要质性指标，通过德尔菲法得到。

三、数据处理与评价结果及分析

（一）数据标准化处理

由于中国餐饮产业竞争力指标体系原始数据单位不同，导致指标间数据无法直接比较和计算，需要对原始数据进行无量纲化处理，将指标原始数值转化为统一标准的评价分值。通过查阅相关文献和咨询相关专家，确定使用极差标准化方法进行转化：

将序列 $x_1, x_2, \cdots, x_{31}$ 进行极差标准化，变换为 $y_1, y_2, \cdots, y_{31}$：

$$y_i \frac{x_i - \min\{x_i\}}{\max\{x_i\} - \min\{x_i\}} \quad 1 \leqslant i \leqslant 31$$

则新序列 $y_1, y_2, \cdots, y_{31} \in [0, 1]$ 且无量纲。

（二）评价结果与分析

计算我国除港澳台的31个省、自治区、直辖市餐饮产业生产要素竞争力评价值，公式为 $S = \sum_{j=1}^{4} w_j y_i$、餐饮产业需求条件竞争力评价值，公式为 $X = \sum_{j=5}^{7} w_j y_i$；餐饮产业相关性产业竞争力评价值，公式为 $G = \sum_{j=8}^{9} w_j y_i$；餐饮产业企业发展竞争力评价值，公式为 $Q = \sum_{j=10}^{17} w_j y_i$；餐饮产业政府要素竞争力评价值，公式为 $Z = \sum_{j=18}^{22} w_j y_i$；餐饮产业机会竞争力评价值，公式为 $J = \sum_{j=23}^{28} w_j y_i$；餐饮产业竞争力综合评价值，公式为 $E = \sum_{j=1}^{28} w_j y_i$。我国除港澳台的31个省、自治区、直辖市餐饮产业竞争力评价的一级指标得分及竞争力综合评价排名见表3-6。

表 3-6 我国除港澳台的 31 个省、自治区、直辖市餐饮产业竞争力评价的一级指标得分及竞争力综合评价排名

省、自治区、直辖市	年份 评价项目	2018年 生产要素 S	需求条件 X	相关性产业 G	企业发展 Q	政府 Z	机会 J	2013年 生产要素 S	需求条件 X	相关性产业 G	企业发展 Q	政府 Z	机会 J	2008年 生产要素 S	需求条件 X	相关性产业 G	企业发展 Q	政府 Z	机会 J	竞争力综合评价 E 2018年	2013年	2008年
广东	排名	4	1	5	1	1	3	2	1	6	2	2	3	5	1	5	1	1	3	1	1	1
	得分	0.011	0.027	0.017	0.045	0.036	0.035	0.011	0.027	0.015	0.042	0.035	0.035	0.007	0.028	0.014	0.039	0.036	0.035	0.810	0.776	0.752
上海	排名	1	17	28	3	2	1	1	12	27	3	1	1	2	13	27	4	3	1	2	2	3
	得分	0.019	0.007	0.001	0.041	0.036	0.041	0.019	0.008	0.001	0.036	0.036	0.047	0.019	0.007	0.002	0.031	0.029	0.044	0.769	0.769	0.677
北京	排名	2	22	26	2	3	2	3	19	26	1	3	2	1	17	26	2	2	2	3	3	2
	得分	0.016	0.006	0.001	0.042	0.034	0.041	0.008	0.006	0.002	0.042	0.034	0.042	0.019	0.006	0.002	0.037	0.030	0.041	0.742	0.735	0.710
江苏	排名	13	3	3	4	4	5	9	3	3	4	5	5	6	3	3	5	5	6	4	4	4
	得分	0.004	0.016	0.019	0.033	0.027	0.028	0.005	0.017	0.018	0.033	0.024	0.029	0.006	0.015	0.016	0.029	0.018	0.024	0.601	0.594	0.499
浙江	排名	16	7	16	5	5	4	16	6	13	6	6	4	13	5	13	6	6	5	5	5	6
	得分	0.004	0.012	0.009	0.030	0.027	0.030	0.002	0.012	0.009	0.027	0.024	0.031	0.002	0.011	0.008	0.021	0.018	0.027	0.563	0.534	0.436
山东	排名	6	2	1	6	6	8	11	2	1	5	11	10	8	2	1	3	13	13	6	6	5
	得分	0.006	0.018	0.024	0.025	0.027	0.023	0.004	0.017	0.024	0.028	0.018	0.020	0.005	0.016	0.024	0.034	0.012	0.017	0.524	0.484	0.473
四川	排名	14	5	4	8	7	13	10	5	4	7	7	12	14	6	4	10	4	7	7	7	8
	得分	0.004	0.013	0.019	0.023	0.027	0.019	0.005	0.012	0.015	0.026	0.024	0.019	0.002	0.010	0.016	0.017	0.024	0.022	0.464	0.472	0.398
安徽	排名	7	10	11	10	8	12	5	11	11	12	8	11	4	11	11	18	11	15	8	11	12
	得分	0.006	0.010	0.012	0.020	0.027	0.019	0.007	0.010	0.011	0.016	0.024	0.020	0.009	0.009	0.010	0.010	0.018	0.017	0.441	0.402	0.311
福建	排名	17	13	13	15	10	7	17	13	14	13	9	7	17	14	14	13	9	8	9	8	10
	得分	0.004	0.008	0.011	0.016	0.027	0.025	0.002	0.008	0.009	0.016	0.024	0.026	0.002	0.007	0.008	0.014	0.018	0.021	0.435	0.414	0.343

续表

省、自治区、直辖市	年份 评价项目	2018年 生产要素 S	需求条件 X	相关性产业 G	企业发展 Q	政府 Z	机会 J	2013年 生产要素 S	需求条件 X	相关性产业 G	企业发展 Q	政府 Z	机会 J	2008年 生产要素 S	需求条件 X	相关性产业 G	企业发展 Q	政府 Z	机会 J	竞争力综合评价 E 2018年	2013年	2008年
湖北	排名	3	9	6	7	13	15	6	8	7	8	12	15	9	10	8	11	15	22	10	9	15
	得分	0.011	0.011	0.016	0.023	0.018	0.017	0.006	0.011	0.014	0.022	0.018	0.018	0.005	0.009	0.012	0.016	0.012	0.014	0.428	0.409	0.295
湖南	排名	22	8	8	14	9	10	18	9	8	19	4	8	15	9	7	17	10	12	11	10	13
	得分	0.001	0.012	0.014	0.018	0.027	0.020	0.002	0.011	0.013	0.013	0.028	0.025	0.002	0.009	0.013	0.011	0.018	0.018	0.424	0.403	0.307
陕西	排名	12	16	19	17	11	11	4	17	18	14	10	9	3	19	19	14	16	24	12	13	17
	得分	0.005	0.007	0.008	0.015	0.027	0.020	0.007	0.007	0.007	0.015	0.024	0.021	0.017	0.005	0.005	0.013	0.012	0.013	0.394	0.386	0.280
天津	排名	21	25	27	11	14	6	21	25	28	11	14	6	18	25	28	9	7	4	13	12	7
	得分	0.002	0.004	0.001	0.019	0.018	0.026	0.002	0.004	0.001	0.017	0.018	0.028	0.002	0.003	0.001	0.018	0.018	0.029	0.389	0.396	0.399
重庆	排名	20	19	22	13	16	9	19	21	23	9	13	14	16	21	21	12	8	10	14	14	11
	得分	0.002	0.006	0.005	0.019	0.018	0.022	0.002	0.005	0.004	0.021	0.018	0.019	0.002	0.005	0.004	0.016	0.018	0.019	0.370	0.361	0.326
河北	排名	10	6	7	22	17	19	12	7	5	23	17	21	10	7	6	27	24	18	15	17	19
	得分	0.005	0.012	0.015	0.013	0.018	0.015	0.004	0.011	0.015	0.009	0.018	0.017	0.005	0.010	0.014	0.006	0.012	0.015	0.357	0.298	0.239
河南	排名	9	4	2	16	15	27	15	4	2	16	22	28	12	4	2	15	27	27	16	18	23
	得分	0.005	0.014	0.020	0.015	0.018	0.014	0.003	0.013	0.019	0.014	0.012	0.012	0.004	0.012	0.020	0.011	0.006	0.009	0.345	0.295	0.223
黑龙江	排名	18	20	9	12	15	22	14	15	10	25	18	18	7	12	12	24	12	9	17	20	14
	得分	0.003	0.006	0.013	0.019	0.018	0.015	0.004	0.007	0.012	0.007	0.018	0.018	0.005	0.007	0.009	0.008	0.018	0.020	0.342	0.279	0.301

续表

省、自治区、直辖市	年份	评价项目	2018年 S	X	G	Q	Z	J	2013年 S	X	G	Q	Z	J	2008年 S	X	G	Q	Z	J	竞争力综合评价 E 2018年	2013年	2008年
辽宁		排名	28	11	14	9	27	20	24	10	9	10	21	13	19	8	9	7	14	11	18	15	9
		得分	0.001	0.009	0.010	0.022	0.009	0.015	0.001	0.010	0.012	0.019	0.012	0.019	0.001	0.009	0.011	0.020	0.012	0.018	0.327	0.358	0.349
云南		排名	11	15	12	25	21	14	13	18	15	18	24	22	28	18	16	19	18	16	19	22	20
		得分	0.005	0.008	0.011	0.011	0.018	0.017	0.004	0.006	0.008	0.013	0.012	0.015	0.001	0.005	0.006	0.010	0.012	0.016	0.317	0.272	0.235
山西		排名	23	18	23	19	18	23	20	20	22	20	16	23	20	20	24	16	17	17	20	23	18
		得分	0.001	0.007	0.004	0.014	0.018	0.015	0.002	0.006	0.004	0.012	0.018	0.014	0.001	0.005	0.003	0.011	0.012	0.015	0.293	0.271	0.240
海南		排名	25	28	25	21	19	16	22	28	25	15	15	19	25	28	25	25	22	19	21	16	25
		得分	0.001	0.002	0.003	0.014	0.018	0.016	0.001	0.001	0.003	0.015	0.018	0.017	0.001	0.001	0.002	0.007	0.012	0.014	0.291	0.307	0.200
江西		排名	24	14	18	24	20	18	26	14	19	24	27	24	22	16	15	20	19	25	22	27	22
		得分	0.001	0.008	0.009	0.012	0.018	0.015	0.001	0.007	0.007	0.008	0.012	0.013	0.001	0.006	0.007	0.010	0.012	0.013	0.290	0.212	0.224
内蒙古		排名	5	23	20	18	28	24	8	23	16	21	25	16	21	23	18	8	26	14	23	19	16
		得分	0.008	0.004	0.007	0.015	0.009	0.014	0.006	0.005	0.007	0.012	0.012	0.018	0.001	0.004	0.006	0.019	0.006	0.017	0.285	0.285	0.281
吉林		排名	8	24	21	26	22	21	7	22	17	26	19	17	11	22	17	23	21	20	24	21	21
		得分	0.006	0.004	0.006	0.010	0.018	0.015	0.006	0.005	0.007	0.006	0.018	0.018	0.005	0.005	0.006	0.008	0.012	0.014	0.280	0.276	0.229
新疆		排名	15	27	17	20	26	26	28	27	20	17	23	27	24	26	20	26	23	23	25	24	26
		得分	0.004	0.003	0.006	0.014	0.010	0.014	0.001	0.003	0.006	0.013	0.012	0.012	0.001	0.003	0.005	0.007	0.012	0.013	0.251	0.234	0.198

续表

省、自治区、直辖市	评价项目	2018年 S	2018年 X	2018年 G	2018年 Q	2018年 Z	2018年 J	2013年 S	2013年 X	2013年 G	2013年 Q	2013年 Z	2013年 J	2008年 S	2008年 X	2008年 G	2008年 Q	2008年 Z	2008年 J	竞争力综合评价 E 2018年	2013年	2008年
宁夏	排名	26	29	29	28	23	17	23	29	29	27	20	20	23	29	29	22	20	21	26	25	24
	得分	0.001	0.001	0.001	0.009	0.018	0.015	0.001	0.001	0.001	0.006	0.018	0.017	0.001	0.001	0.001	0.009	0.012	0.014	0.239	0.230	0.204
广西	排名	19	12	10	23	29	29	27	16	12	22	26	26	27	15	10	21	28	28	27	26	28
	得分	0.003	0.008	0.013	0.013	0.009	0.009	0.001	0.007	0.010	0.009	0.012	0.012	0.001	0.007	0.010	0.009	0.006	0.008	0.230	0.221	0.169
贵州	排名	29	21	15	31	25	28	30	24	21	29	30	30	30	24	22	30	30	30	28	30	30
	得分	0.001	0.006	0.010	0.005	0.018	0.012	0.000	0.004	0.005	0.004	0.006	0.006	0.000	0.004	0.004	0.003	0.000	0.001	0.229	0.114	0.035
青海	排名	27	30	30	30	24	25	26	30	30	30	29	25	26	30	30	29	25	26	29	29	27
	得分	0.001	0.001	0.001	0.007	0.018	0.014	0.001	0.001	0.000	0.004	0.012	0.012	0.001	0.001	0.000	0.005	0.012	0.013	0.219	0.164	0.169
甘肃	排名	30	26	24	27	30	30	29	26	24	28	28	29	29	27	23	28	29	29	30	28	29
	得分	0.001	0.003	0.004	0.009	0.009	0.008	0.001	0.003	0.004	0.006	0.012	0.010	0.001	0.003	0.003	0.006	0.006	0.007	0.159	0.167	0.120
西藏	排名	31	31	31	29	31	31	31	31	31	31	31	31	31	31	31	31	31	31	31	31	31
	得分	0.000	0.000	0.000	0.008	0.000	0.002	0.000	0.000	0.000	0.002	0.000	0.000	0.000	0.000	0.000	0.001	0.000	0.001	0.068	0.019	0.016

具体来看，生产要素方面，从业人数、人力资源素质、餐饮相关上市公司数量、餐饮院校数量等指标显示北上广地区具有较强的竞争力；随着安徽高校、湖北高校近年来开设烹饪专业，餐饮人力资源素质方面得到有效支撑，竞争力明显提升；但贵州、甘肃、西藏等地区缺乏相关专业院校智力支持。需求条件方面，广东、山东、江苏、河南、浙江、四川所表现出的人口和旅游优势从省内常住人口和入省旅游人数两方面促进餐饮市场的蓬勃发展；但青海、宁夏、西藏等地区人口劣势明显。相关产业方面，山东、河南、江苏、四川在餐饮相关上游农林牧渔产业或旅游业对餐饮产业发展具有较强的耦合作用；而青海、宁夏、西藏等地区相关产业对餐饮的支撑明显不够。企业发展方面，北京、上海、广东、浙江、江苏具有较强创新能力；贵州、青海、西藏等地区餐饮企业创新能力较弱。政府方面，上海、北京、广东、浙江、江苏政府在餐饮政策、规划、宣传等方面较强。机会方面，上海、北京、广东、浙江、江苏在城镇化、行业协会举办的餐饮会议、美食节庆活动等方面表现突出。

竞争力评价与四大板块、城市群、菜系区域关系见表3-7。

表3-7 竞争力评价与四大板块、城市群、菜系区域关系

梯队	衡量指数	省、自治区、直辖市	四大板块、城市群、菜系
一	综合竞争指数 ≥0.70	北京，上海，广东	板块：东部（北京，上海，广东） 城市群：珠三角（广东），京津冀（北京），长三角（上海） 菜系：粤菜（广东）
二	0.4≤综合竞争指数<0.70	江苏，浙江，山东，四川，福建，湖南，安徽，重庆	板块：东部（江苏，浙江，山东，福建），中部（湖南，安徽） 城市群：长三角（江苏，浙江，安徽），川渝（四川，重庆），长江中游（湖南） 菜系：苏菜（江苏），浙菜（浙江），鲁菜（山东），川菜（四川，重庆），闽菜（福建），湘菜（湖南），徽菜（安徽）

续表

梯队	衡量指数	省、自治区、直辖市	四大板块、城市群、菜系
三	0.28≤综合竞争指数<0.4	天津，陕西，湖北，河北，辽宁，河南，云南，黑龙江，海南，吉林	板块：东部（天津，河北），中部（湖北，河南），西部（陕西，云南），东北（辽宁，黑龙江，吉林） 城市群：京津冀（天津），长江中游（湖北） 地方特色菜系
四	综合竞争指数<0.28	江西，山西，内蒙古，新疆，宁夏，广西，贵州，青海，甘肃，西藏	板块：东部（河北），中部（江西），西部（内蒙古，广西，甘肃，新疆，宁夏，贵州，青海，西藏） 城市群：长江中游（江西） 地方特色菜系

表3-6显示，我国餐饮产业聚集区主要有以下特征。一是受经济发展水平、城市化水平、饮食习俗、高校教育等因素影响，我国除港澳台的31个省、自治区、直辖市餐饮产业发展处于不均衡状态。按照竞争力指数分布显示：城市化水平高、经济发展水平高的板块或城市群，也属于八大菜系代表地区，竞争力较强；贫困地区、民族地区、边疆地区餐饮发展较为落后，竞争力较弱。二是城市餐饮业竞争力与区域化发展战略存在相关性。由于国家实行东部沿海地区率先发展的战略，区域非均衡发展战略这对餐饮产业发展也产生了影响。随着西部大开发战略提出，区域发展战略和城市群建设重心从东部向中部、西部和东北部转移，中西部餐饮业竞争力开始提速。三是餐饮空间格局与城市群格局存在相关性。受惠于国家西部大开发和中部崛起的区域和城市群发展战略影响，珠三角、长三角、川渝、京津冀和长江中下游地区城市餐饮产业具有较强的竞争力。

四、对策与建议

（一）加大生产要素建设，提升整体发展水平

生产要素方面重点需要提升人力资源素质。建议教育主管部门支持有条

件的高校开设烹饪与营养教育专业，将餐饮产业研究理论与行业实践结合起来，将学校教学同企业实践结合起来；加大"政行校企"协同合作育人，依托行业协会，加大餐饮从业人员职业技能培训力度，借助高校资源，建立餐饮从业人员培训示范基地，切实提高培训的专业性、有效性；加强文化和餐饮融合，鼓励餐饮企业传承优秀技艺，积极申报饮食文化类非物质文化遗产，提升餐饮业的整体发展水平。

（二）优化餐饮产业结构，加强区域产业协同

运用新发展理念指导餐饮产业发展。积极探索餐饮产业协调发展战略，积极实施餐饮产业聚集战略，优化餐饮空间格局，打造"从种子到餐桌"的种植、生产、服务纵向一体化和餐饮、文化、旅游融合发展的横向一体化产业链、供应链、价值链，形成优势互补的全产业网、供应网、价值网。加强餐饮业在乡村振兴战略中的重要作用，将餐饮业与乡村特有民俗文化、饮食文化、农耕文化结合起来，强化区域产业协同。

（三）加强餐饮企业创新，推动产业转型升级

新科技革命背景下，人工智能、大数据、虚拟现实、新材料、人脸识别、快捷支付等技术推动餐饮产品和餐饮服务的创新发展，提升餐饮企业的运行效率和风险管控。新材料带来新装修，虚拟现实技术带来新体验。菜品与科技的融合创新，使得消费者在获得味觉享受的同时，也获得综合性感官享受，体验身临其境的感觉。另外，无人餐饮、机器人餐厅等新形态对传统餐饮企业的冲击需要辩证看待。

（四）提升政府领导作用，促进餐饮市场开拓

政府主管部门牵头，搭建"政行校企"沟通平台，出台餐饮发展规划和政策意见，统筹区域餐饮发展格局，加快餐饮与文化、旅游等其他领域的融合；利用新媒体，促进餐饮宣传；加强区域餐饮走出去和引进来步伐，促进餐饮文化交融交流；加强基础设施建设，为餐饮创造基础环境；为餐饮企业发展创造良好营商环境，吸引资本进入，对当地餐饮资源进行有序合理开发。

（五）发挥行业协会作用，做大做强民族餐饮

以行业协会为载体平台，举办民族美食节庆活动，认定民族美食名城、民族美食街区、民族美食小镇、民族美食之乡，打造民族美食名企、民族名厨、民族工匠，挖掘民族餐饮文化内涵，提升民族餐饮对筑牢民族共同体意识的行动自觉。

第四章

中国餐饮业高质量发展的困境分析

改革开放40多年来，中国餐饮业在速度与规模、消费与投资、就业与产业协同、市场化改革、食品安全管控能力、对外开放、创新发展和文化传承等方面实现了跨越式发展，成为基础生活服务消费产业。本章从以人为本、消费升级、绿色生态、能力建设、公共服务、文化传承六个视域，梳理餐饮产业政策存在的不协调表现，并剖析不协调的困境，提出新时代中国餐饮业高质量发展的战略思考。

第一节 以人为本与中国餐饮业高质量发展的困境[①]

一、以人为本是新时代中国餐饮业高质量发展的基本遵循

习近平总书记在十九大报告中明确指出："中国特色社会主义进入新时代，我国社会主要矛盾已经转化为人民日益增长的美好生活需要和不平衡不充分的发展之间的矛盾。"中国餐饮业要想在新时代走高质量发展道路，坚持以人为本的发展理念无可置疑是重中之重。餐饮业发展的首要任务就是根据人民日益增长的美好生活餐饮需求，来提供高质量服务，提升人民的幸福感。人是餐饮业的核心，无论是生产环节还是消费环节，人都是餐饮业的生产主体和服务对象，因此必须把以人为本作为餐饮业高质量发展的基本遵循。

---

① 于干千、赵京桥：《改革开放四十年来中国餐饮业发展历程、成就与战略思考》，《商业经济研究》2020年第11期。

二、基于以人为本视域下的中国餐饮业高质量发展困境分析

首先，当前我国餐饮业的商业属性比重超过社会服务属性，这直接导致了产业韧性不足。餐饮业应从消费者为主导、餐饮服务市场为主体的角度思考，不仅要根据居民收入、年龄的不同，建立多层次的餐饮服务市场，还要严格监管食品安全及完善餐饮网点布局，提供主动优质服务，保障居民的基本餐饮安全和有效供给，不断增强人民生活的获得感和幸福感。

其次，我国餐饮业缺乏对参与者（员工、顾客和社会大众）的社会关照。餐饮业应从以人为本的发展理念出发，注重餐饮业人员综合素质的培养，从而为顾客提供高素质服务；强调人力资本的积累、管理人才的输出有利于餐饮业的顶层设计和发展规划；保障就业人员权益，不断增强餐饮业就业群体的归属感和责任感，增加就业机会，为社会作出贡献。

第二节 消费升级与中国餐饮业高质量发展的困境

一、消费升级是新时代中国餐饮业高质量发展的产业方向

消费升级为新时代中国餐饮业高质量发展指明了方向。消费主导着中国经济的增长，在消费升级的背景下，餐饮产业的结构升级也有了长期趋势。改革开放以来，我国居民收入水平持续增长，消费水平逐年提高。我国居民恩格尔系数的长期下降趋势显示出两个明显趋势（图4-1），即物质类消费（如居民食品消费）的比例持续降低和精神康养类消费（如医疗、教育等服务及影视娱乐文化）的比例逐步提升，消费结构处于从温饱向小康、富足消费水平长期升级的过程中。我国餐饮业抓住餐饮市场化、社会化的历史机遇，在温饱消费向小康消费、富足消费发展的进程中，实现了粗放式的规模化增长。

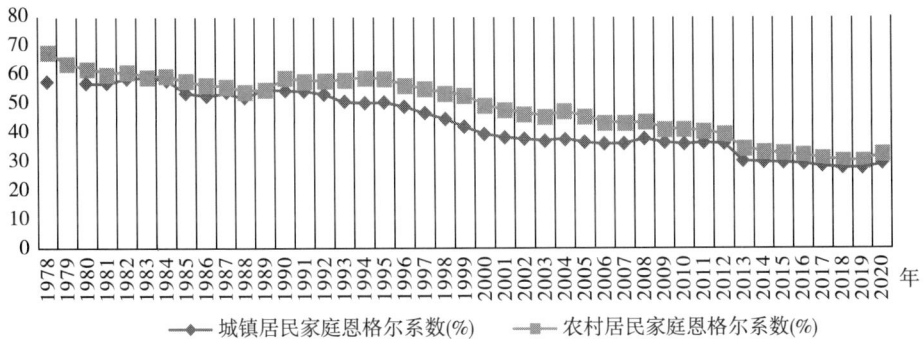

图 4-1 中国居民恩格尔系数（1979—2020 年）

资料来源：作者根据国家统计局数据绘制。

十八大报告提出，到 2020 年，实现城乡居民人均收入比 2010 年翻一番；十九大报告提出，坚持在经济增长的同时实现居民收入同步增长、在劳动生产率提高的同时实现劳动报酬同步提高。因此，在迈向 2050 年全面建成富强、民主、文明、和谐、美丽的社会主义现代化强国的进程中，伴随居民收入水平的提升，居民消费从小康水平向富足乃至富裕水平发展将是一个长期、必然的趋势，是新时代人民日益增长的美好生活需要的最直接体现。因此，未来消费升级带来的深刻变化，必将成为新时代中国餐饮业高质量发展的指引。

二、基于消费升级视域下的中国餐饮业高质量发展困境分析

从 2017 年到 2019 年，我国居民恩格尔系数从低位的 30% 继续降低到 28.2%，这意味着我国居民消费结构按照联合国恩格尔系数的划分标准，已经进入富足型消费区间。虽然由于新冠肺炎疫情影响，2020 年我国居民消费受到抑制，全国居民恩格尔系数小幅上升至 30.2%，但城镇居民恩格尔系数为 29.2%，仍然属于富足型消费区间。居民消费结构的量变正在带来消费升级的质变，主要体现在以下两个方面。一是尽管食品消费比重下降，但在影视娱乐、医疗、教育方面增长，说明消费水平提高，居民的需求水平也随之提高了，更高的餐饮需求、更好的餐饮品质与餐饮安全等也成了居民的首要

选择，因此，中国餐饮业也有待向高质量发展转型。二是由恩格尔系数图表可知，居民在精神、文化方面消费较大，说明消费者更加追求服务消费和精神消费，消费结构的升级也要求我国餐饮业要注重加入餐饮文化元素，从过去单调的规模式增长向丰富的内涵式增长转变。

此外，由于我国人口年龄的结构，反映到人口转型的消费需求不同；同时，随着时代、社会的发展，消费结构与消费模式也在发生重大变革。因此当前的消费升级，应从年轻化、个性化、社交化、在线化等方面发展。当然，中国餐饮业只有明确当前的发展趋势，把握好时机，才能在新时期的消费升级背景下，实现高质量发展。

第三节　绿色生态与中国餐饮业高质量发展的困境①

一、绿色生态是新时代中国餐饮业高质量发展的主要特征

绿水青山就是金山银山，良好的生态环境是最普惠的民生福祉，也是关系中华民族的重大政治问题。人类实现可持续发展要以绿色生态文明发展思想为指导，促进人与自然和谐共生，是实现美丽中国的根本引领，是实现中国餐饮业高质量发展的本质要求，也是广大人民群众最基本的消费需求。

二、基于绿色生态视域下的中国餐饮业高质量发展困境分析

尽管中国餐饮业在改革开放40多年中取得了令人瞩目的成就，但是在绿色生态发展能力和水平上，还存在大量不足，亟待改进。

一是绿色生态餐饮的概念和标准亟待确立和完善。绿色生态餐饮已经成

---

① 于干千、赵京桥：《改革开放四十年来中国餐饮业发展历程、成就与战略思考》，《商业经济研究》2020年第11期。

为广大人民日益增长的生态需要,但是社会大众对绿色生态餐饮的内涵、实质都不明晰,也各执己见无法统一,从而导致市场中绿色生态餐饮发展良莠不齐,最终产生劣币驱逐良币现象。因此从国家和产业层面进行概念的定性和标准的定量,并予以宣传、推广和实施显得尤为重要。

二是建立绿色生态餐饮发展的信息披露机制。餐饮消费者、监管者之间的信息不对称很大程度取决于产业链中间环节和监管的透明程度、知识传递的效果,因此建立绿色生态餐饮发展的信息披露机制对于加强监管能力非常关键。阳光厨房、可追溯供应链等制度已经开始在部分城市推广实施,但还需要进一步完善和制度固化。

三是建立绿色生态餐饮发展的激励约束机制。激励约束机制的缺位是导致绿色生态餐饮市场劣币驱逐良币的重要原因。一方面通过政府补贴、政府引导基金等多种形式鼓励餐饮企业发展绿色生态餐饮,在市场中形成正向引导作用;另一方面,通过建立绿色生态餐饮信用档案,对失信餐饮企业采取限制乃至禁止市场准入等惩罚。

第四节　能力建设与中国餐饮业高质量发展的困境[①]

一、能力建设是新时代中国餐饮业高质量发展的主要内容

在过去 40 多年的产业发展进程中,尽管中国餐饮业的品牌能力、管理能力取得了长足的进步,但相对于 4 万亿元左右的餐饮业收入规模及其长期保持的中高速增长速度来说,加强产业能力建设,使能力建设与产业规模发展同频共振是新时代中国餐饮业高质量发展的主要内容。能力建设应聚焦于产业化程度、品牌竞争力、产业创新水平和食品安全风险控制四个方面。

---

① 于干千、赵京桥:《改革开放四十年来中国餐饮业发展历程、成就与战略思考》,《商业经济研究》2020 年第 11 期。

二、基于能力建设视域下的中国餐饮业高质量发展困境分析

我国餐饮产业能力与产业规模之间的不平衡态势主要体现在：一是产业化程度相对较低，生产规模小，粗放、分散经营，生产起伏不平；二是品牌竞争力相对较弱，全国性品牌餐饮企业相对较少，全球化餐饮品牌依然空缺；三是产业创新水平有待提高，营销手段传统，餐饮产品仍在刻板制作；四是食品安全风险控制水平相对落后，食品监管力度不够。要想适应新时代发展的需要，提高餐饮业生产水平，推动中国餐饮业高质量发展，就必须改变这种低水平、粗放式的发展困境。

针对当前困境有以下几方面的解决措施。一是加强产业组织能力建设。一方面，对于以个体经营、中小微企业为主的餐饮企业，应大力发展餐饮平台经济，通过互联网建立自己的服务平台，充分利用当前网络环境下的平台组织如抖音短视频、微信公众号、美食分享网站等，形成新时代的商业模式，扩大个体、中小微餐饮企业的营销市场；另一方面，鼓励限额以上餐饮企业完善企业管理制度，提高规范化、标准化、信息化和工业化发展水平，提高产业劳动生产率。[1]

二是加强品牌能力建设。餐饮业是否处在高质量发展阶段，可从品牌餐饮的形象、力度、质量来衡量。近年来，餐饮市场的转型升级发展、优胜劣汰，造就了以海底捞、呷哺呷哺、唐宫、西贝、眉州东坡等为代表的一批高质量发展的全国连锁品牌，以及诸多中小餐饮新兴品牌，同时也淘汰了诸多传统品牌如静雅、金钱豹等。餐饮市场的品牌意识和品牌能力已经有了较大提升，而在迈向高质量发展阶段的进程中，还需要进一步加强品牌国际化能力建设、品牌连锁能力建设，同时要重视对中华传统的饮食文化品牌的传承和保护以及更新再创造。

三是加强餐饮业创新能力建设。一方面，增加餐饮企业菜品研发投入，

---

[1] 赵京桥：《基于产业发展视角的中国餐饮业食品安全研究》，《商业研究》2014年第12期。

鼓励烹饪大师大胆创新，抓住时代脉搏，研发新菜式，紧跟顾客需求，提高烹饪技艺，引导饮食潮流；另一方面，鼓励餐饮企业与科研院所、高校合作，实现校企联合，培养餐饮技能人才，增强餐饮业创新能力，为餐饮业注入大量新鲜血液。此外，促进社会资本流入餐饮业，鼓励创业人员进入餐饮业创业，推动产业跨界融合，为餐饮业引入新理念和创新元素。

四是加强餐饮业食品安全风险控制能力建设。可从两方面加强。一方面，政府应该加大监管力度，建立社会化监管治理机制并统一食品安全信用记录，重视对新兴商业模式和食材食品安全风险的研究；另一方面，企业应加大企业食品安全管理的资金投入，聘用专业的管理人才，制定专业标准化的食品安全管理体系，加强食品供应链过程监管，强化食品质量安全。

第五节　公共服务与中国餐饮业高质量发展的困境[①]

一、公共服务是新时代中国餐饮业高质量发展的环境保障

新时代中国餐饮业高质量发展要求更高质量的发展环境，需要有更完善的公共服务。[②] 一是鉴于餐饮业改革开放后取得的瞩目成就，以及餐饮业在新时代中国特色社会主义建设中的重要作用以及在保障就业和食品安全工作中的重要责任，应进一步提高餐饮业在政府工作中的关注度；二是产业监管与产业发展并举，做好餐饮业食品安全工作；三是加快餐饮业标准体系建设；四是充分发挥行业协会组织在发展餐饮业中的重要作用；五是重视餐饮教育的高质量发展。

---

① 于干千、赵京桥：《改革开放四十年来中国餐饮业发展历程、成就与战略思考》，《商业经济研究》2020 年第 11 期。
② 周航：《从党的十九大报告看中国社会主要矛盾变化的根据及解决方法》，《大连海事大学学报（社会科学版）》2019 年第 1 期。

二、基于公共服务视域下的中国餐饮业高质量发展困境分析

一是餐饮业发展缺乏全局统筹，地方各自为政，且相关政策多套叠附属于第三产业（或其他产业）的发展规划或政策扶持中，缺乏对餐饮产业的专项发展指导。应紧抓餐饮业供给侧改革，从产业发展规划、产业发展政策、产业监管等方面赋予餐饮业发展更多的支持和更加重要的地位，给民营餐饮企业发展营造更加宽松的发展环境。

二是餐饮业监管能力和效率提升空间大。食品安全在餐饮业高质量发展中高于一切，一旦食品安全防线失守，餐饮业的"大厦"将轰然倒下。产业监管和产业发展双管齐下是做好餐饮业食品安全工作的最佳方案。一方面，通过完善监管体系，提高监管能力，实现线上线下一体化监管，加强监管实施力度，遏制行业违法违规行为；另一方面，通过制定科学的产业发展政策，促进产业健康发展，激励餐饮企业合法合规经营，对违法违规行为形成挤出效应。

三是餐饮业标准体系建设工作无法跟上社会经济发展的节奏。首先，应从国家层面构建符合行业相关的法律法规体系，严格按照标准和行业规范引导行业工作，提升广大中小微餐饮企业的行业标准水平。其次，要加快餐饮业高质量标准体系建设，从标准制定的规划开始，定期、按时、按量、按质完成符合产业发展需求和发展逻辑的标准。最后，通过完整工作流程的建立（从标准起草、试运行、评估、修订、运行、评估到再修订），保证餐饮产业标准能经得起市场的检验，并在检验过程中得到反馈，然后做相应的修改，真正起到促进餐饮业高质量发展的作用。

四是行业协会组织的重要作用需进一步加强。应使行业协会组织成为政府和行业之间的沟通桥梁，发挥其行业自律作用，引导产业健康发展。餐饮业国家级和地方行业协会应加强和保持彼此间的联系和合作，发挥协会的联合优势，共同规范行业协会之间的竞争，协同发展高质量餐饮业。

五是社会大众对餐饮职业人才的认可度较低。餐饮业高质量发展需要高质量人才的支撑，因此必须加快餐饮业高等教育的改革和创新，重新审视原

有餐饮职业教育体系，特别是要打破本科和研究生教育体系与产业需求之间的鸿沟，提高餐饮人才的综合素质，推动餐饮业走向高质量发展。

第六节　文化传承与中国餐饮业高质量发展的困境[①]

一、文化传承是新时代中国餐饮业高质量发展的社会责任

"文化强国"战略是中华民族伟大复兴的重要战略。习近平总书记在十九大报告中提出："文化是一个国家、一个民族的灵魂。文化兴国运兴，文化强民族强。没有高度的文化自信，没有文化的繁荣兴盛，就没有中华民族伟大复兴。要坚持中国特色社会主义文化发展道路，激发全民族文化创新创造活力，建设社会主义文化强国。"文化是一个民族的生命力，体现在餐饮业中，也是其高质量发展的灵魂所在。饮食文化从一个角度可分为物质文化和精神文化，其中物质文化成为人类文化传递的重要载体，精神文化则成为历史文化再现的表现形式，因此传承中华饮食文化，重视餐饮灵魂的塑造，是新时代中国餐饮业高质量发展的社会责任。

二、基于文化传承视域下的中国餐饮业高质量发展困境分析

餐饮产业的参与者对饮食文化的挖掘深度不够，无法将饮食文化抽象的灵魂和精髓转化为高质量的、易于消费者理解和接受的具体产品。应重视对饮食文化资源的挖掘与产品的开发，加强对饮食文化的传承、创新与保护。可通过建设饮食文化展览馆，将饮食产品分区（如特色食物区、少数民族饮食陈设区、饮食器皿区等）展览，形成长效保护机制；鼓励传承地域饮食文

---

① 于干千、赵京桥：《改革开放四十年来中国餐饮业发展历程、成就与战略思考》，《商业经济研究》2020 年第 11 期。

化遗产，发展地方特色菜系，突出地方民族特色和文化内涵。

此外，中国餐饮业的国际化进程相对迟缓。国家、行业、企业和社会大众四个层面的参与者都应团结起来推动中国餐饮业的国际化发展，通过民间输出，各民族文化之间相互交融，推动国际性的文化传播，促进中西方文化的交流，使饮食文化成为文化"走出去"战略的重要支撑。

第七节 案例研究：餐饮经济新业态研究——夜间经济[①]

一直以来，美食在我国城市夜间经济中都占据着重要的位置。在2019年4.67万亿元（2020年3.95万亿元）的中国餐饮市场规模内，至少有一半的贡献来自18点开始的夜间餐饮消费（中国人三餐中的特点在于对晚餐的看重、夜间聚餐偏好及外卖夜宵，日间餐饮的消费人次和消费水平相对低于夜间餐饮）。

此次新冠肺炎疫情对餐饮业冲击十分严重，导致餐饮业处于低迷状态，但在当前政府的大力支持政策下，推动产业复工复产，即使没有出现所期望的"报复性消费"，我们还是看到了在很多城市餐厅晚餐排队等位的熟悉场景，餐饮业迎来了新的复苏与希望。

一、夜间经济与美食研究

夜间经济与美食有着天然的自洽性，国内外都对夜间经济从不同角度进行过研究探索。在西方，夜间经济起始于改善20世纪七八十年代的城市中心区夜晚"空巢"现象；在中国，发展夜间经济旨在释放消费升级潜能、增强竞争力、推进供给侧结构性改革、增加就业机会。美食是城市消费活力的体

[①] 程小敏：《中国城市美食夜间经济的消费特点与升级路径研究》，《消费经济》2020年第4期。

现，更是城市繁荣发展的重要指标。但从有关夜间经济的研究来看，国内外夜间经济发展阶段和社会环境的差异导致了研究侧重点在社会属性和经济属性两个维度上的不同。

（一）国外研究及启示

国外学者从经济属性和社会属性两个维度对夜间经济进行了相对充分的论证[1]，夜间经济不仅仅是由路边摊集聚而成的夜市集群[2]，还应关注夜间的文化产业、创意产业为城市带来的经济活力和品质提升[3]。一方面，夜间经济的良性发展离不开文化资源、文化内容和公共文化服务[4][5][6]；另一方面，美食夜市或美食节庆等旅游安排有利于扩大夜间经济对城市发展的效应，提升夜间旅游吸引力[8][9][10][11]。

---

[1] 靳泓、应文：《城市夜间经济研究综述》，《灯与照明》2018年第1期。

[2] 毛中根、龙燕妮、叶胥：《夜间经济理论研究进展》，《经济学动态》2020年第2期。

[3] Darid Rowe, Rob Lynch, "Work and play in the city: some reflections on the night-time leisure economy of Sydney," *Annals of Leisure Research*, 15, no. 2 (2012): 132-147.

[4] 程小敏：《中国城市美食夜间经济的消费特点与升级路径研究》，《消费经济》2020第4期。

[5] M Roberts, "From 'creative city' to 'no-go areas' – The expansion of the night-time economy in British town and city centers," *Cities*, 23 no. 5 (2006): 331-338.

[6] Pinke-Sziva, Ivett, Smith, et al. Overtourism and the night-time economy: a case study of Budapest,". *International Journal of Tourism Cities*, 5, no. 1 (2019): 1-16.

[7] 김효진, PARK H S, 김효진, et al. "An analysis in city′tourist behavior at day and night time: focused on Mokpo City in Jeonnam Province", *Culinary Science & Hospitality Research* 26, no. 2 (2020): 19-24.

[8] 程小敏：《中国城市美食夜间经济的消费特点与升级路径研究》，《消费经济》2020年第4期。

[9] Joanne Hollows, et al. "Making sense of urban food festivals: cultural regeneration, disorder and hospitable cities", *Journal of Policy Research in Tourism Leisure & Events*, 6, no. 1 (2014): 1-14.

[10] Ekgnarong Vorasiha. "Upgrading the Creative Tourism Route through local food promotion in Western Thailand", *African Journal of Hospitality, Tourism and Leisure*, 8, no. 2 (2019).

[11] Richard C. Y. Chang, Athena H. N. Mak. Understanding gastronomic image from tourists' perspective: A repertory grid approach [J]. *Tourism management*. 68, no. 10 (2018): 89-100.

(二) 国内研究及启示

国内夜间经济的研究是伴随着改革开放实践和城镇化进程推进的，呈现阶段性波动的特点，政策导向驱动的倾向明显[①②]，其以经济属性维度为主要视角，将夜景照明、经济学、人文地理、旅游学等嵌合其中[③]，鲜有对夜间美食经济的关注[④⑤]。2018 年之后，特别是 2019 年，《国务院办公厅关于进一步激发文化和旅游消费潜力的意见》（国办发〔2019〕41 号）、《国务院办公厅关于加快发展流通促进商业消费的意见》（国办发〔2019〕42 号）等国家政策的出台，点燃了社会大众对深夜食堂的热情，在"夜间经济2.0"培育的夜间商圈成熟消费氛围下，夜间经济拥有了激发新一轮消费升级潜力的使命。有关夜间经济的研究不仅进入高潮，而且在研究视角上有了更为理性和审慎的态度，在总结前期理论和实践的基础上，考量经济属性的同时，文化属性和社会属性也被纳入研究方位，核心话题从"夜经济"向"夜文化"转移明显，并且涵盖了诸多美食地域文化符号以及城市文化圈与夜生活商圈联动发展等地域特色文化形式（如地方非遗元素、特色民宿、特色小吃、老字号、创意食品和夜间文化 IP 线）[⑥⑦⑧⑨⑩⑪]。上述研究观点对于引导发展"夜间经济

---

① 邹统钎，等：《我国夜间经济发展现状、问题与对策》，《中国旅游报》2019 年 4 月 16 日。
② 王政淇，于子青，王潇潇. 中国为什么要发展夜间经济？[EB/OL]. (2019-10-10) [2022-02-20]. https://politics.people.com.cn/n1/2019/1010/c429373-31392321.html.
③ 靳泓、应文：《城市夜间经济研究综述》，《灯与照明》2018 年第 1 期。
④ 庞山山、陈肖静：《浅论开封夜市饮食文化及其旅游开发》，《四川烹饪高等专科学校学报》2012 年第 2 期。
⑤ 徐俊凯：《基于旅游产品结构分析的武汉市夜间旅游发展研究》，武汉：华中师范大学，2014.
⑥ 邹统钎，等：《我国夜间经济发展现状、问题与对策》，《中国旅游报》，2019 年 4 月 16 日。
⑦ 郑自立：《文化与"夜经济"融合发展的价值意蕴与实现路径》，《当代经济管理》2020 第 6 期。
⑧ 李桐林：《非遗元素与宁夏观光夜市适度融合研究》，《旅游纵览（下半月）》2020 年第 4 期。
⑨ 陈南江：《发展夜间旅游要注重特色和品质》，《中国旅游报》2019 年 12 月 27 日。
⑩ 叶飞：《浅谈美食与城市夜经济》，《消费日报》2014 年 10 月 23 日。
⑪ 位林惠：《发展夜经济，不是吃喝那么简单》，《人民政协报》2019 年 8 月 29 日。

3.0"有着切实作用。但因为当前各地出台的实施意见和方案仍停留在围绕着以"夜赏、夜游、夜宴、夜娱、夜购、夜宿"为主体的夜间经济发展,才刚刚开始现实样本的累积与活动,因此当前多数研究更偏向于宏观维度下对事物事件应该存在的状态的研究,只能作为借鉴与参考,若要展开进一步理论探究,则要在更丰富的实践中完成。关于如何从政治逻辑、经济逻辑、社会逻辑和文化逻辑对美食进行梳理和深度挖掘,更好地从时间和空间的角度嵌合进"夜间"里,从"老三样"升级为"新三样"和"再三样"等问题,中国旅游研究院在《2019中国夜间经济发展报告》中提出,夜间经济应发展"老三样、新三样、再三样"。"老三样"指夜市、演出和景区,"新三样"包括节事、场馆和街区,"再三样"指书店、古镇和乡村),值得开展深入探究。

二、夜间经济中美食的空间供给特点

中国餐饮产业在充满竞争的市场环境下,已经具备了能为不同群体的个性化需求提供多种业态和多样产品的能力。随着现代生活方式的改变和互联网技术的渗透,美食消费需求的偏刚性和24小时服务的广泛性,在某种程度上更使得美食能在目前夜间经济中的多个领域得到有机、深入的发展,首先其本身具有的文化欣赏、观光游览、休闲体验等特性的发展,其次是节事地点、夜读场所、健康会所、文博场馆这些等待拓展的城市夜间消费业态主要配置内容的发展。由此夜间经济中的美食供给不但表现出供给业态在22:00分界点前后的不同,而且表现出不同夜间消费空间产品内容的不同,而且后者正是目前夜间经济需要进一步发掘和拓展的领域。

鉴于白天延伸型的多数夜间美食内容的限制,在某种程度上经营场所对夜间美食供给影响更大。就传统意义上而言,餐饮门店一般以综合体内和临街两类为主,24小时便利店和临时摊位当前仅出现在某些城市或某些区域,我们把它们归在其他类,这三类空间的夜间美食供给主要表现特点各有不同。

综合体内餐饮门店的特点是夜间供给丰富集中。本地居民夜间消费的重要场所是综合体内的餐饮门店,但对外地游客来说,这类门店的吸引力不足。

综合体内由于有电影、游艺等夜间经营形式的存在,也会有 24 小时经营的餐饮门店,典型的如海底捞或其他专营火锅店、奶茶店、烧烤店或对客柜台在建筑体外部的门店(如肯德基、麦当劳、德克士),但总体来看综合体内的 24 小时经营门店较少。目前,在各地有关促进夜间经济发展的政策意见中提到的"鼓励和引导夜间场所延长经营时间,满足消费者的需求"主要针对的就是此类综合体内餐饮门店。

临街餐饮门店的特点是夜间供给分散多元。一是沿街商业社区店,以家常普通产品的美食供给为主,只有少数社区内的烧烤摊、小吃店、火锅店能持续经营到 24:00。在外卖的影响下,沿街商业社区店虽然营业额有所增长,但实际到店上座率不够理想,因此导致夜间餐饮供给拓展空间有限。二是传统商业街区店,在许多三线及以上城市基本处于萎缩状态,但在四五线城市依然比较受欢迎,在夜间消费中保持一定的吸引力,甚至一些城市特色美食或者凸显地方美食特色的内容如饮食非物质文化遗产技艺等就深藏在此。这种类型的门店可以当作历史/旅游街区店,进一步发挥其在开掘、展现、保护城市地域文化和改造升级旧城中的作用。三是历史和旅游街区店,这类餐饮门店能够大力吸引外地游客,体现了城市形象并凸显了地域文化特色,一般通过特色餐饮、品牌餐饮来表现,突出了当前各城市夜间经济,如成都宽窄巷子中的特色茶馆、重庆洪崖洞的火锅店、扬州瘦西湖船宴等。

其他类餐饮门店的特点是夜间供给受政策和地域影响较大。一是临时移动食摊,彰显了城市的烟火气息和市井特色,当前越来越难看到在城市中心区出现。临时移动的传统夜宵或食摊的存废受政策影响较大,但从居民生活便利性来看依然有市场需求。二是 24 小时便利店,虽然以生活日用杂货为主,但从罗森、全家、全时、7—11 等品牌便利店的经营来看,鲜食(或叫快餐、速食)才是其最大的收入。

三、夜间经济中美食的消费特殊性

地区的美食消费主要由本地居民和外地旅游者两类群体支撑。在日间时段，这两类群体美食消费区别不明显，但在夜间时段，这两类群体的消费偏好有明显的差别，尤其是在互联网发展和信息技术提高的加持下，更加彰显了夜间美食消费的特殊性，体现在时段、空间、习惯、文化等不同方面。

（一）消费时段既集中又分散的特殊性

由于当前大中城市的工作模式和中国人的外出就餐习惯，餐饮市场的黄金销售时间和重要消费时段一直是晚餐或者其他夜间餐饮消费。当前大众点评中收录的餐饮企业，不管是综合体内还是临街的餐饮门店，其营业时间都集中在22:00—23:00。而且根据美团、饿了么、滴滴出行和阿里巴巴对2019年上半年众多样本城市夜间消费的大数据分析，18:00—22:00的消费额占夜间消费的比重非常高，22:00之后的消费额普遍偏低。夜间美食消费作为体现夜间人气聚集特性的业态，不管是从晚餐进食的一般规律和生理阈限还是营养健康的理性考量来看，这个时段都具有非常典型的集中消费偏好。

但夜间美食消费在22:00之后并未停息，这也是各地政策要求延长营业时间的起步点。在2018年和2019年各地出台的发展夜间经济实施意见中，一般都将"引导或鼓励餐饮企业延长营业时间"作为一项重要举措，如《北京市商务委员会关于申报2018年度第一批商务发展项目的通知》（京商务财务字〔2018〕9号）附件16支持"深夜食堂"特色餐饮发展项目申报指南中要求："深夜食堂"特色餐饮街区、特色商圈和特色餐厅一般应在每天晚上22:00到第二天凌晨2:00期间保持营业，提供餐饮服务。22:00之后这个时间段的美食消费具有明显的分散性。而且随着各地夜间消费形态日益多元，夜赏、夜游、夜宿、夜娱、夜购等内容延伸出现，这一时段的美食消费将会体现出更强的分散性。比如在夜游中，对于游客来说，在22:00之后的夜间美食消费属于过夜型消费，延长营业时间与交通便利和住宿酒店便捷等相比并非关键因素。

因此，延长营业时间与增加客流无法画等号，增加客流、美食内容的多样性和差别化的夜间消费形态三者处于鱼与熊掌无法兼得的状态，很难做到三全其美。夜间餐饮经营的挑战与大智慧在于有效平衡客流、美食供给与顾客满意度，以及全面考量业态整合、商业模式和城市治理。

(二）消费空间既固定又移动的特殊性

对于本地居民来说，晚餐的"聚而食"是在 22:00 前。居民聚餐目的从过去的社交、谈判不断丰富成为休闲、娱乐、放松、欢聚，在消费空间选择上也呈现两个极端，固定性较强的居家生活圈和移动性较强的溜达散步带，看重的分别是生活半径范围内的便捷性和生活半径范围外的丰富性。

对于外地游客来说，往往为了体验城市不一样的文化生活氛围而去专门的夜间美食场所消费，虽然也会一时兴起去名餐饮店、名夜市、名小吃慕"名"打卡，但更偏向在一个地方停留。中国旅游研究院发布的《2019 中国夜间经济发展报告》显示，游客更倾向于在夜游地附近选择住宿，而不是白天游玩的旅游吸引物附近。由此可见，游客认为白天赶场式的多地移动方式是不合适夜间的，他们期待的是更加丰富多元的夜间消费形态或地点相对固定的夜间美食。因此，还应该进一步挖掘核心区或市中心的文化地点或商业综合体的潜力，加强业态融合，综合发展，以满足夜间美食消费的个性化和特殊化需求。

另外，对于游客来说，游船是一个可以关注的比较固定的夜间消费场所。根据 2019 年携程网的相关数据（表 4-1，评价文本来源于携程网、驴妈妈，日期范围为 2019 年 9 月 1 日至 2020 年 5 月 8 日），参与江河湖畔夜游项目的游客数量增加迅速，但是根据作者对评价文本的分析，90% 以上的点评游客认为夜色夜景优美，但提到餐食则以内容少、价格贵、质量次为集中的"槽点"，仅有重庆两江夜游的特色小吃评价不错。当前在各城市的江河湖畔夜游项目中，"夜景＋美食"产品供给存在严重的缺乏现象，可供挑选品种不多，体现的档次不高，但优化提升的空间和前景被普遍看好。其实这类城市景观夜游项目时间比较充裕，在船上停留时间短则 90~120 分钟，长则 180 分钟左右，具有一定的就餐氛围和就餐时间，值得在美食上做进一步挖掘，对餐食套票、旅游价格、餐食内容的个性化与特色化选择需要更加科学性与切实性的全面规划设计。

表 4-1 国内部分江河湖畔景观夜游项目数据

夜游项目	游览时间（指船行进时间）	餐食内容（不区分票价档次和收费）	游客评价
珠江夜游	1~2 小时	茶水、咖啡、软饮、水果果盘、爆米花、袋装花生米、盒饭	"送的零食和水果简单到极致""茶水太差"
黄浦江夜游	1~2 小时	自助餐、茶水、小零食、软饮、水果	"自助餐不敢恭维""就餐乱哄哄，位置挤""食物不新鲜，餐食样式少"
重庆两江夜游	40~70 分钟	软饮、水果果盘、热奶茶、特色小吃（蚕豆、锅巴、炒粉、肥肠面、牛肉面、汤圆）	"游轮上饮食小吃较贵，可自带一些去""醪糟小汤圆味道不错""炒粉好吃"
三亚湾夜游	60~80 分钟	啤酒、红酒、果汁、新鲜水果、椰奶、小吃	"免费啤酒和椰子汁都加了水""收费烧烤都是凉的""餐食无法下嘴（拉肚子）"

（三）消费体验既区隔又包容的特殊性

对于大多数人而言，在现代城市生活中，真正属于自己的自由支配时间都集中于夜间，因此夜间消费体验一般以娱乐休闲、放松享受为主要目标，但聚焦到美食消费体验上则体现出文化的区隔性和内容的包容性。

当前大多数地区都提出"夜间经济不仅仅是吃喝"，强调要提高文化内涵，但从集中效应和引入客流来看，"吃喝"的加入不仅能让文化场所、旅游景区更具吸引力，而且有助于通过强化旅游消费产品的竞争力和满意度来巩固消费者的忠诚度。人们珍惜夜晚时间，其夜间文化消费具有更强的区别性和目标性，尤其在有限的黄金时间段（18:00—22:00）都是择一体验，很难同时兼顾多个主题。书店夜读、夜间旅游消费、博物馆体验欣赏、观看文艺演出等不同文化主题的夜间消费群体由不同的文化消费偏好所产生，但都会有"吃喝"这种偏刚性的要求，不仅要求在所选文化空间里有"吃喝"，而且要求"吃喝"与文化主题和文化空间融合起来。

消费者赋予了夜间消费更多文化内涵，而美食则是连接消费者和夜间文化活动的桥梁。因此，消费者在享受以美食为载体的夜间文旅活动时，对美食和文化活动本身都会给予充分考量，从而对夜间美食有更多的消费期许。前述游船上的游客并不会由于美景而减少对美食价格的敏感度，也不会觉得在美丽的夜景下吃肥肠面、汤圆、饺子等特色小吃有不合适之处，反而是海鲜、烧烤、自助餐等达不到预期而较为失望，就是最好的例证。

四、夜间美食经济发展的建议

夜间经济本质上是考验中国城市治理能力和治理效能的一道命题，对于城市夜间美食经济如何发展，基于城市的差异性和夜间市场的地域性，我们无法给予具体性建议。前述分析中或许能提供一些思路启发，未来随着城市夜间经济实践的丰富，我们将会总结出更多科学而务实的经验。在此，基于相关经验案例，我们从解决夜间美食有效供给和精准供给的角度提出两点建议。

（一）强化美食与城市气质的深度融合，以独特体验深挖有效供给

挖掘培育一系列符合城市气质、凸显城市调性的美食内容，不限于菜品等实物或特色餐馆等空间，而是要考虑以融合思维在夜间经济的各领域烙下独特的城市美食印记。东南亚和东亚国家的一些夜市文化（尤其是老挝琅勃拉邦夜市和曼谷拉差达火车夜市）为我们提供了丰富经验，尤其是对有效供给的挖掘值得我们借鉴。

（二）强化美食与新媒体的主动融合，以沉浸分享专注精准供给

从夜间消费结构中可以看到，20～40岁的年轻群体占主导地位，该群体除了网购，大部分只能在夜间进行放松、社交、文化娱乐等消费，其主要消费表现是更偏向于和擅长通过新媒体消费，更愿意感受科技化的新鲜内容。西安、重庆之所以因为美食在视频平台上成为"网红"城市，得益于年轻群体的分享，而分享的美食所在时间段大多是城市的夜晚。

我们应该充分认识并重视新媒体对夜间美食消费主体的意义和价值。"网

红"不应限于其作为人设的负面意义,我们需要主动融入"网红"中,充分利用"网红"工具,挖掘城市夜间美食中的"网红"元素。短视频纪录片如《人生一串》《火锅江湖》和《小城夜食记》,高品质纪录片如《舌尖上的中国》《风味人间》等,如此多的城市美食或夜间美食内容成为新媒体和短视频受众心目中的"网红"。它们或许能启发我们的旅游从业者设计有关城市"网红"美食的旅游打卡产品,例如日本酱油制造商龟甲万的实况转播餐厅模式大获成功,我们也可以尝试借助城市的大屏幕开一个"live美食秀",将烹饪技巧和菜肴特点展示出来,并开通弹幕评论功能,吸引更多人参与。

第五章

餐饮业高质量发展产业政策转型：基于公共卫生安全视角

新冠肺炎疫情发生以来，为了帮助餐饮企业渡过难关，中央政府出台了与餐饮业相关的中央财政扶持政策文件5个，中央金融扶持政策文件3个，中央其他扶持政策文件8个，地方政府细化出台了落实中央政策要求的地方通用政策文件22个，差异化地方扶持政策文件37个。这一系列扶持政策有助于缓解短期困难，但是，要帮助餐饮业走出此次疫情的冲击，更好地应对未来可能发生的公共卫生安全事件，重新步入稳定、健康的产业发展轨道，实现高质量发展，不仅需要政府适时、适度地调整短期扶持政策，更需要政府以高质量发展为指引促进长期发展的产业政策转型。

第一节 新冠肺炎疫情发生以来与餐饮业相关的防控政策及扶持政策[①]

新冠肺炎疫情发生以来，党中央高度重视，餐饮业一直是疫情防控的重点产业，因其对推动经济增长、保障民生、稳定就业、提振消费等具有重要

[①] 于干千、赵京桥、杨遥:《公共卫生安全视域下餐饮业高质量发展的产业政策转型》，《开发研究》2020年第4期。

*注：本文所涉及产业政策的成文时间自2020年1月24日起，截止时间为2020年3月31日。文中涉及的主要政策内容完全来源于政策原文，具体扶持金额、时限、申报程序及具体要求等可通过文中所附文件的具体信息查询。

而独特的作用，成为政府重点扶持的生活服务业之一。

一、防控政策

新冠肺炎疫情发生以来，党中央高度重视，习近平总书记发出了坚决打赢疫情防控阻击战的总号令，要始终把人民群众生命安全和身体健康放在第一位。这场没有硝烟的战争是全世界人民对抗病毒的战争，只有团结才能最终战胜病毒。任何环节的侥幸和疏忽都可能使整个防控工作陷入更大的困境。一切为了打赢疫情防控战，这是当前所有工作的出发点和前提。餐饮门店作为具有明显公共场所聚集特征的营业场所，在疫情期间属于重点防控场所，因此，餐饮业是疫情防控的重点产业。同时，餐饮业作为消费大产业和就业大产业，对于推动经济增长，保障民生，稳定就业等具有重要作用，是政府应重点扶持的生活服务业之一。

（一）全面严格防控阶段

2020年1月24日到2020年2月中旬。

新冠肺炎疫情发生以来，各地都启动了重大突发公共卫生事件一级响应，按各地疫情防控要求，除部分团餐企业继续提供饮食保障服务外，绝大多数餐饮企业积极配合政府抗疫要求，门店经营进入停业状态。2020年2月6日，商务部办公厅联合国家卫生健康委办公厅印发《关于做好生活服务企业新型冠状病毒感染肺炎疫情防控工作的通知》，要求"各地要明确企业主体责任，指导企业成立防控工作小组，制定应急方案，做好信息采集工作，建立报备制度，并在日常经营中做好各项疫情防控管理工作"。此外，商务部联合国家卫健委发布了由中国商业联合会、中国饭店协会、中国烹饪协会、全国酒家酒店等级评定委员会、美团点评集团联合制定的《餐饮企业在新型冠状病毒流行期间经营服务防控指南（暂行）》（以下简称《餐饮企业防控指南》），为全国餐饮企业提供抗疫指引。部分餐饮企业为谋生存、保民生，在遵守各地疫情防控要求的前提下，开展外卖、食材销售等业务，但总体疫情防控政策依然处于全面严格防控阶段。

（二）分级分区精准防控阶段

2020 年 2 月中旬到 2020 年 6 月。

从 2020 年 2 月 21 日起，甘肃、辽宁、广东等省市陆续降低重大突发公共卫生事件响应等级，这意味着部分省市疫情风险降低，社会经济秩序正在逐步恢复。随着疫情防控取得积极进展，推进有序复工复产，抓紧恢复社会经济运行秩序，稳定经济和就业成为重要工作。2020 年 2 月 18 日，商务部发布的《商务部关于应对新冠肺炎疫情做好稳外贸稳外资促消费工作的通知》要求各地支持企业有序复工复产，支持商贸流通企业创新经营服务模式，推动服务消费提质扩容，释放新兴消费潜力等。国务院联防联控机制在 2020 年 2 月 22 日印发《企事业单位复工复产疫情防控措施指南》（以下简称《企事业防控指南》），从员工健康监测、工作场所防控、员工个人防护和异常情况处置四个方面对企事业单位复工复产做出了指引。习近平总书记在 2020 年 2 月 23 日召开的统筹推进新冠肺炎疫情防控和经济社会发展工作部署会议上明确要落实分区分级，精准防控，精准复工复产，稳定就业，保障基本民生。按照会议精神，商务部印发《商务部关于统筹做好生活必需品供应保障有关工作的通知》和《关于在做好防疫工作的前提下推动商务领域企业有序复工复产的通知》，要求各地餐饮业按"分区分级，精准防控"的原则有序复工复产，做好民生保障工作；北京、上海、广东等疫情防控重点地区也陆续发布餐饮业分级分区，精准防控，有序复工复产政策，推动本地餐饮企业安全复工。在全球疫情蔓延，外防输入压力迅速增大，国内餐饮业复工复产压力增大的形势下，商务部办公厅、国家发展改革委办公厅和国家卫生健康委办公厅在 2020 年 3 月 19 日发布《关于支持商贸流通企业复工营业的通知》，对切实巩固疫情防控成果，精准高效推进协同复工复产，有效刺激市场消费和提振市场信心做出再部署、再强调。

由于全球各国疫情的发展还没有得到有效控制，外防输入压力仍在不断增大，新冠病毒及新冠肺炎的研究与治疗仍在进展中，对病毒的认识，对新冠肺炎的预防和治疗仍在不断发展变化中，而且病毒存在潜伏期和愈后复阳等特点，餐饮业不管在哪个防控阶段，只要疫情仍未结束，都要遵守和配合地方疫情防控要求，按《企事业防控指南》和《餐饮企业防控指南》，做好安全防范工作。

在疫情防控期间，部分餐饮企业、互联网餐饮服务平台按商务部《关于进一步强化生活必需品市场供应保障工作的通知》[①]，积极参与到抗疫民生保障工作中。

二、扶持政策

为帮助在此次疫情中受到重创的餐饮企业，特别是中小微企业和个体工商户渡过疫情难关[②]，协助其复工复产，恢复生机，中央及地方政府出台并落实了一系列扶持政策，包括复工复产便利化措施，降低运营成本，提高流动性，加大政府服务力度等，大致可以分为中央财政扶持政策、中央金融扶持政策、中央其他扶持政策、地方扶持政策四类。

（一）中央财政扶持政策

新冠肺炎疫情发生后，党中央、国务院高度重视，利用财政政策的直接扶持作用，财政部、国家税务总局牵头出台了一系列财政扶持政策。与餐饮业相关的财政扶持政策以税费减免和延长缓交为主，涉及增值税减免、亏损结转延长期限、社保费减免和缓缴、住房公积金缓缴、鼓励减免租金和检测及认证费用减免六种类型（表5-1）。

表5-1　与餐饮业相关的中央财政扶持政策

政策文件名称	主要政策内容	发布单位	发布时间
《关于支持新型冠状病毒感染的肺炎疫情防控有关税收政策的公告》	1. 受疫情影响较大的困难行业企业2020年度发生的亏损，最长结转年限由5年延长至8年。 2. 对纳税人提供公共交通运输服务、生活服务，以及为居民提供必需生活物资快递收派服务取得的收入，免征增值税	财政部、税务总局	2020年2月6日

---

① 中国政府网.商务部办公厅关于进一步强化生活必需品市场供应保障工作的通知[EB/OL].（2020-02-01）[2022-02-20]. http://www.gov.cn/xinwen/2020-02/01/content_5473722.htm.

② 李佳霖，李治国.诚意满满助力企业渡过难关[N].经济日报，2020-02-05（9）.

续表

政策文件名称	主要政策内容	发布单位	发布时间
《关于阶段性减免企业社会保险费的通知》	1. 自2020年2月起，各省、自治区、直辖市（除湖北省外）及新疆生产建设兵团可根据受疫情影响情况和基金承受能力，免征中小微企业三项社会保险单位缴费部分，免征期限不超过5个月；对大型企业等其他参保单位（不含机关事业单位）可减半征收，减征期限不超过3个月。 2. 自2020年2月起，湖北省可免征各类参保单位（不含机关事业单位）三项社会保险单位缴费部分，免征期限不超过5个月。 3. 受疫情影响生产经营出现严重困难的企业，可申请缓缴社会保险费，缓缴期限原则上不超过6个月，缓缴期间免收滞纳金	人力资源和社会保障部、财政部、税务总局	2020年2月20日
《关于妥善应对新冠肺炎疫情实施住房公积金阶段性支持政策的通知》	受新冠肺炎疫情影响的企业，可按规定申请在2020年6月30日前缓缴住房公积金，缓缴期间缴存时间连续计算，不影响职工正常提取和申请住房公积金贷款	住房和城乡建设部、财政部、中国人民银行	2020年2月21日
《关于应对疫情影响加大对个体工商户扶持力度的指导意见》	1. 减免社保费用。个体工商户以个人身份自愿参加企业职工基本养老保险或居民养老保险的，可在年内按规定自主选择缴费基数（档次）和缴费时间。对受疫情影响无法按时办理参保登记的个体工商户，允许其在疫情结束后补办登记，不影响参保人员待遇。 2. 实行税费减免。在继续执行公共交通运输服务、生活服务及为居民提供必需生活物资快递收派服务收入免征增值税政策。对疫情期间为个体工商户减免租金的大型商务楼宇、商场、市场和产业园区等出租方，当年缴纳房产税、城镇土地使用税确有困难的，可申请困难减免。政府机关所属事业单位、国有企业法人性质的产品质量检验检测机构、认证认可机构，减免个体工商户疫情期间的相关检验检测和认证认可费用	市场监管总局、国家发展改革委、财政部、人力资源和社会保障部、商务部、中国人民银行	2020年2月28日

续表

政策文件名称	主要政策内容	发布单位	发布时间
《关于支持个体工商户复工复业增值税政策的公告》	自2020年3月1日至5月31日，对湖北省增值税小规模纳税人，适用3%征收率的应税销售收入，免征增值税；适用3%预征率的预缴增值税项目，暂停预缴增值税。除湖北省外，其他省、自治区、直辖市的增值税小规模纳税人，适用3%征收率的应税销售收入，减按1%征收率征收增值税；适用3%预征率的预缴增值税项目，减按1%预征率预缴增值税	财政部、税务总局	2020年2月28日

资料来源：课题组根据各部委网站资料整理。

（二）中央金融扶持政策

疫情发生伊始，中国人民银行、财政部、银保监会等金融监管部门发布了诸多金融扶持政策，超预期提供流动性来保障疫情期间的金融稳定，旨在纾解企业资金困境，防范因疫情引发的金融风险。与餐饮业相关的金融扶持政策主要有强化信贷支持、提供临时性还本付息安排、提高金融服务效率和降低融资成本四个方面（表5-2）。

表5-2 与餐饮业相关的中央金融扶持政策

政策文件名称	主要政策内容	发布单位	发布时间
《关于进一步强化金融支持防控新型冠状病毒感染肺炎疫情的通知》	1. 小微企业不得盲目抽贷、断贷、压贷。对受疫情影响严重的企业到期还款困难的，可予以展期或续贷。 2. 加强制造业、小微企业、民营企业等重点领域信贷支持。 3. 建立金融服务"绿色通道"，简化业务流程，提高审批放款等金融服务效率	中国人民银行、财政部、银保监会、证监会、国家外汇管理局	2020年1月31日
《关于支持金融强化服务 做好新型冠状病毒感染肺炎疫情防控工作的通知》	1. 加大对受疫情影响个人和企业的创业担保贷款贴息支持力度。 2. 优化对受疫情影响企业的融资担保服务。各级政府性融资担保、再担保机构应当提高业务办理效率，取消反担保要求，降低担保和再担保费率	财政部	2020年2月1日

续表

政策文件名称	主要政策内容	发布单位	发布时间
《关于对中小微企业贷款实施临时性延期还本付息的通知》	1. 银行业金融机构给予贷款企业一定期限的临时性还本付息安排。对于2020年1月25日以来到期的困难中小微企业（含小微企业主、个体工商户）贷款本金，银行业金融机构应根据企业延期还本付息申请，结合企业受疫情影响情况和经营状况，通过贷款展期、续贷等方式，给予企业一定期限的临时性延期还本付息安排。还本日期最长可延至2020年6月30日。 2. 降低湖北地区小微企业融资成本。银行业金融机构应为湖北地区配备专项信贷规模，实施内部资金转移定价优惠，力争2020年普惠型小微企业综合融资成本较上年平均水平降低1个百分点以上。 3. 银行业金融机构应积极对接中小微企业融资需求，建立绿色通道，简化贷款审批流程，适度下放审批权限，应贷尽贷快贷；努力提高小微企业信用贷款、中长期贷款占比和"首贷率"；积极配合政策性银行的新增信贷计划，以优惠利率向民营、中小微企业发放贷款	银保监会、中国人民银行、国家发展改革委、工业和信息化部、财政部	2020年3月2日

资料来源：课题组根据各部委网站资料整理。

（三）中央其他扶持政策

除了中央财政扶持政策和中央金融扶持政策，国家发改委、市场监督总局、人社部、商务部和民政局等部门压紧压实工作职责，进一步落实中央抗疫精神，坚持"全国一盘棋"，维护统一大市场，精准高效推进产业链协同复工复产，积极刺激市场消费和提振市场信心，与餐饮业相关的政策主要涉及促进消费、稳定就业、降低用电用气价格、积极发挥行业协会作用、减免个体工商户房租、便利个体工商户市场准入和加大对个体工商户的服务力度七个方面（表5-3）。

表 5-3 与餐饮业相关的中央其他扶持政策

政策文件名称	主要政策内容	发布单位	发布时间
《关于妥善处理新型冠状病毒感染的肺炎疫情防控期间劳动关系问题的通知》	企业因受疫情影响导致生产经营困难的,可以通过与职工协商一致采取调整薪酬、轮岗轮休、缩短工时等方式稳定工作岗位,尽量不裁员或者少裁员。符合条件的企业,可按规定享受稳岗补贴	人力资源和社会保障部办公厅	2020年1月24日
《关于阶段性降低非居民用气成本支持企业复工复产的通知》	至2020年6月30日,非居民用气门站价格提前执行淡季价格政策;及时降低天然气终端销售价格	国家发展改革委	2020年2月22日
《关于阶段性降低企业用电成本支持企业复工复产的通知》	自2020年2月1日起至6月30日止,电网企业在计收上述电力用户(含已参与市场交易用户)电费时,统一按原到户电价水平的95%结算	国家发展改革委	2020年2月22日
《关于积极发挥行业协会商会作用支持民营中小企业复工复产的通知》	1. 推动企业分区分类分批复工复产。 2. 协助保障企业复工复产防疫需求。 3. 协调解决用工用料用能用运困难。 4. 提供专业化高质量支援服务。 5. 精准施策全力救助受困企业。 6. 及时反映行业诉求有力支撑政府决策。 7. 自觉维护行业市场秩序。 8. 创新推广新模式新业态。 9. 积极做好舆论宣传引导	国家发展改革委办公厅、民政部办公厅	2020年2月27日
《关于应对疫情影响加大对个体工商户扶持力度的指导意见》	1. 降低个体工商户经营成本。 2. 方便个体工商户进入市场。 3. 加大对个体工商户的服务力度:商贸流通、餐饮食品、旅游住宿、交通运输等行业个体工商户用电、用气价格按照相关部门出台的阶段性降低用电、用气成本的政策执行	市场监管总局、国家发展改革委、财政部、人力资源和社会保障部、商务部、中国人民银行	2020年2月28日
《关于促进消费扩容提质加快形成强大国内市场的实施意见》	1. 大力优化国内市场供给。 2. 重点推进文旅休闲消费提质升级。 3. 着力建设城乡融合消费网络。 4. 加快构建"智能+"消费生态体系。 5. 持续提升居民消费能力。 6. 全面营造放心消费环境	国家发展改革委等23个部门	2020年2月28日

续表

政策文件名称	主要政策内容	发布单位	发布时间
《国务院办公厅关于进一步精简审批优化服务精准稳妥推进企业复工复产的通知》	1. 提高复工复产服务便利度：简化复工复产审批和条件，优化复工复产办理流程。 2. 大力推行政务服务网上办：加快实现复工复产等重点事项网上办，依托线上平台促进惠企政策落地，围绕复工复产需求抓紧推动政务数据共享。 3. 完善为复工复产企业服务机制：提升企业投资生产经营事项审批效率，为推进全产业链协同复工复产提供服务保障，建立健全企业复工复产诉求响应机制。 4. 及时纠正不合理的人流物流管控措施：清理取消阻碍劳动力有序返岗和物资运输的烦琐手续。 5. 加强对复工复产企业防疫工作的监管服务：督促和帮助复工复产企业落实防疫安全措施	国务院办公厅	2020年3月3日
《国务院办公厅关于应对新冠肺炎疫情影响强化稳就业举措的实施意见》	1. 更好实施就业优先政策：推动企业复工复产，加大减负稳岗力度，提升投资和产业带动就业能力，优化自主创业环境，支持多渠道灵活就业。 2. 引导农民工安全有序转移就业：引导有序外出就业，支持就地就近就业，优先支持贫困劳动力就业。 3. 拓宽高校毕业生就业渠道：扩大企业吸纳规模，扩大基层就业规模，扩大招生入伍规模，扩大就业见习规模，适当延迟录用接收。 4. 加强困难人员兜底保障：保障失业人员基本生活，强化困难人员就业援助，加大对湖北等疫情严重地区就业支持。 5. 完善职业培训和就业服务：大规模开展职业技能培训，优化就业服务。 6. 压实就业工作责任：强化组织领导，加强资金保障，强化表扬激励，加强督促落实	国务院办公厅	2020年3月18日

资料来源：课题组根据各部委网站资料整理。

(四) 地方扶持政策

在党中央、国务院的抗疫精神及各部门支持抗疫文件的指引下,各地陆续出台了地方应对疫情防控,稳定社会经济发展的各项扶持政策,其中部分省市出台的与餐饮业相关的通用扶持政策见表 5-4。为保障疫情期间的基本餐饮需要,各地根据自身情况制定并出台了针对餐饮业等传统服务业有序复工、业态复苏、财税扶持、鼓励消费等差异化扶持政策(表 5-5,表 5-6)。

表 5-4 部分省市出台的与餐饮业相关的通用扶持政策

政策文件名称	相关政策内容
《北京市人民政府办公厅关于应对新型冠状病毒感染的肺炎疫情影响促进中小微企业持续健康发展的若干措施》	(一) 保障企业复工复产工作力度 1. 加强防疫指引 2. 落实复工条件 3. 统筹做好防护 4. 拓宽招工渠道 (二) 进一步降低企业用工成本 1. 减轻社会保险负担 2. 实施失业保险稳岗返还 3. 发放援企稳岗补贴 (三) 进一步减轻企业负担 1. 减轻企业税费负担 2. 减轻企业租金负担 3. 加大技改资金支持 4. 发挥国有企业关键作用 (四) 进一步加大财政金融支持 1. 加强金融纾困 2. 加大财税金融支持力度 3. 支持企业担保融资和租赁融资 4. 优化企业小额贷款服务 5. 优化企业征信管理 (五) 进一步优化政务服务 1. 强化项目建设要素保障 2. 完善审批工作"直通车"制度 3. 建立疫情防控物资境外采购快速通道 4. 强化涉企信息服务支撑
《重庆市人民政府办公厅关于应对新型冠状病毒感染的肺炎疫情 支持中小企业共渡难关的二十条政策措施》	
《重庆市人民政府办公厅关于印发重庆市支持企业复工复产和生产经营若干政策措施的通知》	
《江西省人民政府印发关于有效应对疫情稳定经济增长20条政策措施的通知》	
《浙江省新型冠状病毒感染的肺炎疫情防控领导小组关于支持小微企业渡过难关的意见》	
《中共浙江省委 浙江省人民政府关于坚决打赢新冠肺炎疫情防控阻击战全力稳企业稳经济稳发展的若干意见》	
《四川省人民政府办公厅关于应对新型冠状病毒肺炎疫情缓解中小企业生产经营困难的政策措施》	
《福建省关于应对新型冠状病毒感染的肺炎疫情 扎实做好"六稳"工作的若干措施》	
《海南省应对新型冠状病毒感染的肺炎疫情支持中小企业共渡难关的八条措施》	
《黑龙江省人民政府办公厅关于应对新型冠状病毒感染的肺炎疫情支持中小企业健康发展的政策意见》	
《天津市打赢新型冠状病毒感染肺炎疫情防控阻击战进一步促进经济社会持续健康发展的若干措施》	
《关于应对新冠肺炎疫情支持企业复工复产保持经济平稳运行的若干政策措施》	
《关于支持打赢疫情防控阻击战促进经济平稳运行的若干措施》	

续表

政策文件名称	相关政策内容
《吉林省人民政府办公厅关于应对新型冠状病毒感染的肺炎疫情支持中小企业保经营稳发展若干措施的通知》	
《内蒙古自治区人民政府关于支持防控疫情重点保障企业和受疫情影响生产经营困难中小企业健康发展政策措施的通知》	
《湖北省人民政府办公厅关于印发应对新型冠状病毒肺炎疫情支持中小微企业共渡难关有关政策措施的通知》	
《云南省工业和信息化厅关于应对疫情有序推动中小企业复工复产相关工作的通知》	
《云南省人民政府关于应对新冠肺炎疫情稳定经济运行22条措施的意见》	
《贵州省人民政府办公厅关于应对新型冠状病毒感染肺炎疫情促进中小企业平稳健康发展的通知》	
《陕西省人民政府关于坚决打赢疫情防控阻击战促进经济平稳健康发展的意见》	
《山东省人民政府办公厅关于应对新冠肺炎疫情支持生活服务业批发零售业展览业及电影放映业健康发展的若干意见》	
《河南省应对疫情影响支持中小微企业平稳健康发展的若干政策措施》	

资料来源：课题组根据部分省市政府网站发布资料整理。

表5-5 部分省市出台的与餐饮业相关的差异化扶持政策（1）

政策文件名称	相关政策内容
《北京市人民政府办公厅关于进一步支持打好新型冠状病毒感染的肺炎疫情防控阻击战若干措施》	1. 延迟缴纳社会保险费。将1月、2月应缴社会保险费征收期延长至3月底。对于旅游、住宿、餐饮、会展、商贸流通、交通运输、教育培训、文艺演出、影视剧院、冰雪体育等受影响较大的行业企业，经相关行业主管部门确认，可将疫情影响期间应缴社会保险费征收期延长至7月底。 2. 鼓励大型商务楼宇、商场、市场运营方对中小微租户适度减免疫情期间的租金，各区对采取减免租金措施的租赁企业可给予适度财政补贴

续表

政策文件名称	相关政策内容
《上海市全力防控疫情支持服务企业平稳健康发展的若干政策措施》	加大对流动资金困难企业的支持力度。加大对旅游、住宿餐饮、批发零售、交通运输、物流仓储、文化娱乐、会展等受疫情影响较大行业信贷支持，通过变更还款安排、延长还款期限、无还本续贷等方式，对到期还款困难企业予以支持，不抽贷、不断贷、不压贷。加快建立线上续贷机制。如因疫情影响导致贷款逾期，可合理调整有关贷款分类评级标准
《关于打好新型冠状病毒感染的肺炎疫情防控阻击战促进经济社会平稳健康发展的若干措施》	积极培育消费热点，制定支持受疫情冲击的餐饮、住宿、零售等行业恢复运营平稳发展的政策措施，推动生活服务企业实现线上交易和线下服务相结合，推进电子商务企业与社区商业网店融合
《河北省疫情防控期间社会化团餐供餐服务方案》	筛选团餐供餐重点企业名单，制定团餐供餐服务方案
《关于统筹推进新冠肺炎疫情防控和经济社会发展工作的若干措施》	多措并举促进消费：出台针对性措施，帮扶住宿餐饮等受疫情影响较大的服务业
《山西省应对疫情支持中小企业共渡难关的若干措施》	2020年，省内各类金融机构对中小微企业新增贷款利率，同比下降幅度不低于10%；对受疫情影响较大的批发零售、住宿餐饮、物流运输、文化娱乐和旅游等行业的中小微企业新增贷款利率，同比下降幅度不低于20%
《辽宁省应对新型冠状病毒感染的肺炎疫情支持中小企业生产经营若干政策措施》	对旅游、住宿、餐饮、会展、商贸流通、交通运输、教育培训、文艺演出、影视剧院、冰雪体育等受损严重行业企业，经相关行业主管部门确认，可将疫情影响期间应缴社会保险费征收期延长至6月底。缓缴期间免征滞纳金。缓缴期满后，企业足额补缴缓缴的社会保险费，不影响参保人员个人权益
《陕西省应对新冠肺炎疫情支持中小微企业稳定健康发展的若干措施》	严格落实交通运输部关于疫情防控期间免收车辆通行费政策。旅游、住宿、餐饮、会展、商贸流通、交通运输、教育培训、文艺演出、影视剧院等受疫情影响较大的行业企业，可向主管税务部门申请免征水利建设基金和残疾人就业保障金

续表

政策文件名称	相关政策内容
《关于加快外商投资企业复工复产推进外商投资的若干措施的通知》	协调提供餐饮服务：联系对接餐饮企业、连锁快餐企业，为不具备餐饮防疫条件的复工复产企业提供餐饮配送服务
《关于应对新型冠状病毒肺炎疫情影响推动经济循环畅通和稳定持续发展的若干政策措施》并配套出台《"苏政50条"政策服务指南》	1. 规范引导文化旅游、住宿餐饮等服务行业有序复工。 2. 研究制定推动传统消费业态复苏的政策措施，积极引导消费预期，加快新兴消费业态成长，进一步培育居民健康生活习惯
《云南省人民政府关于应对新冠肺炎疫情稳定经济运行22条措施的意见》	1. 降低实体企业成本。批发零售、住宿餐饮、物流运输、文化旅游等行业非电力市场化交易用户，2020年2—3月用电按目录电价标准的90%结算；疫情防控期间采取支持性两部制电价政策，降低企业用电成本。对疫情防控物资重点保障企业和受疫情影响较大的批发零售、住宿餐饮、旅游演艺和旅游运输企业，确有困难的，可申请减免城镇土地使用税和房产税。 2. 加大中小微企业信贷支持。对受疫情影响较大的批发零售、住宿餐饮、物流运输、文化旅游等行业和"三农"领域行业，以及有发展前景的企业和合作社，金融机构不得盲目抽贷、断贷、压贷；对受疫情影响严重的企业和合作社，到期还款困难的，予以展期或续贷。 3. 加快现代服务业发展。深入实施我省《服务经济倍增计划（2017—2021年）》，促进"食、住、行、游、购、娱"等传统业态优化升级，打造生态游览、休闲康养、露营自驾、文化演艺、边跨境游等重点产品
《云南省财政厅 云南省商务厅 云南省文化和旅游厅关于支持住宿餐饮业复工营业加快发展12条实施意见》	1. 全面落实减税降费和稳岗就业政策，切实减轻住宿餐饮企业成本负担。 2. 全面落实企业融资财政支持政策，积极支持住宿餐饮业复工营业。 3. 全面落实财政专项扶持措施，全力支持住宿餐饮业提速增效发展

表5-6 部分地方出台的与餐饮业相关的差异化扶持政策（2）

政策发布地（时间）	相关政策内容
山东省济南市（2020年3月2日）	发放2000万元消费券，拉动文旅消费

续表

政策发布地（时间）	相关政策内容
浙江省建德市（2020年3月5日）	向外地游客发放1000万元旅游消费券
山东省济宁市（2020年3月11日）	发放文化惠民优惠券10万元
江苏省南京市（2020年3月13日）	向市民和困难群体发放3.18亿元消费券
浙江省（2020年3月12日）	推出总价达10亿元的文旅消费券和1亿元的文旅消费大红包
安徽省（2020年3月16日）	联动企业将共同推出1亿元消费补贴
湖南省（2020年3月17日）	湖南省总工会向全体职工、工会会员发放消费券
河北省（2020年3月18日）	河北省将发放1500万元的体育消费券
宁夏回族自治区银川市（2020年3月18日）	分批发放消费券
山东省青岛市（2020年3月18日）	城阳区将向全区市民发放总价值1000万元的电子消费券
浙江省杭州市（2020年3月19日）	淳安县第一批5万份旅游消费券，优惠额度达千万元
北京市（2020年3月19日）	联合300余家企业将向市民发放1.5亿元消费券
山东省青岛市（2020年3月20日）	发放总额3.4亿元的健身消费券
辽宁省沈阳市（2020年3月21日）	和平区首期派发100万元电子消费券
江苏省南京市（2020年3月17日）	向市民摇号发放体育消费券
江苏省常州市（2020年3月23日）	推出3000万元"常州旅游消费券"
四川省德阳市（2020年3月23日）	发放4万张餐饮惠民消费券
安徽省合肥市（2020年3月23日）	庐阳区向市民发放1000万元现金消费券
江西省（2020年4月5日）	4月起将面向全省发放电子消费券

续表

政策文件名称	相关政策内容
广西壮族自治区（2020年3月24日）	通过支付宝发放亿元消费券，4月26日可上支付宝领取
浙江省杭州市（2020年3月27日）	向全体在杭人员发放消费券，总金额达16.8亿元
重庆市（2020年3月27日）	渝中区发放七大类微信电子消费券，近千万元
浙江省杭州市（2020年4月1日）	追加发放消费券5000万张
广东省佛山市（2020年4月1日）	率先发放亿元消费券，可在支付宝上领取
河南省郑州市（2020年4月1日）	发放4亿元消费券，4月3日起可领

资料来源：课题组根据部分省市政府网站发布资料整理。

三、产业政策需要持续改进的方向

综合上述，中央及地方出台的与餐饮业相关的防控政策及扶持政策，党中央高度重视餐饮业在疫情防控中的公共卫生安全风险，在防控疫情时期面临的经营困境，以及在防控疫情后勤保障、民生保障中的重要性方面，陆续出台了疫情防控指南，财政、金融扶持政策，复工复产政策，以及促进消费政策等，以帮助企业开展安全有效的防控工作，规范有序推动复工复产，并通过多种方式刺激消费，提振国内市场。但结合餐饮业长期高质量发展和当前走出困境的需要，要在政策的长远性、规划性、协同效应作用、需求侧施策点、差异化和动态调整能力等方面进一步改进。

一是政策以短期应急为主，长期发展规划不足。当前出台的防控政策及扶持政策多为应对新冠肺炎疫情防控和企业经营困境的短期应急政策；但在后疫情时代，鉴于餐饮业在社会、经济、文化、健康、国家应急保障等领域的重要作用，更需要着眼长远发展的产业政策转型，吸引产业投资，提振产业发展信心。

二是政策缺乏统筹，协同效应不足。当前餐饮业防控政策及扶持政策分布在多个政府部门出台的多个政策文件中，缺乏政策统筹，难以发挥协同效应。餐饮业经过了改革开放的40多年发展，已经形成了从农、林、牧、渔到餐桌，从设备制造到生产服务的较为完备的产业生态体系。因此，需统筹出台餐饮业防控政策及扶持政策。

三是政策的着力点都是供给侧，需求侧政策仍需强化。当前扶持政策主要着力点在于企业，帮助企业渡过难关，但对提振消费信心、优化消费环境的政策涉及不多。餐饮业既面临各地疫情防控压力，又面临消费环境剧烈变化。而在当前全球疫情暴发，中国防控外部输入压力持续增加的形势下，国内消费者对公共卫生安全信心不足、消费动力不强，导致餐饮业复工复产难以为继的现象普遍存在，因此，政策要兼顾供给侧挑战和需求侧提振。

四是政策分类指导、差异化政策设计与实施、适时动态调整的能力、水平与产业发展和消费需求还存在较大差距。餐饮业具有分布广、主体和从业人员多、业态多样、生产消费连接紧密等特点，客观上既要求顶层设计，统筹规划，又要求因地制宜，实现精准施政，加速推进餐饮业治理体系和治理能力现代化的进程。

第二节　优化短期扶持政策[①]

在当前中央及地方出台的抗击新型冠状病毒肺炎，稳定社会经济发展的各项扶持政策中，虽然可以找到不少与餐饮业相关的扶持政策，但对于受到疫情影响严重的餐饮业，仍缺乏针对性的系列扶持政策。因此，对于面临供给侧持续经营困难和需求侧消费信心低迷的餐饮业，政府应从加大供给侧扶持力度和加强需求侧刺激两个方面入手，形成政策合力，提振行业信心和消费信心。

---

① 于干千、赵京桥、杨遥：《公共卫生安全视域下餐饮业高质量发展的产业政策转型》，《开发研究》2020年第4期。

一、落实分级分区，有序复工复产

在中央"分级分区精准防控"精神指导下，各地加快出台餐饮业分级分区复工复产指导意见。当前餐饮业最大的困难是经营无法正常开展，这既有政府疫情防控因素，也有舆论因素，以及消费者心理因素。因此，在无疫情风险地区和低疫情风险地区，应尽快恢复正常社会、经济运行秩序。

二、有效防控境外输入，恢复消费信心

消费信心不足，消费市场持续低迷给餐饮产业恢复蒙上一层阴影。虽然中央政府带领全国人民形成了健全完善快速反应联动机制来应对疫情，但国内偶有新冠肺炎疫情呈散点式暴发，全国上下严防死守不敢松懈，"断崖式"下跌后的餐饮业没有迎来期待中的"报复性消费"。同时，境外新冠肺炎疫情愈演愈烈，新冠病毒毒株不断变异，全球经济持续低迷，消费市场一蹶不振。因此尽管中央陆续出台强有力的财政扶持政策、金融扶持政策和其他扶持政策，地方政府也积极响应，出台地方配套政策，但缺乏足够消费需求支撑，餐饮业仍然处于难复工，或者复工难复产的状态。因此必须加大有效外防力度，增加舆论宣传，提高消费者对国内公共卫生安全的信心。

三、出台短期刺激餐饮消费措施

各地根据自身财政状况和地方疫情防控情况，以消费券的形式定向刺激餐饮消费；在符合国家三公经费使用标准的情况下，鼓励各地政府社会化餐饮服务采购，以弥补居民消费不足，并帮助餐饮企业复工复产。

四、加大对餐饮业财政扶持政策力度

在落实当前中央财政扶持政策的基础上,进一步加大对餐饮业的专项财政扶持力度:一是免征餐饮企业2020年全年增值税,并延长属于一般纳税人的餐饮企业在2020年取得的增值税进项税额抵扣期限;二是自2020年2月起,免征中小微餐饮企业三项社会保险单位缴费部分,免征期限不超过6个月,大型餐饮企业三项社会保险单位缴费部分减半征收,期限不超过6个月;三是免征餐饮业2020年涉企政府性基金和行政事业收费。

五、加大对餐饮业金融扶持政策力度

在落实当前中央金融扶持政策的基础上,进一步加大对餐饮业的专项金融扶持力度:一是建议协调政策性银行、疫情专项贷款,尽快为稳定就业和为餐饮企业提供贴息或低息贷款[1];二是建议银行业、金融机构主动为中小微餐饮企业提供智慧化、便利化服务,审批流程做减法,纾解企业资金困难,应贷尽贷快贷[2];积极配合政策性银行的新增信贷计划,以优惠利率向餐饮企业发放贷款;三是建议国有融资担保机构为餐饮企业短期流动资金提供贷款担保支持,并给予担保费率优惠;四是发挥互联网餐饮服务平台等平台机构信用信息优势,联合互联网银行、中小银行,帮助中小微餐饮企业、个体餐饮商户拓展融资渠道,提供定期免息或低息贷款;五是考虑到餐饮企业复工复产进度缓慢,建议进一步延长银行业金融机构给予贷款餐饮企业临时性还本付息安排的时间至2020年9月30日。

---

[1] 温源:《中小微企业贷款可延期还款》,《光明日报》2020年3月3日。
[2] 任社宣:《阶段性减免企业社保费支持有序复工复产稳就业》,《中国劳动保障报》2020年2月22日。

六、加大餐饮企业稳岗支持力度

在落实现有中央稳岗政策的基础上,加大对餐饮企业稳岗支持力度:一是对坚持不裁员或少裁员的参保餐饮企业,加大稳岗补贴力度[①],并给予各项扶持政策倾斜;二是稳岗餐饮企业缴纳社会保险费、住房公积金确有困难的,建议相关机构审核备案后,可延长至 2020 年 9 月 30 日,延期缴费期间,不收取滞纳金,不影响职工个人权益;三是加大对餐饮企业员工新型冠状病毒肺炎疫情培训支持,提高餐饮企业疫情防控能力。

七、进一步减轻餐饮企业成本压力

在落实当前中央价格、就业扶持政策的基础上,进一步减轻餐饮企业成本压力:一是建议加大对餐饮企业的水、电、气、有线电视及垃圾清运等费用的优惠力度,优惠时间延长至 2020 年 12 月 31 日;二是建议政府相关部门召集美团、口碑、饿了么等大型互联网餐饮服务平台,协商降低平台佣金费率,与餐饮企业共渡难关。

第三节 完善短期扶持政策机制

充分认识餐饮业对当前保就业、稳消费的重要作用,以"消费反弹有限、恢复增长乏力"的非理想市场状况考量,从完善短期扶持政策机制入手,应对"市场失灵"时的"政策缺陷",提升政务的服务质量和效率,推动餐饮业恢复性增长。

---

① 庄德通:《三部门:受疫情影响的严重困难企业可申请缓缴社会保险费》,《民主与法制时报》2020 年 2 月 25 日。

一、注重发挥扶持政策的组合协调效应，预防政策效应的逐级递减

针对餐饮企业面临的经营困难问题，政府应尽量缩短政策文件与实施细则的时间差，从加大供给侧扶持力度和加强需求侧刺激两个方面入手，协调政策形成合力，调整短期刺激餐饮消费措施，提振行业发展信心和消费信心。

二、完善政策评估与动态调整、督查与容错等机制

对已经出台的财政、金融、社会保障等政策的实施效果及时开展第三方动态评估，动态分级分区调整减免或扶持资金的力度、时限以及认定程序等。除采用常态化的行政督查手段外，不断完善社会、企业参与的多元化政策督查和监督机制，同时对疫情期间政策实施的责任部门和相关人员建立和完善容错机制。

三、完善服务便利化机制

充分借鉴"最多跑一次"政务服务改革经验，建立上下联通、左右连贯的服务企业统一调度保障机制，建立分级分类扶持企业的名录与政策清单，采用区域统一的信息化平台报送、审核相关材料，简化审批流程，提高服务质量，并及时接受社会监督检查。

四、完善企业应急状态信用评价机制

在动态完善分级分类扶持企业名录的基础上，建立应急状态信用评价机制，引入第三方开展财政补贴和税收减免的绩效评估，提升事前申报审核服务质量的同时，加强事中、事后对扶持企业的跟踪服务与管理，科学使用信用评价结果，形成良性的奖惩机制。

第四节　持续推进长期政策转型[①]

新冠肺炎疫情的冲击与影响虽然没有改变我国餐饮业长期发展趋势，但是需要业界重新审视餐饮业的产业地位，将其视为国家公共卫生安全体系和国家应急保障体系的重要组成部分，视为支撑健康中国战略的重要产业。要从提升治理效能和促进产业政策转型等方面入手，来推动餐饮业高质量的发展。

一、以新发展理念引领餐饮业高质量发展的政策转型

引领餐饮业高质量发展政策转型的新理念主要有创新发展、协调发展、绿色发展、开放发展和共享发展五个方面：①创新发展，产业规划要更加注重营造适宜创新的餐饮营商环境，通过人才政策、创业政策、金融政策，吸引人才和资本进入餐饮业，鼓励符合数字经济发展趋势、满足人民消费升级需求、提升产业效率的数字化餐饮服务创新，餐饮业态和商业模式创新以及餐饮生产力创新；②协调发展，产业规划要统筹解决产业发展中的各种矛盾，实现城乡一体化发展，产业发展规模、速度与质量的平衡发展以及产业发展与产业治理的协同；③绿色发展，产业规划要构建符合餐饮业绿色发展需要的法律法规体系、绿色标准体系和食材负面清单等，建立数字化监测机制和激励与约束机制，通过系统化产业规制方式护航餐饮业绿色发展；④开放发展，中华饮食在全球饮食文化交流中不断发展，饮食文明的融合发展与传播是构建人类命运共同体的重要内容；⑤共享发展，产业规划要符合共享经济和平台经济发展需要，构建社会化多边治理体系，加强对外卖平台的公平性审查，维护共享市场和平台市场公平公正，保护中小餐饮企业的权益。产业

[①] 于干千、赵京桥、杨遥：《公共卫生安全视域下餐饮业高质量发展的产业政策转型》，《开发研究》2020年第4期。

规划要营造开放包容的外商投资环境和符合对外投资需要的人才、金融、商务、法律服务生态。

创新发展是餐饮业持续高质量发展的重要动能，协调发展是餐饮业全面高质量发展的保障，绿色发展是餐饮业高质量发展的本质要求，开放发展是餐饮业实现全球高质量发展的内在要求，共享发展是餐饮业高质量发展的重要特征。①

二、依托政策法律化途径，依法推进餐饮业高质量发展

依法治国作为中国特色社会主义发展的本质要求和重要保障，以法治化思维和法治手段，推进餐饮业高质量发展，是提升治理体系和治理能力现代化的必然要求。深化餐饮业供给侧结构性改革，发挥餐饮业联动第一、二、三产业融合发展的聚合效应，满足人民对美好生活的新期待②，已成为党和政府高度关注及学界热议的焦点问题。然而，在餐饮业高质量发展的进程中，暴露出诸多现实治理困境，诸如法律体系不健全，市场竞争的公平、规范性需要持续改进，餐饮资源利用不足与浪费严重，创意知识产权法律保护机制不完整，餐饮文明素养滞后，公共服务保障落后于产业发展速度，餐饮应急体制机制不健全，促进餐饮业高质量发展的投融资和税收法律保障不健全等，这些都成为制约餐饮业高质量发展的体制机制障碍。③ 这些治理困境追根溯源，很大程度上因为法治保障的缺失，亟待以法律这一具有国家强制力的手段予以规制，从源头治理餐饮业高质量发展的体制机制问题。因此，依托政策法律化途径，将行得通、真管用、有效率的政策规章上升为法律，制定促进餐饮业发展条例，并将其纳入相关法律议程依法推进改革，是餐饮业治理体系和治理能力现代化的现实要求，将为构建餐饮业高质量发展的长效机制提供法律保障。

---

① 于干千、赵京桥：《新时代中国餐饮业的特征与趋势》，《商业经济研究》2019 年第 3 期。
② 于干千、程小敏：《我国餐饮业供给侧结构性改革的实效与对策研究》，《商业经济研究》2017 年第 24 期。
③ 王雪峰、林诗慧：《中国商业发展报告（2019—2020）》，社会科学文献出版社，2019。

三、谋划餐饮业"十四五"发展规划，依规推进餐饮业高质量发展

目前餐饮业复工复产有序推进，但也面临着诸多困境，基于对餐饮业系基础性生活服务业，是满足人民美好生活新期待的幸福产业，也是巩固脱贫攻坚成果和稳定社会就业的重要产业，政府需要强化顶层设计，研究"十四五"期间乃至更长时期内餐饮业发展规划，着力在消费升级、数字经济、绿色生态、餐饮文明等方面进一步提升餐饮业发展的质量[①]，指导产业科学、稳定、健康发展。

（一）提振消费信心，回应消费升级

应着眼于满足人民美好生活饮食需要，紧扣消费群体变化和消费升级的长期趋势，科学规划餐饮网点布局，优化消费环境，进一步完善多元化餐饮服务体系。

（二）发展数字经济，力促产业转型

应着眼于构建现代化产业体系需要，紧扣信息技术变革和数字经济发展的长期趋势，大力发展餐饮平台经济、共享经济[①]，鼓励餐饮业信息技术研发投入和服务创新，加快餐饮业数字化和智能化发展进程。

（三）发展绿色餐饮，重构产业生态

应着眼于完善国家公共健康体系需要，紧扣绿色生态发展的长期趋势，完善餐饮食材负面清单制度，加快绿色餐饮标准制定、实施和落实有效监管；加大全民饮食素养培育，倡导新时代餐饮文明，引领绿色消费；完善餐饮业公共卫生安全应急管理。

（四）坚持包容开放，打造中餐形象

应着眼于构建人类命运共同体的需要，紧扣中外饮食文化融合发展趋势，

---

① 凌永辉、刘志彪：《中国服务业发展的轨迹、逻辑与战略转变：改革开放40年来的经验分析》，《经济学家》2018年第7期。

加大力度保护中华饮食文化，鼓励和扶持饮食类非物质文化遗产活化[①]；建设和完善餐饮业海外投资服务平台，鼓励和支持具有国际竞争力的餐饮企业"走出去"，树立现代中餐新形象；加大国际化餐饮人才培育，繁荣中外餐饮文化交流。

四、不断完善餐饮业治理体系，提升治理效能

经历此次新冠肺炎疫情，尽管遭受重创，但餐饮业在"疫情阻击战"中的卓越表现得到了社会的高度认可；加强餐饮业在国家公共卫生安全体系中和应急保障体系中的能力建设也被提上日程。在此次疫情中，以人流聚集为主的商业网点餐饮遭受的影响最为严重，而社会服务性质的社区餐饮、大众餐饮损失相对较小，由此可见，产业韧性与产业结构和网点布局关系紧密。餐饮业应承担起更大的社会责任，要不断扩大服务规模和服务范围。因此，推进餐饮业高质量发展，把餐饮业列入实施健康中国战略的重要产业，纳入国家公共卫生安全体系和国家应急保障体系的重要组成部分，不断完善治理体系，全面提升餐饮业治理效能。

（一）完善餐饮业公共卫生安全防控和应急管理体系

以商务部门牵头，联合卫生健康、食药监管、市场监督、人力资源等部门建设国家、省级、市县三级餐饮业公共卫生安全防控和应急管理体系[②]，通过建立制度，出台指南，完善基础设施和应急措施，落实行业教育培训等方式，强化餐饮业公共卫生监管，提高餐饮业公共卫生水平，提高餐饮业应对突发公共卫生事件的能力。

（二）构建国家应急餐饮保障体系

除原有的工业化方便食品储备、居民生活食材储备等传统餐饮保障形式

---

① 邢颖、黎素梅：《中国餐饮产业发展报告（2019）》，社会科学文献出版社，2019。
② 于干千、程小敏：《中国饮食文化申报世界非物质文化遗产的标准研究》，《思想战线》2015年第2期。

外，着眼于餐饮业高质量发展的需求，还应加强餐饮专业化服务保障体系的建设，提升应急保障的质量和水平。特别是基于中央厨房的规模化、标准化饮食供应，具有保障成本相对较低、保障能力强、保障期限长、风险更加可控的特点。① 可以以中央国家单位、地方机关单位、社区餐饮为依托，按照平时市场化运营，应急服从保障原则，联合有能力的餐饮企业建设不同规模应急餐饮保障中央厨房、社区食堂，在应急响应状态下提供安全、营养、可口、数量充足、供应稳定的餐饮产品，满足集体餐饮需求和社区餐饮需求。此外，还应支持餐饮应急保障设备设施相关的科技研发、推广应用及合理布局，如无接触式餐饮外卖、应急保障餐饮机器人、餐饮消毒包装设备设施等。

（三）建设公共餐饮服务平台

餐饮业是以中小微企业、个体工商户为主体的行业，对于公共、准公共服务平台具有大量需求，同时餐饮企业要接受公共卫生、食品安全监管。因此，支持各地建设集监管与服务于一体的公共餐饮服务平台②，积极引入商务服务、信息服务、供应链服务企业，搭建餐饮监管和服务生态圈，提高餐饮业治理现代化水平。

（四）提升食品安全治理效能

新冠肺炎疫情再次吹响了食品安全管控升级的号角，理顺监管主体职责职能，推进"跨部门联合监管"进而形成监管合力，通过食品安全集中监管与日常监督无缝对接机制，依托大数据和区块链技术构建各级食品安全监管部门实时共享风险识别和风险预警信息交流平台，健全食品安全信息披露机制和餐饮企业信用档案建设，实现"全链条、全流程监管"是餐饮业高质量发展的体制机制保障。③

---

① 毕军平、夏斌、郑奔，等：《中小城市公共卫生安全预警反应体系建设策略》，《中国公共卫生》2008年第2期。
② 赵京桥：《基于产业发展视角的中国餐饮业食品安全研究》，《商业研究》2014年第12期。
③ 丁玲、李士杰：《基于国家应急管理综合平台的后勤保障体系构建》，《军事经济研究》2010年第2期。

第五节　促进地方特色餐饮业高质量发展

地方餐饮业是地方文化经济的重要组成部分，是推动地方饮食文化传承、特色经济发展的重要产业。地方餐饮业历经数千年发展，与地方同呼吸共命运，是保民生、稳就业的产业。地方餐饮业彰显着地方饮食文化特色，与地方食材种植、文化经济生态、民风民俗有着广泛的联系。地方餐饮业的形成与发展，是区域文化经济不断交流、交融的产物，它多由赋有地域特色的美食、小吃、饮品等组成，以小作坊、小企业经营为主。从食材种植、生产到产品进入市场销售等环节，多在本地进行，这也决定了其产品是以新鲜、新奇、生动展现地方烹饪技艺来吸引消费者的。然而，在面对外来连锁企业，如麦当劳、肯德基等世界知名餐饮品牌时，地方餐饮业在文化植入、资本运营、经营管理、市场占有等方面，难有优势。地方餐饮业既是经济实力的体现，也是文化软实力的展示，还是地方可持续发展、竞争优势、竞争力所在。后疫情时代，坚定文化自信，是推动地方餐饮业高质量发展的有力杠杆，能有效促进地方文化建设与经济发展。

一、坚定文化自信是地方餐饮业高质量发展的前提

文化自信是地方文化经济发展的底气与禀赋，是对当地文化价值、文化发展道路的肯定，是来自地方最深层次的、永葆发展生机和活力的力量。地方任何行业发展，坚定文化自信是首要前提，唯有拥有文化自信力方能克服发展道路上的困难和险阻，地方餐饮业发展亦如此。中国餐饮业、中国饮食文化是对世界的贡献与引领，是文化软实力与经济硬实力的体现，塑造着中国人的文化自信力。多元、丰富多彩的地方餐饮业共同组成了中华饮食文化，为世界认可，是充满生机的产业。文化自信力不仅关乎地方发展前景，地方餐饮业能否提档升级，也是国家发展命脉、发展战略的重要关切点。

文化自信是对自身文化的自觉，对自身文化有自知之明，进而转变为促动发展的文化力。地方餐饮业烹饪技艺独特、品类众多，凸显着浓郁的地方、民族文化气息，是非物质文化遗产体系、特色文化产业的一部分，是地方文化自觉、文化自信力所在。费孝通曾说："文化自觉，意思是生活在既定文化中的人对其文化有'自知之明'，明白它的来历、形成的过程、所具有的特色和它发展的趋向。自知之明是为了加强对文化转型的自主能力，取得决定适应环境、新时代文化选择的自主地位。"[①] 因此，地方餐饮业发展首要关切是对地方饮食文化谱系有较为完整的认知，对地方饮食文化发展变化及其趋势做出较为准确的把握，进而生成地方餐饮文化发展的内生动力。然而，地方餐饮业长期存在着对饮食文化资源保护、挖掘整理、创造性发展不足，对传统烹饪技艺传承重视不够等问题。地方餐饮产业业态长期游离于民俗文化、旅游业态之外，在新品类研究、技术运用、推广上力度欠缺。这些都限制了地方餐饮业文化自觉意识的形成，制约了文化自信力发挥，束缚了地方餐饮业高质量发展与实践。

　　文化自信除了来自对自我历史文化认知、反省，更重要的是，能否化为影响人们思想意识与实践的动力，并在日常生活中、地方社会交往与发展中作出自觉的实践行动。地方餐饮业与百姓生活联系密切，满足了地方日常衣食所需，地方餐饮业良好发展态势，是地方百姓生存的基本保障，也是提升地方百姓生活品质、开创美好生活愿景的永动机，而这无疑需要坚定的文化自信。地方餐饮业还是地方文脉、经济优势所在，认识到地方餐饮文化历史之悠久、风味技艺之独特，并能付诸自觉的文化创造与经济生产行动，是文化自信的充分体现。有着中华传统饮食"活化石"美誉的沙县小吃，正因当年迈出了"闯出去"的坚定信念和步伐，方有今日在地方餐饮业中的名气和经济地位。云南过桥米线的发展明显滞后于广西螺蛳粉的发展，也表明云南人文化自信不足、文化经济开发能力不足，导致过桥米线长期走不出去，在新品种、新品类、新食用方法研发方面滞后。各地饮食文化资源富集、历史

---

① 费孝通：《文化与文化自觉》，群言出版社，2010。

悠久、人才集聚、特色餐饮遍布城乡、市场需求宽广，这些都是地方餐饮业发展资本、自信所在。开展好地方饮食文化遗产保护与传承工作，凝聚非遗传承人、产业领军人才等人力资源力量，做优做特、做强做大本地市场，不断拓展外地市场，都是地方餐饮业推进地方饮食文化认同，发展地方餐饮文化自信力的表现。

文化自信来自开放包容、兼收并蓄、不断创新的文化体系，地方餐饮业是文化经济不断交融、可持续性的产业，发展自信就来自不断推陈出新的能力。地方餐饮除食材多产自本地外，其烹饪技艺、产品交换都是在不断交往场域中实现的。开放性、融合性、创造性构成了地方餐饮业鲜明特色，"我中有你、你中有我"，相互交织的食材配料、烹饪技法，彰显出地方餐饮业的文化色彩。当下发展中，有的地方餐饮业不断走向特色化、精致化，在传统饮食文化传承与当代饮食需求刺激下，在与高科技、信息化、智能化结合中，在与其他业态融合发展中，实现饮食产品创造性转换、产业升级等，这些都是地方餐饮业文化自觉、坚定自身发展道路的实践。树立正确的地方餐饮业发展理念，有敢为人先的精神与创造性实践，久久为功，打牢地方餐饮业文化经济基础，是撬动地方餐饮业高质量发展有力杠杆。坚定文化自信，践行餐饮文化与经济融合发展的道路，是实现地方餐饮业高质量发展的前提。

二、地方餐饮产业发展态势

地方餐饮业从业人员多、中小企业占比大，是稳就业、保民生的产业，是地方经济高质量发展主题之一，有些地方的餐饮业占据了其经济总量的半壁江山，解决了就业问题，保障了民生。地方餐饮业传承着地方文脉，国厨大师等人才也在餐饮行业汇集，建成一批有地方特色的饮食文化博物馆、展览馆，并成为地方文化景观。在新冠肺炎疫情背景下，地方餐饮业为发展内循环经济提供了保障，为经济回暖、提质增效、实现高质量发展打下基础。

（一）后疫情时代，地方餐饮业逐步回暖

餐饮业关乎民生福祉、百姓健康，是劳动密集型产业。餐饮店铺分布广

泛、门类众多，就业人员多而杂、流动性高，因此餐饮场所自然成为新冠肺炎疫情疫控的重点。以浙江为例，2020年浙江餐饮业拥有企业50万余家，从业人员160万余人。① 不难想象，地方餐饮业在新冠肺炎疫情期间面对的困难及遭受的重创，有些地方的餐饮业甚至举步维艰。由于人员流动减少，市场缩水，地方餐饮业多依赖本地食客维系生计。进入后疫情时代，日常餐饮消费逐渐复苏，特别是随着疫情防控的精准化、文化旅游市场的逐步放开，日常餐饮消费（包括堂食消费）仍有持续上升空间。新冠肺炎疫情也促使地方餐饮业的线上服务快速发展。各地围绕着特色小吃、特色饮品零售化、外卖化、订单式生产倾向明显。品牌企业线上、线下同时开展业务，还开发了半成品、成品配送业务。"美团""跑腿"等平台已全面介入地方餐饮市场。新冠肺炎疫情还加剧了地方餐饮业格局的重构。有些餐饮企业应对危机、适应市场变化能力提高，主动提供公筷、公勺，推出分餐制、自助餐、机器人送餐等减少接触的服务，地方餐饮业服务品质实现升级。总体而言，后疫情时代，地方餐饮业稳步向好，销售渠道逐渐多元化，其线上、线下业务发挥着促进地方消费、恢复市场信心、推动地方经济建设的作用。

（二）地方餐饮业特色化发展之路明晰

地方餐饮业根据自身优势与饮食特色，出台了一系列旨在促进餐饮业及其相关行业发展的标准。例如，上海先后出台了《餐饮服务单位公筷公勺服务规范》《餐饮服务单位分餐制管理规范》；江苏依据《餐饮业金茉莉品牌评价》及其细则，发布金茉莉餐厅、人物等；广东印发了《"粤菜师傅"工程标准体系规划与路线图（2020—2024年）》。② 这些政策措施有力保障了地方餐饮业的高质量发展。地方餐饮重视地方食材、饮食文化资源的利用，推出的多是当地的传统菜肴以及便于利用当地果蔬加工的饮品等。同时，地方餐饮还会利用节庆、民俗等文化要素举办地方美食节，以提升消费景气指数。例如，北京开展的"放心餐厅""玩转京城美食"系列活动，上海"环球美食

---

① 邢颖：《中国餐饮产业发展报告（2021）》，社会科学文献出版社，2021，第101页。
② 邢颖：《中国餐饮产业发展报告（2021）》，社会科学文献出版社，2021，第48、90、73页。

节"等，都促进了地方餐饮业的特色化发展。节庆活动不仅使当地的菜品、小吃、特色食材、饮品等扩大了知名度与市场美誉度，还刺激了餐饮业造血功能、营造了良好的消费氛围。在业态多样的地区，地方餐饮及其节庆活动都表现出明显的跨界性、融合性。例如，广东利用当地瓷砖、陶瓷、家具等业态的优势，已连续举办了10多届中国酒店餐饮业博览会。① 地方餐饮业利用节庆、展示活动来显示当地饮食文化的地域属性，让消费者大饱眼福、口福，从而推动了餐饮市场的回暖。

(三) 地方餐饮业品质与技艺有保障、有提升

在国家绿色发展的引领下，地方餐饮业正逐渐向内涵式、集约式经济转变，更加注重生态、环保、卫生，坚守好"菜篮子""米袋子"、让人们吃得放心。新鲜、绿色、保质、保量都是人们对餐饮品质的基本要求。包容创新的地方餐饮理念，在各地得到实践，食品颜值、味道有保障，工匠精神激励很多优秀的地方餐饮企业在烹饪技艺、品质品类等方面推陈出新，使吃法多样化、精致化。地方美食与康养融合，建构起地方健康产业。医食同源、食重时辰等养生理念，在有些地方的特色饮食上得以彰显，激发了厨师对菜品的探索、烹饪。例如，海南注重生态食材和南药食材资源的开发，形成主题性康养餐饮，并将其融入"度假天堂、康养天堂"的建设中。如今的地方餐饮，正打造着"互联网＋智能生产、管理"系统，机器人点餐、送餐已成为普遍现象。智慧餐厅、沉浸式主题，恰好满足了中高端消费群体的需求，抖音、微信等视频或直播平台成为地方美食宣传、推荐的平台。"无接触"取单正成为地方餐饮业的新营销模式。这些地方餐饮业中涌现的新技术，为保障地方餐饮业的高质量发展奠定了基础。

(四) 餐饮业全天候经营，全面融入地方建设

地方餐饮业受时间、生活习俗限制，经营时间、空间有限。但随着"夜间经济"、美食街区等项目的开展，地方餐饮业正在打破时间的制约，它们不再拘泥于固定时间经营，全天候经营、多时段经营，以时间来赢得市场的趋

---

① 邢颖：《中国餐饮产业发展报告（2021）》，社会科学文献出版社，2021，第73页。

势正在形成。地方餐饮在空间上更有规划性、更聚集。地方餐饮融入街区文化、街区景观建设，使得街区更有活力和烟火气息，其业态也更多样化。各地美食街区成为当地网红打卡地，形成以美食为中心的新商圈。美食街区推动着城市新一轮更新与建设，在历史文化底蕴浓厚的街区，传统市井风貌、民居建筑风格得以恢复，美食街区成为休闲旅游、文化体验的重要地点。

三、地方餐饮业发展困境

进入后疫情时代，地方餐饮企业虽面临困境，但仍延续着各地饮食文化传统，努力推动着地方餐饮业的发展。地方餐饮业在当前的发展中，主要面临发展不平衡、不协调、不充分、文化自信不足、创造力不高，与人民生活美好需求有差距，与地方文化、经济建设融入不畅，以及规划滞后、融合度不高等问题。

（一）产业发展不平衡、不充分

地方餐饮业发展不平衡，鲜明地表现在地方餐饮业的空间布局和经济效应上。从餐饮业门店数量、业态、从业人员等分布情况来看，东部城市无论是在数量上还是发展质量上都明显高于西部，上海等一线城市的餐饮业品类、连锁店数量、品牌店布局、在城市街区的活力，明显优于其他城市。各地餐饮业的实力差距明显，广东在企业实力、服务质量、经济效益上始终处于第一梯队。地方特色餐饮向大中城市集聚趋势未发生改变，品牌店铺、连锁经营企业多集中在大中城市，对地方经济贡献呈现东高西低的态势。从城乡格局来看，城市地方餐饮集聚度明显高于乡村地区，小镇集市、街市是乡镇餐饮业发展的主要市场，但受时间、人流量的影响，一般规模较小，有些西部地区的乡镇餐饮业发展相对滞后。从企业生命力来看，老字号与新兴企业之间的竞争激烈，有些老字号创新不足，难以适应现代需求，导致生存困难；而有些新兴企业经验不足，市场拓展能力不够，难以保证品质，导致生命周期短暂。

地方餐饮业发展不充分鲜明地表现在其所提供的与人们对美好物质生活

的需求有差距，即地方美食的色、香、味等与人们对美感、味觉享受等的需求有差距。地方餐饮业带来的文化消费效益可持续性不足。另外，餐桌礼仪文明尚未深入人心，餐桌上的文化感、仪式感、敬畏感，仍有待培育。地方餐饮业对自身饮食文化历史、饮食文化资源与现代生产关系之间的联系的认识不足，在新菜品、摆台、环境设计上不足，未能有效发挥地方资源优势。地方餐饮业对饮食安全、卫生、环境的认知有待提升，对企业可持续性发展的认知有待深化，因为这些都制约着地方餐饮业的高质量发展。

（二）产业发展自信不足、文化创造力不强

地方餐饮业文化自信根基尚需巩固，多数经营者认为能解决温饱、满足生计就行，未能着眼于长远的发展、缺乏将产业培育壮大的眼光和胆识；未能意识到地方餐饮业也是能做大、做出特色的产业。在饮食类非遗项目上，存在重申报、轻传承现象，对地方特色烹饪技艺、特色食品重视不足。有的地方政府未能将其作为文化事业、文化产业工作来抓。在菜品设计上，多注重凸显地方性、地域性元素，未能积极为不同群体而专门设计，对产品文化内涵与意义缺乏研究。"品的就是文化"尚未成为一种时尚、一种格调。地方餐饮业普遍存在的创造力不足，制约了菜品、菜系的研发，制约了地方餐饮走出去和地方品牌的塑造与成长。饮食具有的文化交流、交换、象征意义等功能未能积极参与到饮食文化品牌的塑造与发展中，产品结构单一、品类不足，低端、低廉产品充斥于市场中，都影响着地方餐饮业的品质和产业的升级换代。

（三）有实力和引领能力的品牌企业少

长期以来，地方餐饮业以家庭经营为主，"散、小、弱"，经营管理现代化水平低，及创造力不足是个体经营者的特点，消费群体以本地消费者为主，市场具有较大的局限性，从本地成长然后实现连锁化、跨区域经营的品牌企业少。地域性美食走向全国市场的有沙县小吃、兰州拉面、重庆火锅等。然而，即使是这些遍布全国大街小巷的地方美食，与国外品牌相比也有较大差距。在地方餐饮业中，品牌领军企业匮乏，地方餐饮融合发展合力尚未形成，拥有全产业链经营的地方企业凤毛麟角。品牌企业少，根源在于地方人才不

足,地方未形成较为完整的行业人才培育、培养体系,复合型、管理型、市场型人才严重短缺。以云南为例,在中国餐饮百强企业名单中,云南餐饮品牌中只有云南云海肴餐饮管理有限公司上榜,品牌培育工作亟待加强。品牌培育不足,制约着地方餐饮走出去。地方餐饮走出去的关键在于能否凭借其文化个性转变为大众接受的饮食产品,以及地方文化经济要素能否成为助推餐饮品牌成长的要素。

(四) 基础设施薄弱、业态融合不畅

地方餐饮配套设施建设缓慢,餐饮产业园区、食材配送中心、餐厨垃圾处理站、中央厨房、饮食文化博物馆等数量过少,餐盒餐具加工设计、餐饮策划咨询、酱料调料食品加工等领域发展滞后,"一站式"采购仍处于摸索阶段,农餐对接机制还未真正形成;拥有中央厨房的企业数量占比极低,以中央厨房集中加工、配送为主要特点的连锁餐饮尚未全面融入社会餐饮格局之中;社区餐饮、旅游餐饮、学校餐饮等社会餐饮仍以小微企业、个体经营户为主,品牌餐饮企业参与地方餐饮发展较少。

地方餐饮业是从日常所需中成长起来的行业,可融合性、适应性强。与互联网、人工智能融合是今后餐饮业的发展趋势,目前各种互联网平台、App 已深度介入地方餐饮业中。然而,地方餐饮与互联网巨头的利益交织,始终是消费者关切的问题。当经营者不能从网络化、智能化中获得盈利时,另选他途或退守传统营销模式是必然的。这就导致有的地方餐饮经营者放弃使用网络平台销售。在地方餐饮与地方旅游、地方街区景观融合中,餐饮业同样扮演着"弱势群体"的角色,因为更多的利润可能被其他行业拿走。实现资源配置的优化、利益分配的合理化,是地方餐饮业与其他业态融合发展的必要条件。

(五) 特色弱化、产业培育踯躅前行

文化同质化是文化经济发展中值得警惕的现象,地方饮食文化亦如此。传统风味、地方美味正遭遇快餐文化、快节奏生活的挑战,越来越多的地方风味变成了人们舌尖上的记忆。地方饮食文化具有的多样化、多元化、细腻、精致等特点正受到批量化、规模化、统一化、标准化生产的挑战。在日常饮

食消费中，这些标准化生产的食品占比越来越高，有乡愁记忆的地方特色美食、小吃难有生存、成长和壮大的空间。而一些展现民族习俗的菜品，民族特有烹饪技艺也在向城市进军中逐步弱化。在多民族的云南，民族风味浓郁、地道的食品，如竹筒饭、罐罐米线、粑酸菜等，正逐渐淡出人们生活。而对于那些在异文化中、"他乡"经营的餐饮店，除了凭借原有风味吸引顾客，也面临如何"在地化"再创造，如何烹饪适合当地人口味的菜品佳肴等问题。

地方餐饮市场准入门槛低，无序竞争和低质量发展现象突出；行业自律和诚信度不高，行业监管难度大；企业经营面临行业歧视、人才流失等多方面困难，营商环境亟待改善；地方政府对集团化餐饮企业的扶持政策过少，龙头餐饮品牌企业培育工作进展缓慢，小微餐饮门店依然占有较大比重。地方餐饮业发展尚未完全纳入当地政府工作规划，大多数餐饮企业经营方式较为传统，组织结构和盈利模式较为单一，专业服务和质量管理能力不高，餐饮布局分散，地域特色不明显，配套设施严重缺乏。因交通制约、人口稀少、游客罕至、发展落后等原因，各类精美食材无法得到充分利用。在美丽县城、美丽乡村的建设中，对餐饮业发展规划不突出。这些都制约了地方餐饮业的高质量发展。

四、推动地方餐饮业高质量发展的建议

地方餐饮业是地方文化经济重要组成部分，是人们美好生活追求中不能缺少的一部分，是地方吸引力、魅力所在。地方餐饮业要深化供给侧结构性改革，推进地方餐饮特色化发展，在菜品、烹饪技法、饮食文化创意上做足文章，瞄准产业发展目标，贯彻实践好"创新、协调、绿色、开放、共享"的新发展理念，遵循地方餐饮发展规律，运用现代市场经营与管理经验，高效推动地方餐饮业高质量发展。

（一）统筹优化地方餐饮业布局

一是合理布局餐饮网点。将餐饮网点普查与规划作为高质量餐饮体系建设的重要抓手，结合地理信息大数据平台，开展地方餐饮网点普查，建设适

宜地方发展的餐饮网点数据库，科学分析各餐饮业态的数量分布和空间分布，协调、引导特色餐厅、主题餐厅、品牌连锁餐厅布局旅游景区、交通枢纽、高速公路服务区、机场服务区、社区、医院、养老院等网点，构建"规模适度、业态先进、布局合理"的现代化餐饮网点体系，形成"层级分明、特色突出"的餐饮空间布局，从而助力地方"一刻钟便民生活圈"的建设。

二是优化城乡餐饮网点布局。促进各餐饮业态在不同区域平衡发展，规避因盲目招商引资造成的餐饮商圈过度密集，餐饮经营主体无序竞争造成的高关门率问题。以旅游重点城市或美丽县城为试点，建设一批高品质的餐饮商业综合体、老字号一条街或民族特色浓郁的主题餐饮街区，如野生菌美食、民族餐饮美食、非遗美食等特色餐饮街区。推广"一刻钟"商业服务示范社区模式，推动集零售、餐饮、文化娱乐、配送等于一体的新型商业中心建设，形成"高品质商圈＋特色街区＋一刻钟便民生活圈"的多层次地方餐饮网点。

（二）聚焦产品供给质量，实现餐饮业结构优化升级

地方餐饮重在特色，重在以产品为基点的差异化竞争策略。地方餐饮业发展首先要明白自身的文化与产品特色，坚定文化自信，促进差异化竞争发展格局形成。火锅、凉茶能走遍全国，正是凭借其产品特色及其不断"在地化"的创新与优化。地方餐饮业坚守好"老三样""老把式"的同时，也应持续推出地方系列风味菜肴，应有适应快节奏或慢生活需求的新品类出现。供给创造需求，是地方餐饮业实现品类更新的良方。地方餐饮业应注意对消费者消费心理、需求信息的掌握，从消费者的喜好、消费情况中进行新品类探索，实现供给质量升级，保障高质量产品供给，形成供给创造需求的大好局面。

新冠肺炎疫情虽然带来巨大损失，但也让消费者更关注健康、饮食营养、地方美食文化提档升级，更注重饮食场所环境品质，以及饮食、饮食场所的特色化、安全化。地方餐饮业的魅力，不仅是烹饪技法独特，还有对体验式、沉浸式饮食场景的创建。通过在产品供给侧发力，以色鲜、味美、文化故事来打造地方美食，实现文化、生态、环境赋能地方餐饮业含金量提升；通过地方饮食文化博物馆建设来传承文脉，在非遗保护与活态传承上积极实践，

都是地方餐饮业提高供给质量、优化结构的表现。汲取地方饮食文化资源，不断推陈出新、培育消费热点、以节带展、参与平台展示，都是推动地方餐饮走向全国，促进地方餐饮业高质量发展的举措。以大数据、人工智能、绿色低碳、共享经济为代表的新技术、新模式与实体产业融合的日益加深将推动地方餐饮业结构优化升级，以人工智能为代表的第四次工业革命也将在"十四五"期间被点燃，更加高质量的产品和服务将优化消费结构、改变消费方式、促进地方餐饮业实现高质量发展。

（三）重点发展品牌连锁企业

地方餐饮业发展需要龙头效应。一是加快推动品牌连锁企业发展。鼓励有条件的餐饮企业进行跨行业、跨地区的兼并重组，实现产业链整合、有序扩张，促进企业向规模化、标准化、连锁化、特色化、品牌化和高端化方向发展。各地应积极扶持企业进入中国餐饮企业百强。通过资源整合、扩大连锁规模、改进用工方式、提升消费品质等途径，提高地区性餐饮产业的集中度，改变企业小、效率低、竞争力不强的局面，引领小微企业扩大经营规模，提升企业竞争力和盈利能力，发挥龙头企业引领作用，推动行业走高质量、可持续化发展之路。

二是重点扶持老字号餐饮企业发展。老字号餐饮企业所蕴含的餐饮文化、人文历史内涵丰富，引导老字号餐饮企业向餐饮精品店转化，通过设计个性化店招、优化内部装潢装饰、复古餐具样式、重现时代特色服装等，凸显店铺所属时代的文化厚重感和时代气息，增加店铺对老年消费者的亲和力和对年轻消费者的吸引力。引导老字号餐饮企业对品牌进行技术分解，固定配方、统一采购配送，推动老字号餐饮企业原材料、工具用具、调味料等的标准制定和标准化研发，实现老字号餐饮企业名菜名点的规模化生产。推动老字号餐饮企业进入商超卖场，强化连锁经营，打破传统餐饮企业无法做大、形成连锁的桎梏，增强老字号餐饮企业的市场竞争力。

三是扶持当地特色小吃连锁门店发展。特色小吃在餐饮行业占有非常重要的位置，具有重大市场商机。鼓励行业企业及创业者挖掘云南特色小吃品类，对开办标识统一、标准统一、售价统一、招牌统一、门店统一、产品统

一、收银系统统一的特色小吃摊、特色小吃车、特色小吃店、特色早餐店的连锁经营者给予奖励扶持。而在民族集聚地区,应扶持民族特色餐饮企业发展。鼓励企业对民族特色餐饮进行提档升级;鼓励投建主题鲜明、特色凸显、民族风情浓郁的特色主题餐厅;鼓励初具规模的民族特色餐厅制定少数民族菜品标准;鼓励民族食品销售、民族文化传播为一体的民族餐饮品牌走连锁化发展道路。

(四) 发展好旅游餐饮,为地方文旅融合赋能

文化旅游是促进地方餐饮业发展利器,但长期以来,地方餐饮仅注重物质包装、忽视文化内涵,应挖掘文化力量、实现地方餐饮文化赋能,增加附加值。在饮食场景、沉浸式文化体验、美食文化之旅与地域文化融合上,做足创意,不断出彩。在重要景区、景点,凸显地方餐饮、地方美食的重要性。拓展美食与民宿、度假区的合作空间,搭建有地域特色、多业态融合的美食文化空间。发挥地方餐饮在乡村旅游、乡村建设中的积极作用,为乡村农特产品走出去、乡村业态多样化、乡村文化建设赋能。以地方餐饮业发展,带动乡愁文化浓郁的美丽乡村建设,发展一村一品、一村一宴,积极推进"餐饮业+文化创意产业+文化旅游"活动,搞活地方文化与经济,促进餐饮产业与文化创意产业、文化旅游业融合。

抓住文化旅游、区域文化消费新机遇,提升地方餐饮业创新能力,是地方餐饮提质升级的新机遇。应在重点旅游城市、重点旅游县区特别是重点旅游景区周边或美食集聚区扶持旅游餐饮门店提档升级。各地应引导乡村餐饮向田园餐饮、度假餐饮转型;引导旅游团队餐向主题特色餐转型;引导低价便餐向品质宴席转型;引导采购使用普通食材向绿色生态食材转型;引导观光旅游、短途旅游、休闲度假向美食体验之旅转型,充分发挥地方餐饮丰富的绿色食材优势和民族饮食特色,多维度、立体化提升地方旅游餐饮品质。同时,针对不同消费群体,推出预订、预制系列地方美食,以文化创意、设计为手段推进餐饮业相关工艺衍生产品研发,构建以地方餐饮业为中心的多业态融合、协调创新机制等都是发展旅游餐饮的举措,能促进地方餐饮高质量发展。地方餐饮业与区域文化经济建设、战略定位密不可分,搭建长效融

合与协同创新机制，利用好政策、文化消费红利，推动地方餐饮业高质量发展是当务之急。

（五）推动数字化、智能化、全产业链建设

新冠肺炎疫情让消费者明白推进餐饮业数字化、智能化的必要性。安全、便捷的特性，正推动地方餐饮业迅速变革。地方餐饮业一是要加快信息化、自动化流程，提升烹饪科技含量，在保留传统烹饪技艺前提下，实践传统技艺＋技术革新，加强新烹饪技艺、智能化中央厨房、智慧餐厅建设，以智能化作为自家卖点，吸引消费者；二是加快线上发展、利用好网络平台，为地方餐饮业提高知名度、创造更广阔市场，通过点餐、送餐等服务消费的数字化、智能化介入，来实现地方餐饮业的升级换代、地方餐饮品质与核心竞争力的提升。

"慢"是中国饮食文化中原有的格调，它注重饮食的慢慢品鉴，把饮食视为美的追求。回归"慢生活"的呼声，在当下已不绝于耳。消费者追求吃得健康、安全、绿色，注重在地生产、在地消费，注重食品新鲜度，都让地方餐饮业不得不注重全产业链建设问题。应以"菜篮子""米袋子"工程为契机，推动地方饮食文化生态链、生态圈建设，从源头上保障食材品质。在食品流通环节，加强监管、保证食材新鲜、可食用；在消费中提供优质、特色服务；培育覆盖选种选育、采购、烹饪加工、销售、市场推广的健全产业链的企业。这些都是地方餐饮全产业链建设内容，可以提振地方餐饮业竞争力。

地方餐饮业高质量发展，离不开高质量产业体系、离不开全产业链建设，拥有全产业链的地方美食、地方餐饮，带动、辐射能力更强，更能为地方创造福祉。高质量餐饮业始终是以人民健康、吃得放心为出发点的，以此推进供给侧结构性改革，发挥地方文化优势、食材优势、烹饪技法优势、抓住特色这个核心竞争力，为人们美好生活保质、保量地提供安全食品。从田间地头到食物加工、烹饪，从生产基地到营销场所，从餐桌美食到美美与共的场域，无疑都需要通过全产业链建设来进一步完善、提升。地方餐饮业应通过全产业链建设，来实践高质量发展，发挥区域带动作用。如柳州螺蛳粉这个日趋完善的产业链和多元的产业新业态正在柳州加速形成，带动包括大米、

竹笋、豆角、木耳等在内的50万亩原材料基地建设，覆盖农业、食品工业、电子商务等多个领域，发展了工业旅游、开发了文创产品等，实现了第一、二、三产业融合发展。这些不仅增强了螺蛳粉的"吸粉"能力，更为当地农民持续稳定增收提供了保障。① 全产业链带动能力更强、产业关联度更多、拓展度更高；更利于地方特色餐饮资源整合，地方餐饮品牌成长。全产业链建设是撬动地方餐饮业高质量发展杠杆。

（六）鼓励地方餐饮业优化特色、"走出去"

地方餐饮业是扩大内需、发展外向经济的重要产业。在"以国内大循环为主体、国内国际双循环相互促进的新发展格局"背景之下，地方餐饮业高质量发展，在于融入国际、国内开放格局中，开放是地方餐饮业高质量发展必由之路。食物的流动，历史上都是在全球化、开放社会中实现的，今日我们食用的马铃薯、番茄、葡萄等蔬果基本是舶来品。全球化格局中，地方餐饮业流动性更强。开放、流动也始终让地方美食，面对大市场时更有生机、活力。沙县小吃能成长为"国民小吃"，其策略就在于抓住了国内不断开放的城市与市场，成功实现烹饪技法更新、产业升级。开放度、国际拓展能力也是衡量地方餐饮业高质量发展的尺子。地方餐饮业高质量发展，关键要能"走出去"，"一带一路"倡议赋予地方餐饮企业绝佳机遇。很多地方餐饮企业，已在海外采取商标授权、合作经营、品牌落地等多种方式拓展海外市场。总体而言，地方餐饮业走出国门力量仍显弱小、与肯德基、麦当劳相比，无论是市场占有率、竞争力，还是绩效收益仍有较大差距。如何通过高质量发展，来提升地方餐饮国际竞争力，实现产业在开放中盈利，是高质量发展关键。

对于经营企业而言，以开放的心态走向开放的市场，始终是不应摒弃的理念。哪怕是百年老店，也应开放有序、兼容并包。从传统烹饪技艺到吐故纳新，从实体经营到线上点单，都需要经营理念的更新。其实，在开放社会

---

① 新华网：《跟着总书记长见识｜螺蛳粉"爆红"背后》，2021年，http：//www.xinhuanet.com/politics/leaders/2021-04/26/c_1127379280.htm，访问日期：2022年9月26日。

中，消费者对特色、个性化品质、饮食场所环境要求更高。唯有通过高质量发展来解决这些问题，方能实现地方餐饮业的不断提升。沙县小吃、兰州拉面等地方美食，已在国家"一带一路"倡议中有所作为。鼓励有实力、发展态势好的地方餐饮业"走出去"，通过民间交流推动中华饮食文化传播，利用好为海外华人华侨和使领馆制作"年夜饭"、参与节庆活动等契机；探索中餐海外人才培养机制，加大支持力度；支持地方品牌餐饮业壮大发展，支持地方饮食文化大省向饮食文化强省转变。这些都是地方餐饮业走出去、高质量发展的四梁八柱。

（七）搭建好公共平台，服务地方餐饮业

地方餐饮业仍较弱小，提供完善的公共服务是推进地方餐饮业高质量发展关键。在餐饮企业落户、商标标识、市场开拓、产品研发、人才培养、技能培训等方面提供优质服务，是高质量发展所需。地方应通过公共服务平台建设，实施系列相关扶持政策，以引导、促进地方餐饮业高质量发展。积极推动国家扶植百年老字号、非遗传承人等政策落地，创新餐饮专业人才选拔机制和培育机制，整合地方特色餐饮资源、为地方企业开拓市场保驾护航，都是促进地方餐饮高质量发展的有效举措。如沙县小吃除根据自身实际制定行业标准，从配料、店面环境等方面进行相关规范外，也为从业者提供高质量服务，解决诸如子女外地上学等后顾之忧。因地、因业制宜，开展、实施推动地方餐饮高质量发展的服务保障体系建设，是地方服务建设体系应有之义。同时，鼓励引导具有一定规模的个体餐饮经营者注册成立公司，对首次在统计部门的统计联网直报平台上报数据的餐饮企业或年营业收入同比增长10%以上的企业给予相应奖励。良好的公共服务体系建设，是地方餐饮业高质量发展的有力保障。

第六章

餐饮业高质量发展的产业政策转型：基于生态化发展的视角[①]

生态文明建设已成为中国经济社会发展中的重大战略，而餐饮业是国民经济中关系民生的基础产业，是幸福产业之首。因此生态化发展是"双循环"新发展格局下餐饮产业高质量发展的本质要求。本章遵循产业共生理念，从中国餐饮产业生态化发展体制机制建设、餐饮业产业政策与产业结构生态化发展、餐饮业产业政策与企业经营生态化发展、餐饮业产业政策与企业文化生态化发展、餐饮业产业政策与企业技术生态化发展五个方面探讨餐饮业高质量发展的产业政策转型。

第一节　中国餐饮产业生态化发展体制机制建设

不断加剧的气候变化和极端天气已严重影响社会经济、人类健康、人口移徙、粮食安全以及陆地和海洋生态系统。我国政府承诺提高国家自主贡献力度，力争2030年前实现碳达峰，2060年前实现碳中和。

联合国粮食及农业组织称，每年有超过7万平方千米的森林被毁。践行可持续采购需要企业通过管理减轻或消除供应链环节对环境产生的影响。中华人民共和国国家发展和改革委员会等部门发布《关于进一步加强塑料污染治理的意见》，针对多个行业提出禁止、限制一次性塑料用品；推广应

[①] 于干千、杨遥：《中国餐饮产业生态化发展研究》，《粮油食品科技》2021年第3期。

用替代产品；培育优化新业态、新模式；增加绿色产品供给等要求。新冠肺炎疫情剧烈冲击餐饮全产业链，暴露了餐饮产业在食材安全、食品生物科学技术、公共卫生安全风险防控、绿色餐饮生产和服务标准规范、国民饮食健康和餐饮浪费等方面的严重不足。因此，餐饮产业生态化发展成为大势所趋。

一、构建法律法规和标准规范体系

市场环境对餐饮业生态化发展起到了决定性作用，从中国国情出发，政府构建了行之有效的法律法规和标准规范体系，逐步建立了资源能源价格形成的市场机制，加大了市场监督力度。① 目前，餐饮企业生态化运营遵循的法律法规和标准规范主要分为运营责任和环境责任两大类，运营责任涉及食品安全、食品卫生、产品质量和消费者权益保护等；环境责任涉及反食品浪费、环境保护、水污染防治和节约能源等。随着更科学和细化的标准逐个出台，餐饮业构建起了更全面、更坚固的监管体系。2021年，国家市场监督管理总局、国家标准化管理委员会出台的《绿色餐饮经营与管理》（GB/T 40042－2021）是落实习近平总书记关于建立长效机制、坚决制止餐饮浪费行为指示精神的举措，对餐饮业环境污染防治的监管破绽起到了"打补丁"的作用，为餐饮业环境污染问题的持续发酵安装了"急刹车"，对改善民生和促进餐饮产业的转型升级具有重要意义。

二、健全市场机制

我国以上市餐饮企业为代表（如百胜中国、呷哺呷哺、海底捞和唐宫中国等），构建起了一套相对完整的生态化运营内控管理模式，以食品安全、生产安全和降耗减排为管理重点，形成了"人—机—物—法—环"的良性互动

---

① 贺爱忠：《服务业绿色发展：驱动机理、绩效测评与战略反应》，社会科学文献出版社，2018。

运营机制。下一步的任务是行业协会牵头,由餐饮龙头企业引领其他中小型餐饮企业对该良性互动运营机制进行实践和调整。优化餐饮业绿色发展市场环境的重点包括三个方面:一是建立健全资源能源价格形成的市场机制,激励企业提高资源能源使用效率以降低运营成本;二是逐步建立餐饮企业资源能源交易市场,配套科学先进的检测技术进行定量管理,引导企业依法依规参与交易,对企业的资源能源使用情况进行市场监督;三是发展节能环保服务市场,在行业中树立典型和示范,并给予模范企业一定的财政资金奖励或贷款优惠,鼓励模范企业探索绿色环保的硬件技术、服务模式和商业模式,以及有偿为其他企业提供技术支持和咨询服务。

第二节 餐饮业产业政策与产业结构生态化发展

虽然新冠肺炎疫情对餐饮业造成了严重冲击,但也对产业结构生态化发展起到了重要的催化剂作用。随着餐饮业进一步洗牌整合,根据产业共生原理,产业链上的各生产要素和企业为了提升竞争优势会在资源节约利用和环境保护方面出现聚集合作[1],逐步形成由头部企业引领,标准化、集群性和系统性更强的餐饮生态。

一、深化餐饮产业供给侧改革

随着时代发展,我国餐饮业在不断重塑和升级中完成自救和突围,主要体现在餐饮业态、管理制度和全产业链三个方面。

餐饮业态方面,通过资本投入和科技注入,产业内部行业结构不断优化,餐饮业态向工业化、智慧化和平台化转变。餐饮业传统作坊模式比重降低,现代模式比重提升,从而带动餐饮业供给水平提高和全要素生产率提升。

---

[1] 袁增伟、毕军:《产业生态学》,科学出版社,2010年。

管理制度方面，知识管理开始嵌入餐饮业生态化管理中，事前（审核认证）、事中（预警检测）和事后（惩罚）管理得到有效强化，餐饮业生态化管理制度不断健全。通过改善餐饮业生态化发展管理制度，配套餐饮业生态化认证体系、环境监测预警机制和餐饮企业资源能源交易市场制度等法治化、现代化手段，保证了餐饮企业的生态化运营。

全产业链方面，通过数字科技的手段，实现"餐饮产业×科技"的无界融合。① 对相对冗长的产业链进行资源整合，将过剩产能向现代餐饮业态转移，将"散、小、乱、弱、差"的餐饮企业整合为平台型餐饮企业、中央厨房或连锁化和标准化的中大型餐饮企业。

二、形成绿色供给体系

餐饮业绿色供给体系逐步形成，以科技为支撑，推动餐饮业从微观到宏观，从技术到管理，从可持续供应链、可持续餐厅到可持续社区，实现全过程、全方位的生态化转型（见图 6-1）。形成绿色供给体系主要包括三个方面。一是制定绿色行动原则，从源头减少自然资源和能源的使用，进而减轻环境影响。为更好地践行可持续发展理念，以 4R 原则——Reduce（减量）、Reuse（再次使用）、Recycle（循环）、Recovery（回收再用）为指导制订餐饮业绿色行动指南，并在原材料选择、运输仓储、餐厅运营、配送服务等各个环节中贯彻落实。二是在行业自身运营中践行节能减排。由头部企业引领，主动参照《巴黎协定》和科学碳目标倡议，设立科学的减排目标，力争 2050 年实现净零排放。三是构建可持续上游生态。为最大程度规避供应链中潜在的破坏生态的风险，餐饮企业应以负责任的态度采购所需的原材料。行业鼓励供应商践行绿色农、牧业理念，敦促供应商采取环境友好的生产方式，妥善处理废弃物和污染物，避免生产经营中产生的废水、废弃物、噪声对周围生态环境造成破坏；未来，将进一步加强上游供应链可追溯性的管理，识别

---

① 陈生强：《数字科技是实现数字经济的手段——"产业×科技"的无界融合突破产业增长的边界》，《中国经贸导刊》2018 年第 36 期。

高风险地区,携手供应商伙伴,打造绿色上游生态环境。

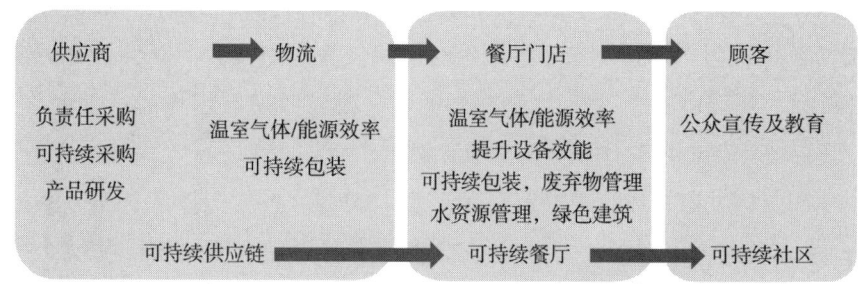

图6-1 餐饮企业绿色循环经济产业链

资料来源:我国上市餐饮企业的《环境、社会和管治报告》《企业社会责任与可持续发展报告》和年度财务报表。

第三节 餐饮业产业政策与企业经营生态化发展

政府通过环境法规、环境标准等制度,财政补贴、税收优惠、信贷担保等经济手段,树立榜样、经验推介等沟通手段,构建餐饮业生态化发展制度体系[①];通过强化餐饮企业生态化发展的主体地位,提升大中型餐饮企业示范和引领作用,来激发餐饮企业经营生态化的主动性。

一、能效管理

首先,依托强大的设备创新能力和切实有效的管理手段,降低餐饮企业日常经营活动中的能源消耗水平,进而减少温室气体排放。其次,在日常管理中将节能目标达成情况列入企业管理层成员的考核指标,形成自上而下的节能驱动力。最后,将能源效率纳入餐厅管理考核指标,推动餐厅能效管理的有序开展,保障节能目标的达成。

---

① 王璐、吴忠军:《桂林旅游产业生态化转型:内涵、困境与思路——以生态文明为视角》,《社会科学家》2020年第10期。

二、水资源管理

企业应从源头上减少水资源的使用,从技术创新、设备改进、日常管理等多个角度,提升水资源利用效率。比如,2020年,百胜中国利用世界资源研究所推出的水资源风险地图,对其在中国运营地的水资源风险程度进行识别和更新,在面临较高水资源风险的地区优先开展节水设施更新和升级。

三、废弃物管理

餐饮企业在运营过程中会不可避免地产生各类废弃物,对环境造成影响。企业应在4R原则的指导下,通过创新的技术和管理方法提升资源的使用效率,从源头上减少废弃物的产生(见图6-2)。同时,企业应积极响应国家号召,对餐厅运营过程中产生的废弃物进行分类管理,并带动利益相关方,尤其是企业的顾客,提升环保意识,共同应对废弃物带来的环境挑战。

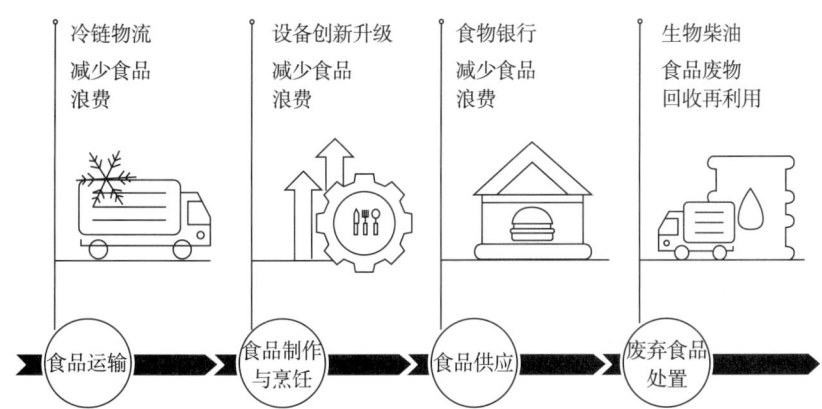

图 6-2 餐饮企业废弃物管理创新方案

资料来源:我国上市餐饮企业的《环境、社会和管治报告》《企业社会责任与可持续发展报告》和年度财务报表。

政府、行业协会应营造良性环境(如政策倾斜、财政支持等)鼓励企业创新、探索多种废弃物管理模式。在物流环节,企业应提高冷链配送比例以减少运送过程中的损耗；在计划环节，企业应利用大数据精准、合理地预估食材采购量，制订产品生产计划，从源头上减少食物浪费；在餐厅烹饪环节，应为餐厅配备小型炸锅，避免过多烹饪，此外，扩大省油炸锅的推广和应用，从源头上减少煎炸用油量。

企业应严格遵守国家和地方的相关法律法规，规范废弃物处置及管理流程。餐厅废弃物均应由当地政府机构认证的第三方废弃物处理公司进行妥善处置。同时，应主动响应政府号召，持续推进和落实垃圾分类制度，为先行试点垃圾分类的重点城市餐厅配置分类垃圾箱，并对顾客进行垃圾分类引导。

企业应扩大废油资源化项目试点，推进更多餐厅获得国际可持续性发展和碳认证，利用技术手段将餐厅废油转化为生物柴油，成功实现废油的回收、转化和资源化再利用。

四、绿色建筑

餐饮企业应将可持续发展理念融入餐厅设计和建造环节，为顾客和员工打造安全、健康、舒适的餐厅环境。在餐厅设计环节，可参照"绿色能源与环境设计先锋奖"（LEED）的相关标准制定企业绿色建筑标准，充分考虑环保型建筑材料、能耗控制、室内空气品质、温度控制等环境因素，打造高标准的绿色餐厅；在餐厅施工环节，实施多种噪音和粉尘控制的施工环境管理方案，最大限度地减少施工对于周围社区居民和环境的影响。

五、可持续包装

一次性包装是餐饮行业共同面对的问题。在全球"减废降塑"的背景下，餐饮企业应达成一致共识，严格遵守国家和地方关于包装的法律法规，以 4R 原则和企业规范标准为指导，探索可持续包装的解决方案，从源头减少一次性包装带来的环境影响。此外，企业应积极与供应商携手开展绿色包装材料相关研究合作，打造绿色包装材料产业链。可持续包装主要包含以下三个方面。一是绿色设计，从设计和结构上简化和改良产品包装，有效减少一次性包装材料使用量。二是绿色使用，在运营环节采取多种方式减少一次性包装物的使用。如在网络订餐中提供"不需要餐具"选项，鼓励顾客减少一次性餐具的使用；实行堂食不主动提供一次性塑料杯盖和吸管的创新减塑运营措施测试；物流中心在货物尺寸规格适用的场景下，推广使用可循环捆绑带，尽可能减少物流环节一次性塑料缠绕膜的使用。三是绿色处置，根据"摇篮到摇篮"理念，配合垃圾分类政策，对废弃包装材料进行妥善处置。并与各包装材料供应商积极开展包装材料回收利用机关研究合作，努力实现循环经济产业链。

第四节 餐饮业产业政策与企业文化生态化发展

一、与企业利益相关者构建全通道沟通模式

餐饮业应联合多元主体，通过多渠道、多形式，带动整个社会营造浓厚的生态文化氛围。[①] 新冠肺炎疫情带来的公共卫生安全危机从遏制野味饮食文化、加速文明餐饮社交文化和亲情文化普及、培养节约习惯等方面倒逼餐饮消费文化的转变。为适应社会大众餐饮文化的转变，餐饮企业应通过多渠道构建与企业利益相关者（员工、供应商与合作伙伴、政府与监管机构、自然环境、投资者、消费者和社会团体）关于生态化发展的全通道沟通模式（见表6-1）；将企业传统经济产业链升级为"资源—产品—废弃物—再生资源"的绿色循环经济产业链[②]；针对气候变化和供应链环境影响等议题开展行动，设立"2050年实现净零排放""供应链零毁林"等有雄心的目标，坚定餐饮业践行幸福产业使命、守护绿水青山的决心。

---

① 于干千、赵京桥、杨遥：《公共卫生安全视域下餐饮业高质量发展的产业政策转型》，《开发研究》2020年第4期。
② 谷树忠：《产业生态化和生态产业化的理论思考》，《中国农业资源与区划》2020年第10期。

表 6-1 我国餐饮企业与利益相关者关于生态化发展的全通道沟通模式

利益相关者	关注议题与期望	沟通渠道
员工	1. 保障安全/合法权益 2. 有竞争力的薪酬福利 3. 平等就业 4. 成长学习机会	1. 培训（课堂/实地指导） 2. 电子培训平台 3. 绩效管理 4. 定期会议 5. 公司内部微信 6. 团队建设
供应商与合作伙伴	1. 公平采购，诚信履约 2. 保障食品质量及安全 3. 支持地方采购 4. 供应链的可持续发展	1. 供应商评估 2. 合同协议 3. 公司年会交流 4. 实地考察
政府与监管机构	1. 合规经营，缴纳税款 2. 遵守食品安全/环保法规 3. 有效内部控制及风险管理 4. 职工安全	1. 日常查询及沟通 2. 实地巡查 3. 信息报送 4. 政策座谈会/调研
自然环境	1. 节能减排 2. 减少垃圾及浪费 3. 节约资源/能源 4. 垃圾分类	1. 环境信息披露 2. 相关团体倡议 3. 相关条例更新
投资者	1. 稳健业绩及派息 2. 持续增长 3. 透明运营	1. 信息披露/公告 2. 股东大会 3. 业绩沟通会 4. 官方网站/邮箱
消费者	1. 食品安全 2. 优质服务，良好环境 3. 消费者权益保障 4. 产品多元健康 5. 性价比高	1. 客服热线 2. 门店客服沟通 3. 官方电邮 4. 网上平台 5. 新媒体渠道（微博、微信、抖音等）
社会团体	1. 安全合规经营 2. 社区公益 3. 社区和谐	1. 社区活动/服务 2. 公益活动 3. 媒体关系服务 4. 官方电邮 5. 网上平台 6. 新媒体渠道（微博、微信、抖音等）

资料来源：餐饮企业的《环境、社会和管治报告》和年度财务报表。

二、构建生态化运营内控管理模式

从我国上市餐饮企业按照监管要求定期发布的《环境、社会和管治报告》《企业社会责任和可持续发展报告》和年度财务报表等报告中可以看出，企业之间的竞争从"经济效益竞争"逐渐向"社会—经济双重效益竞争"转变。报告向社会大众展示了企业可持续发展的理念、措施、环境表现和经济表现，体现了企业生态化经营在企业竞争力中的重要性。企业的生态化经营表现的数据核算主要参考国际、国内通用核算和报告指南，以企业统计报告为基础数据，委托第三方机构（如低碳亚洲有限公司等）进行碳评估。数据核算采用运营控制法来整合数据以量化其运营消耗的水、电、天然气等，以及排放的餐饮污水、温室气体等，从而确保环境关键指标的准确性。企业通过量化生态化经营表现和与内外部利益相关方沟通调查，形成企业生态化运营的内控管理模式。餐饮企业生态化竞争水平很大程度体现在企业对环境、食品、社区的承诺和管理效能上。

中国餐饮业在产业恢复期（1978—1991年）、产业增长期（1992—2001年）和产业成熟期（2002—2011年）阶段的粗放式发展造成了空气、废水、噪声和餐厨垃圾污染，这与人民日益增长的美好生活需要背道而驰。从2012年开始，中国餐饮业进入转型升级的结构性调整期，高质量发展成为餐饮产业发展主旋律。与生态文明相适应的餐饮业发展方式，从理念方式、空间发展到治理载体，都要建立可持续发展的系统思维，从而实现为社会创造绿色财富的总体目标。中国餐饮产业是国民经济中关系民生的基础产业，是幸福产业之首。在不断重塑、转型和优化升级中，餐饮业逐步与生态环境破坏、资源能源浪费脱钩，全社会绿色饮食文化蔚然成风，生态化经营特色日趋亮眼，绿色管理体系不断成熟，可持续发展能力全面增强，逐步实现产业发展、经济振兴、社会和谐、文化繁荣与生态保护的共赢。

第七章

餐饮业高质量发展的产业政策转型：基于政策法律化视角[①]

餐饮业是新冠肺炎疫情防控的重要行业，是恢复消费信心的"试金石"，也是受到新冠肺炎疫情影响最为深远的生活服务业。本章基于政策法律化视角探讨餐饮业高质量发展的产业政策转型，通过立法的必要性、立法的现实要求和发展要求，以及立法的可行性进行分析，提出依法推进餐饮业高质量发展，制定与餐饮业相关的政策和标准，制定促进餐饮业发展条例，并将其纳入相关法律议程。依法推进改革是餐饮业治理体系和治理能力现代化的现实要求，将为构建餐饮业高质量发展的长效机制提供法律保障。

依法治国是中国特色社会主义发展的本质要求和重要保障，以法治化思维和法治手段，推进餐饮业高质量发展是提升治理体系和治理能力现代化的必然要求。深化餐饮业供给侧结构性改革，发挥餐饮业联动第一、二、三产业融合发展的聚合效应，满足人民对美好生活的新期待[②]，已成为党和政府高度关注及学术界热议的焦点问题。然而，在餐饮业高质量发展的进程中，暴露出诸多现实治理困境，诸如法律体系不健全，市场竞争的公平、规范性需要持续改进，餐饮资源利用不足与浪费严重，创意知识产权法律保护机制不完整，餐饮文明素养滞后，公共服务保障落后于产业发展速度，餐饮应急体制机制不健全，餐饮业高质量发展的投融资和税收法律保障不健全等都成为

---

① 邢颖：《中国餐饮产业发展报告（2021）》，社会科学文献出版社，2021，第28—36页。
② 于干千、王晋：《中国餐饮业供给侧改革策略研究》，《美食研究》2016年第4期。

制约餐饮业高质量发展的体制机制障碍。① 追根溯源，这些治理困境的存在很大程度上是因为法律保障的缺失，亟待以法律这一具有国家强制力的手段予以规范，从源头治理餐饮业高质量发展的体制机制问题。依托政策法律化途径，将行得通、真管用、有效率的政策规章上升为法律，是餐饮业治理体系和治理能力现代化的现实要求，为构建餐饮业高质量发展的长效机制提供法律保障。

第一节 立法的必要性

餐饮业是实施健康中国战略的重要产业，是国家公共卫生安全体系和国家应急保障体系的重要组成部分，提出依法推进餐饮业高质量发展，制定促进餐饮业发展条例是坚持习近平法治思想的内在要求，是促进依法治国和以德治国相结合的现实需要，是助推文化自信和做好文化传承的有效手段。

一、坚持习近平法治思想的内在要求

习近平法治思想对推进全面依法治国提出了"坚持建设中国特色社会主义法治体系""坚持在法治轨道上推进国家治理体系和治理能力现代化"的要求。尤其在应对新冠肺炎疫情的过程中，暴露了我国治理体系长期忽视餐饮业在国家公共卫生安全体系、社会公共健康体系和国家应急保障体系中的重要作用，导致在餐饮供给与需求的应急响应机制、餐饮食材采购、生产加工和物流配送等常态化保障机制等方面制度供给严重不足。追根溯源，上述治理困境的产生，在很大程度上是因为法律保障的缺失，亟待以法律这一具有稳定性和强制力的手段明确餐饮业的重要地位并对治理顽疾予以规制，为餐饮业渡过难关、实现恢复性增长和立足长远、谋划高质量发展提供法律保障。

---

① 王雪峰、林诗慧：《中国商业发展报告·2019—2020》，社会科学文献出版社，2019，第73—95页。

二、促进依法治国和以德治国相结合的现实需要

习近平总书记在中央全面依法治国工作会议上指出："要坚持依法治国和以德治国相结合，实现法治和德治相辅相成、相得益彰。"社会主义核心价值观是社会主义核心价值体系的内核，同样是餐饮业高质量发展需恪守的道德理念。近年来，人们对更优质、更安全、更生态、更清洁的餐饮产品的要求，以及节约粮食、减少浪费、"光盘行动"、理性消费的行为已逐渐转变为内在自觉。在新冠肺炎疫情的影响下，全国掀起了遏制野味的饮食文化，普及双筷、公筷、分餐等文明餐饮社交文化，以及回归家庭厨房的亲情文化。上述承载了"文明""和谐"等社会主义核心价值观的"饮食素养"是餐饮业高质量发展中不可或缺的价值导向。另外，围绕社会主义核心价值观抓好弘德立法是立法工作的一项重要任务，政府在引领大众餐饮消费升级、培育全面饮食素养、辨识和抵制传统文化和外来文化的糟粕、构筑牢固的公共健康体系等方面负有不可推卸的时代使命。因此，在我国餐饮业高质量发展的法治建设中，树立鲜明的餐饮文明价值导向，不仅能够加强道德对法治的支撑作用，还能确保道德具有可靠的制度支撑，促进依法治国和以德治国的有机结合。

三、坚定文化自信和做好文化传承的必然要求

餐饮业是一个充满中华民族几千年传统文化积淀的行业，饮食文化作为重要的文化资源，是餐饮业守正创新的内在基因和精神源泉。中华餐饮文化博大精深、源远流长、纷呈各异、丰富多彩。特色鲜明的地方菜系和富有民族特色的加工技艺已成为非物质文化遗产的重要组成部分，然而我国在保护和发展餐饮文化方面长期存在原料品质、工艺传承、民族风俗保护、特色菜品开发等方面的诸多问题，在一定程度上削弱了文化自信、影响了文化传承与创新发展。因此，通过法治手段对中华饮食文化进行系统的发掘整理、保护传承以及创新发展，尤其是开展饮食文化非物质文化遗产保护，深挖传统

美食文化，以达到强化本地文化自信、增强传统美食文化认同并形成文化支撑餐饮、餐饮带动文化的良性发展格局的行动已刻不容缓。

第二节 立法的现实要求和发展要求

新冠肺炎疫情致使餐饮业面临前所未有的信誉危机、生存危机，完全依靠市场实现自我恢复增长或寄希望于疫情过后出现"报复性消费反弹"是一种理想状态，业界需要从危机中找准机遇和施策点，依法推进餐饮业高质量发展，制定促进餐饮业发展条例是稳就业、保民生，促消费、惠民生，稳增长、促发展的现实要求，也是法律经验主义的发展要求。

一、稳就业、保民生的现实要求

餐饮业是吸纳稳定社会就业的重要产业，属于典型的劳动密集型服务行业，在吸纳城镇闲暇劳动力和农村转移劳动力中贡献显著。除直接就业贡献外，餐饮业还带动餐饮业全产业链的相关产业（包括农业、食品加工业、餐饮设备制造业、餐饮信息服务业等）的间接就业。尤其在此次新冠肺炎疫情防控中，餐饮业作为重要防控阵地面临着巨大的经营压力，甚至产生了生存危机，无疑是受疫情影响最为深远的生活服务业之一，理应成为政府重点扶持的民生产业。鉴于餐饮业在稳就业、保民生方面所具有的重要产业地位，有必要通过法治化的方式加强部门协同联动，构建应急响应体制机制、公共服务保障机制，固化和完善产业扶持措施，以提升政府的服务质量和效率，帮扶餐饮企业走出困境，并推动餐饮业恢复性增长。

二、促消费、惠民生的现实要求

一方面，餐饮业是拉动内需、促进消费的重要阵地，也是承载"双循环"

发展新格局的重要产业，需要良法善治，提供规范的消费市场并改善餐饮消费环境供给；另一方面，餐饮业是满足人民美好生活新期待的幸福产业。坚持顶层设计与法治相结合，并着力在提振消费信心、大众餐饮消费升级、绿色生态、餐饮文明等方面，进一步提升餐饮业发展的质量。此外，新冠肺炎疫情使得餐饮业需求端受到抑制。立法机关有责任通过制度安排提振消费信心、优化消费环境，实现促进餐饮消费、满足人民对食品安全、绿色生态、餐饮文明期待的目标。

三、稳增长、促发展的现实要求

近年来，餐饮业已经成为社会消费增长的重要动力之一，是增强中国经济内生增长动力的重要消费产业。新冠肺炎疫情使餐饮业面临前所未有的信誉危机、生存危机，完全依靠市场实现自我恢复增长或寄希望于疫情过后出现"报复性消费反弹"是一种理想状态，立法机关需要从"消费反弹有限、恢复增长乏力"的非理想市场状况进行考量，更加积极主动地做出调整，以应对"市场失灵"，提升治理能力。同时，还必须结合餐饮业长期发展规划，通过提升供给侧质量水平和加强需求侧刺激的双管齐下的方式，推进餐饮业科学、稳定、健康、高质量发展。

四、法律经验主义的发展要求

近年来，为紧抓消费升级趋势、推进餐饮业产业结构优化，国家出台了一系列加快推进餐饮业供给侧结构性改革的政策文件，取得了可喜的成绩。抗击疫情期间，中央及地方密集出台了疫情防控指南、财政金融扶持政策、复工复产政策、促进消费政策等一系列直接或间接的防控和扶持政策，并通过实践证明了上述政策措施可以有效减轻餐饮企业的成本压力，在一定程度上纾解这些企业的短期困难。然而，结合餐饮业重新步入稳定、健康发展的新常态并实现高质量发展的需要，上述短期的政策措施无法达到释放长期红利的要求。此外,上述政策措施尚存在联动第一、二、三产业融合发展的长期规划不足、多部政策缺乏统筹协调难以发挥协同效应、提振消费信心和优化消费环境的需求侧政策有待强化、分类指导和差异化实施的能力水平与产业发展和消费需求存在较大差距等方面的主要问题,有必要通过法治的方式为加快推进餐饮业治理体系和治理能力现代化进程、实现餐饮业高质量发展提供长期稳定的制度保障。

第三节 立法的可行性

餐饮业是新冠肺炎疫情防控的重要战场,是恢复消费信心的"试金石",也是受到新冠肺炎疫情影响最为深远的生活服务业。通过充分估量新冠肺炎疫情对餐饮业发展所产生的冲击与影响,从抗击新冠肺炎疫情中总结经验、反思教训、精准施策、帮扶企业共渡难关,以及对餐饮业长期向好的发展趋势有清晰的判断,从危机中找准机遇和施策点,提出依法推进餐饮业高质量发展,制定促进餐饮业发展条例具备了价值衡平的正当性、实践经验的积累性和立法时机的适宜性。

一、价值衡平的正当性

在新冠肺炎疫情中,一方面体现了餐饮业在配合疫情防控、阻断传播渠道、保障居民健康方面具有重要作用,从正面凸显餐饮业在国家公共安全体系和国家应急保障体系中的重要责任;另一方面,餐饮业遭受疫情冲击后表现出的产业脆弱性,从反面印证了健康、卫生、安全是餐饮业的立业之本。随着社会化餐饮消费比重的进一步提高,餐饮业的服务规模和服务范围必将越来越大,推进餐饮业高质量发展必然需要将其列为实施健康中国战略的重要产业,纳入生态文明建设、国家公共卫生安全体系和国家应急保障体系的重要组成部分。综上所述,餐饮业所承担的安全、健康、绿色、稳定、秩序等公共利益、社会利益和国家利益在价值衡平的序位中对经营主体的自由价值具有正当的优先性，国家通过法律途径对监管和服务部门的职责职能进行新的授权、调整和优化，对餐饮业经营主体原有的一部分民事权利作出限制具有正当性。

二、实践经验的积累性

长期以来，无论是《食品安全法》《消费者权益保护法》《餐饮业经营管理办法（试行）》等法律法规，还是为应对新冠肺炎疫情、推进经济社会发展专门出台的政策措施，诸如商务部、国家卫健委联合印发的《零售、餐饮企业在新型冠状病毒流行期间经营服务防控指南》，国家发展改革委、教育部、工业和信息化部、财政部等十四个国家部委联合印发的《近期扩内需促消费的工作方案》（发改综合〔2020〕1565号）、《商务部 卫生健康委 市场监管总局关于餐饮服务新冠肺炎疫情常态化防控工作的指导意见》（商服贸发〔2020〕224号），等等，都从不同领域和角度持续为餐饮业切实巩固疫情防控成果、精准高效推进协同复工复产、有效刺激市场消费和提振市场信心开展了相应的部署和落实工作，为餐饮业在新常态下的稳定健康发展以及推动产业转型升级和高质量发展积累了充分的经验。因此，运用法治的方式将行得通、真管用、有效率的政策措施上升为法律，将有效促进餐饮业发展的有益实践进行固化，同时将无益于甚至阻碍了餐饮业发展的体制机制问题予以治理，构建适合新常态下助推餐饮业高质量发展的法律保障机制具有实践上的可行性。

三、立法时机的适宜性

（一）立法是民心所向

餐饮业是社会最基本和最重要的生活服务业之一，是吸纳稳定社会就业的民生产业，是满足人民美好生活新期待的幸福产业。人们逐渐形成的餐饮文明自觉、绿色餐饮共识以及大众餐饮消费升级的趋势，可以通过制定规范和标准对健康的居民饮食价值观念予以认可、对公共卫生安全信心予以提振、对国内餐饮消费环境予以优化。

（二）立法是企业所望

近几年，餐饮产业围绕大众化消费，依托信息技术，加快推进供给侧结构性改革，产业收入规模保持着稳定、快速的增长势头。然而自突发新冠肺炎疫情以来，作为疫情防控的重要阵地，大部分餐饮企业处于停摆和半停摆状态，整个产业的良好增长势头被迅速遏制。餐饮业发展面临疫情常态化防控和发展的双重压力，促进餐饮企业摆脱困境、实现恢复性增长并实现高质量发展，必然离不开稳定、长效、可预期并具有强制力的法律制度保障。

（三）立法是大势所趋

餐饮业经过改革开放 40 多年的发展，已经形成了从农业、林业、畜牧业、水产养殖业到餐桌，从设备制造到生产服务的较为完备的产业生态体系，在社会、经济、文化、健康、国家应急保障等多个领域具有重要作用。对于受到新冠肺炎疫情严重影响的餐饮业及围绕餐饮企业形成的产业链市场，通过具有国家权威和财政保障的法治手段是快速有效地提振行业信心的重要途径之一。同时，进一步深化餐饮业供给侧结构性改革，发挥餐饮业联动，推动第一、二、三产业融合发展的聚合效应。

第四节　立法路径

本节通过阐述制定专门的餐饮业发展促进条例的缘由，提出餐饮业发展促进条例体例结构和主要内容，条例共七章，分别是总则、餐饮规划与安全管控、餐饮业应急保障体系、餐饮业扶持与刺激措施、餐饮文化保护传承和创新发展、公共服务保障和监督，以及法律责任。

一、制定专门的餐饮业发展促进条例的目的

其一，我国目前并无国家层面专门针对促进餐饮业发展的立法。其他相关法律法规诸如《食品安全法》《消费者权益保护法》《餐饮服务许可管理办法》《餐饮业经营管理办法（试行）》《餐饮服务食品安全监督管理办法》仅从局部环节和某个侧面对餐饮业进行了规范，均未能正视餐饮业在国家公共卫生安全体系、社会公共健康体系以及国家应急保障体系中重要的行业地位，无法实现多个监管部门协同联动、信息共享，更不能满足新发展趋势和疫情防控新常态下的制度供给。因此，无法在修改现有相关立法的基础上实现促进我国餐饮业高质量发展的目标，唯有制定新法。

其二，新法需要对餐饮业所承担的安全、健康、绿色、稳定、秩序等公共利益、社会利益和国家利益进行保护，势必会通过权利义务的分配对餐饮业经营主体原有的一部分民事权利作出限制，以及对监管和服务部门的职责职能进行新的授权、调整和优化。因此只能由权力机关即全国人民代表大会及其常务委员会作为立法主体制定新法，即制定行业性法规。

其三，新法的名称既要体现立法目的，又要符合通用表述。新法的目的是促进餐饮业发展，参考我国《中华人民共和国循环经济促进法》的法律名称表述以及新法的级别，建议命名为"餐饮业发展促进条例"。

其四，统筹协调，处理好与相关法律的衔接配合。如上所述，餐饮业发展促进条例与多部法律法规密切相关，新法须坚持本法作为促进我国餐饮业发展的专门法律的定位，注意处理好本法与相关法律的关系：其他法律没有规定或者规定不够完善的，尽可能在本法中作出明确具体的规定；其他法律有明确规定的，本法只作原则性、衔接性的规定；使之既相互衔接又各有侧重，发挥合力共同推动餐饮业高质量发展。

二、餐饮业发展促进条例体例结构和主要内容

条例共七章，分别是总则、餐饮规划与安全管控、餐饮业应急保障体系、

餐饮业扶持与刺激措施、餐饮文化保护传承和创新发展、公共服务保障与监督，以及法律责任。

第一章：总则，包括规定立法目的、法律适用范围、基本原则、餐饮文明、管理体制等内容。

第二章：餐饮规划与安全管控，包括规定制定餐饮业短、中、长期发展规划的任务以及基于国家公共卫生安全和社会公共健康要求下的相应管控措施。

第三章：餐饮业应急保障体系，包括规定餐饮业应急响应体制机制和应急状态下的常态化保障机制。

第四章：餐饮业扶持与刺激措施，内容来源于对有效经验的认真总结，将实践证明的行之有效的产业扶持措施、需求侧刺激措施在本法中固定下来。

第五章：餐饮文化保护传承和创新发展，包括规定保护、传承、创新、发展我国特色餐饮文化的相关举措，如鼓励申请非物质文化遗产、倡导品牌建设等。

第六章：公共服务保障与监督，包括规定搭建公共、准公共餐饮服务平台、社会监督等措施。

第七章：法律责任。

第八章

结论与展望

一、主要结论

(一) 研究的主要内容

研究以餐饮业高质量发展为主题,探索构建高质量发展的餐饮产业政策转型理论分析框架,为制定促进以餐饮业为代表的生活服务业高质量发展的政策提供理论支撑、经验支持和策略参考。一是研究成果以数据和实例全面回顾改革开放四十多年来中国餐饮产业经历的恢复期、增长期、成熟期和转型期四个阶段,论证了在此期间餐饮业的经济贡献、就业贡献和文化贡献,总结了餐饮业四十多年取得的瞩目成绩和成长经验。二是研究成果分析了2019年、2020年我国餐饮产业在宏观经济承压形势下发挥的重要作用,全面剖析了新冠肺炎疫情对餐饮产业带来的冲击与机遇,系统梳理了抗击新冠肺炎疫情期间中央及地方政府陆续出台的一系列产业政策的内容和实施效果。三是研究成果追踪餐饮业发展新动态,立足新发展阶段,围绕"双循环"发展新格局,基于多视角(公共卫生安全视角、生态化发展视角和政策法律化视角),通过广泛的行业调研和意见征询,论证了制定促进餐饮产业高质量发展产业政策的立法必要性、立法现实要求和发展要求、立法可行性。[①]

---

① 于干千:《餐饮业高质量发展产业政策研究取得成果 专家建议制定〈餐饮业发展促进条例〉》,《餐饮世界》2020年第3期。

（二）研究成果的主要观点和政策建议

1. 对餐饮业产业地位的再认识

餐饮业对稳定消费具有"稳定器"作用：一是餐饮消费是居民消费的稳定器；二是餐饮业是低收入群体就业的稳定器；三是餐饮业是餐饮产业生态体系的稳定器。①

2. 把餐饮业列入实施健康中国战略的重要产业

餐饮业是关系国家公众健康的重要产业。随着社会经济的发展，居民生活水平的提高以及威胁人类安全的病毒不断出现，餐饮业在食品安全管理、公众健康饮食管理以及公共卫生安全防控中承担着越来越重要的社会责任。

3. 把餐饮业纳入国家公共卫生安全体系和国家应急保障体系的重要组成部分①

在当前重大突发公共卫生事件中，饮食保障主要通过四种形式进行，一是工业化方便食品；二是由商贸流通企业供应粮食、蔬菜和肉类等生活物资，自主烹制解决；三是中央厨房或移动餐车统一制作、包装，统一配送供应；四是以互联网餐饮服务平台为依托的无接触式餐饮外卖，专业化餐饮服务已经成为国家应急保障体系中的重要服务保障。

4. 加快推进餐饮业高质量发展的政策转型建议

第一，短期扶持政策调整。落实分级分区，有序复工复产；有效防控境外输入，恢复消费信心。出台短期刺激餐饮消费措施；加大对餐饮业财政扶持政策力度；加大对餐饮业金融扶持政策力度；加大餐饮企业稳岗支持力度；进一步减轻餐饮企业成本压力。第二，长期政策转型路径和举措。新发展理念引领餐饮业高质量发展的政策转型；不断完善餐饮业治理体系，提升治理能力和效能；依托政策法律化途径，制定餐饮业发展条例，依法推进餐饮业高质量发展；顶层谋划餐饮业"十四五"发展规划，依规推进餐饮业高质量发展。

---

① 于干千：《餐饮业高质量发展产业政策研究取得成果 专家建议制定〈餐饮业发展促进条例〉》，《餐饮世界》2020年第3期。

5. 将行得通、真管用、有效率的政策规章上升为法律

制定促进餐饮业发展条例，并将其纳入相关法律章程依法推进改革，是餐饮业治理体系和治理能力现代化的现实要求，将为构建餐饮业高质量发展的长效机制提供法律保障。① 第一，制定专门的餐饮业发展促进条例。其一，我国目前并无国家层面专门针对促进餐饮业发展的立法；其二，新法需要对餐饮业所承担的安全、健康、绿色、稳定、秩序等公共利益、社会利益和国家利益进行保护，只能由权力机关（全国人民代表大会及其常务委员会）作为立法主体制定新法，即制定行业性法规；其三，新法的名称既要体现立法目的，又要符合通用表述；其四，统筹协调，处理好与相关法律的衔接配合。第二，餐饮业发展促进条例体例结构、主要内容要按照全国人大立法要求和餐饮业发展需要，建议体例和内容由 7 个部分组成，分别是总则、餐饮规划与安全管控、餐饮业应急保障体系、餐饮业扶持与刺激措施、餐饮文化保护传承和创新发展、公共服务保障和监督，以及法律责任。

二、研究不足

课题组认为产业政策转型是一个历史性范畴，是转型社会发展在制度演化方面的缩影。产业政策由传统的选择性产业政策向普惠、功能性产业政策转型是根植于我国经济进入新常态和国际贸易竞争环境所做的理性选择。产业政策转型不是管制和替代市场，而是在寻求市场机制和政府作用的平衡点。功能性产业政策可能成为促进"有效市场"，规范"有为政府"的结合点。研究结论对餐饮产业高质量发展的产业政策调整具有较强的指导作用。但是，毕竟目前国内外对餐饮业产业政策的深度研究相对较少，加之课题组学术水平、时间、精力和新冠肺炎疫情影响带来的限制，研究探索还存在以下不足。

一是餐饮产业政策数据处理方法有待完善。例如，使用网络抓取工具提取政策文本并对数据资料进行数据清洗的过程中，由于涉及餐饮产业的政策

---

① 于干千：《餐饮业高质量发展产业政策研究取得成果 专家建议制定〈餐饮业发展促进条例〉》，《餐饮世界》2020 年第 3 期。

多且杂,常常会出现交集且互斥的现象,导致文档主题生成模型和文本量化分析出现误差,虽然通过 yaahp 和 CiteSpace 软件在定量分析和文本可视化计量研究方面进行了弥补,但是在政策文本量化上并未达到预期效果。

二是餐饮产业政策的实证分析有待下沉到县级行政区域。研究餐饮产业政策的数据收集以省级行政区域和部分市级行政区域为主(如成都市、广州市、陕西市和昆明市等),因为研究的区域具有较强的典型性,所以政策是否能在中小城市产生预期效果还需进一步论证。

三、研究展望

在我们看来,未来餐饮业产业政策进一步研究领域主要表现在以下三个方面。

第一,产业政策推动餐饮业高质量发展的内外动力之间的互动关系、内外动力与产业链的互动关系、各种具体影响餐饮产业发展动力的构成维度和作用效果。例如,体制机制是如何与社会压力、市场压力相互作用的?餐饮产业变革的动力有哪些?它们的构成维度如何?它们之间是如何相互作用的?它们又是怎么影响餐饮业产业链的?这些问题的探讨要反思并超越西方经济学视野里的市场模型,首先,根据中国市场开发出有针对性的测量量表,并在全国范围内进行大样本问卷调查,聚焦典型企业和组织进行深度访谈、参与观察和文本资料收集,以丰富的实证研究呈现具体市场的事实镜像;其次,进行不同地区和城市、城乡之间的比较研究(例如东部、中部和西部地区餐饮业高质量发展比较研究,或者一、二、三线城市餐饮业高质量发展比较研究,或者某区域城乡餐饮业比较研究等);最后,交互运用演绎和归纳的方法对以上实证研究和对比研究进行诠释和分析。

第二,餐饮业的业态很多,且各业态差异较大,研究制订各细分业态高质量发展绩效测评指标体系,归纳、提炼整个餐饮业高质量绩效的测评指标体系。例如,哪些指标最能体现休闲餐饮业的高质量发展绩效?从哪些方面评价正餐业态的高质量绩效?哪些指标是衡量快餐送餐高质量发展绩效所独有的？哪些指标是衡量所有业态所必需的？经济指标在高质量发展绩效测评中应占多少权重？具体细分各业态高质量发展绩效测评如何体现行业特色？高质量发展绩效的等级如何划分？谁来组织餐饮业高质量发展绩效测评？等等。

  第三，运用逆向思维关注餐饮业典型非高质量发展行为的形成原因、形成逻辑和表现形式，以及政策干预方式。例如，为什么国家层面大力度大规模地开展"光盘行动"，但食物浪费现象仍然屡见不鲜？餐饮企业为什么会存在食物浪费现象？浪费规模如何？在哪些环节存在浪费？应如何通过产业政策的干预缓解或解决食物浪费现象？如何推动餐饮业的非绿色经营行为转变？如何评价餐饮企业非绿色经营行为？进一步讲，如何界定餐饮业的典型非高质量发展行为？如何对其非高质量发展行为进行评级、监管和督促整改？如何让餐饮企业对非高质量发展行为转变形成共同体验和共识，政府如何适时适度地渗入对不同干预政策进行整合协调形成政策"合力"？这些问题都是对后疫情时代餐饮产业以及其中参与者将何去何从的现实关照，不仅需要进行理论推理，作出学理上的解释，而且需要进行大量实证研究，发现学界和业界看不到或者视而不见的某些结构特征和运转逻辑。

参考文献

外文部分

专著

[1] 小宫隆太郎,奥野正宽,铃村兴太郎. 日本的产业政策[M]. 黄晓勇,韩铁英,吕文忠,等,译. 北京:国际文化出版公司,1988.

[2] 野口悠紀雄. 戦後経済史:私たちはどこで間違えたのか[M]. 东京:東洋経済新報社,2015.

[3] CHALMERS J. MITI and the Japanese Miracle:The Growth of Industrial Policy,1925—1975[M]. California:Stanford University Press,1982.

[4] ROBERT W. Governing the Market:Economic Theory and the Role of Government in East Asian Industrialization[M]. New Jersey:Princeton University Press,1990.

[5] MARCUS NOLAND,HOWARD PACK. Industrial policy in an era of globalization:lessons from Asia[M]. New York:Columbia University Press,2003.

[6] DANI R. One Economics,Many Recipes:Globalization,Institutions,and Economic Growth[M]. New Jersey:Princeton University Press,2007.

[7] 迈克尔·波特. 国家竞争优势[M]. 李明轩,邱如美,译. 北京:华夏出版社,2002.

期刊

[8] CHANG R C. Y., MAK A H. N. Understanding gastronomic image from tourists' perspective: A repertory grid approach [J]. Tourism management, 2018, 68 (10): 89-100.

[9] VORASIHA E. Upgrading the Creative Tourism Route through local food promotion in Western Thailand [J]. African Journal of Hospitality, Tourism and Leisure, 2019, 8 (2).

[10] HOLLOWS J, JONES S, TAYLOR B, et al. Making sense of urban food festivals: cultural regeneration, disorder and hospitable cities [J]. Journal of Policy Research in Tourism Leisure and Events, 2014, 6 (1): 1-14.

[11] PINKE-SZIVA I, SMITH M, OLT G, et al. Overtourism and the night-time economy: a case study of Budapest [J]. International Journal of Tourism Cities, 2019, 5 (1): 1-16.

[12] ROBERTS M. From "creative city" to "no-go areas" - The expansion of the night-time economy in British town and city centers [J]. Cities, 2006, 23 (5): 331-338.

[13] ROWE D, LYNCH R. Work and play in the city: some reflections on the night-time leisure economy of Sydney [J]. Annals of Leisure Research, 2012, 15 (2): 132-147.

[14] ROWE D. Culture, sport and the night-time economy [J]. International Journal of Cultural Policy, 2008, 14 (4): 399-415.

[15] KIM H, CHOI S, RARK H. An Analysis in City'Tourist Behavior at Day and Night Time: Focused on Mokpo City in Jeonnam Province [J]. Culinary Science & Hospitality Research, 2020, 26 (2): 19-24.

[16] ROBERT A. M. Asia's Next Giant: South Korea and late industrialization [M]. Journal of Development Economics, 1991, 35 (1) 213-215.

[17] JOSEPH E S. Industrial Policies and Development Cooperation for a Learning Society [J]. Asia-Pacific Review, 2018, 25 (2): 4-15.

[18] JOSEPH E S. Information and the change in the paradigm in economics [J]. The American Economic Review，2002，92（3）：460－501.

[19] MARIO C，GIOVANNI D，JOSEPH E S. Industrial Policy and Development：The Political Economy of Capabilities Accumulation [M]. New York and Oxford：Oxford University Press，2009.

[20] 渡辺純子. 通産省（経産省）の産業調整政策 [C]. RIETI Discussion Paper Series，2016：33.

[21] 森川正之. サービス産業と政策の百年：概観 [C]. RIETI Policy Discussion Paper Series，2017：3.

中文部分

专著

[22] 马龙龙. 流通产业政策 [M]. 北京：清华大学出版社，2005.

[23] 袁增伟，毕军. 产业生态学 [M]. 北京：科学出版社，2010.

[24] 贺爱忠. 服务业绿色发展：驱动机理、绩效测评与战略反应 [M]. 北京：社会科学文献出版社，2018.

[25] 周亚. 产业竞争力：理论创新与上海实践 [M]. 上海：上海社会科学院出版社，2007.

报告汇编

[26] 邢颖，黎素梅. 中国餐饮产业发展报告（2019）[M]. 北京：社会科学文献出版社，2019.

[27] 邢颖，黎素梅. 中国餐饮产业发展报告（2018）[M]. 北京：社会科学文献出版社，2018.

[28] 邢颖，黎素梅. 中国餐饮产业发展报告（2020）[M]. 北京：社会科学文献出版社，2020.

[29] 王雪峰，林诗慧. 中国商业发展报告（2019—2020）[M]. 北京：社会科学文献出版社，2019.

[30] 邢颖. 中国餐饮产业发展报告（2016）[M]. 北京：社会科学文献出版社，2016.

[31] 邢颖. 中国餐饮产业发展报告（2021）[M]. 北京：社会科学文献出版社，2021.

[32] 中国营养学会. 中国居民膳食指南科学研究报告（2021）[M]. 北京：人民卫生出版社，2022.

[33] 刘鹤. 结构转换研究[M]. 北京：中国财政经济出版社，2002.

硕博论文

[34] 徐俊凯. 基于旅游产品结构分析的武汉市夜间旅游发展研究[D]. 武汉：华中师范大学，2014.

[35] 杨柳. 中国餐饮产业竞争力研究[D]. 北京：北京交通大学，2007.

[36] 王月. 云南怒江地区基督教信仰与基层治理研究[D]. 北京：中央民族大学，2015.

期刊

[37] 王晶. 履职为民奋进新征程 厉行法治展现新担当：省十三届人大五次会议代表审议人大、"两院"工作报告侧记[J]. 山东人大工作，2021（2）：17-20.

[38] 高云龙. 在促进"两个健康"实践中贯彻五中全会新要求[J]. 中国政协，2020（24）：32-33.

[39] 魏奇锋，徐霞，杨力. 中外文知识管理研究可视化对比分析：现状、热点与演化趋势[J]. 科技管理研究，2021，41（7）：132-139.

[40] 李伟，贺俊. 确立竞争政策基础地位的激励约束和能力障碍[J]. 学习与探索，2021（5）：119-125.

[41] 江飞涛，李晓萍. 改革开放四十年中国产业政策演进与发展：兼论中国产业政策体系的转型[J]. 管理世界，2018，34（10）：73-85.

［42］江小涓．中国推行产业政策中的公共选择问题［J］．经济研究，1993，28（6）：3-18．

［43］肖兴志，王伊攀．政府补贴与企业社会资本投资决策：来自战略性新兴产业的经验证据［J］．中国工业经济，2014（9）：148-160．

附 录

附表1 与餐饮业发展相关的《纲要》规划任务

《纲要》规划任务			相关任务描述
第三篇 加快发展现代产业体系 巩固壮大实体经济根基	第十章 促进服务业繁荣发展	第二节 加快生活性服务业品质化发展	1. 构建服务产业新体系①。 2. 推动生活性服务业高品质和多样化升级②
第四篇 形成强大国内市场 构建新发展格局	第十二章 畅通国内大循环	第一节 提升供给体系适配性	1. 促进国民经济良性循环③。 2. 推动供需协调匹配④。 3. 开展中国品牌创建行动⑤。 4. 稳步提高居民消费水平⑥
	第十四章 加快培育完整内需体系	第一节 全面促进消费	

---

① 聚焦产业转型升级和居民消费升级需要,扩大服务业有效供给,提高服务效率和服务品质,构建优质高效、结构优化、竞争力强的服务产业新体系。
② 以提升便利度和改善服务体验为导向,推动生活性服务业向高品质和多样化升级。
③ 依托强大国内市场,贯通生产、分配、流通、消费各环节,形成需求牵引供给、供给创造需求的更高水平动态平衡,促进国民经济良性循环。
④ 深化供给侧结构性改革,提高供给适应,引领创造新需求能力。适应个性化、差异化、品质化消费需求,推动生产模式和产业组织方式创新,持续扩大优质消费品、中高端产品供给和教育、医疗、养老等服务供给,提升产品服务质量和客户满意度,推动供需协调匹配。
⑤ 开展中国品牌创建行动,保护发展中华老字号,提升自主品牌影响力和竞争力,率先在化妆品、服装、家纺、电子产品等消费品领域培育一批高端品牌。
⑥ 顺应居民消费升级趋势,把扩大消费同改善人民生活品质结合起来,促进消费向绿色、健康、安全发展,稳步提高居民消费水平。

续表

《纲要》规划任务			相关任务描述
第五篇 加快数字化发展 建设数字中国	第十五章 打造数字经济新优势	第三节 推进产业数字化转型	1. 实施"上云用数赋智"行动,推动数据赋能全产业链协同转型。 2. 深入推进服务业数字化转型。 3. 打造智慧共享、和睦共治的新型数字生活①
	第十六章 加快数字社会建设步伐	第三节 构筑美好数字生活新图景	
第六篇 全面深化改革 构建高水平社会主义市场经济体制	第十九章 激发各类市场主体活力	第五节 促进民营企业高质量发展	1. 鼓励民营企业改革创新,提升经营能力和管理水平。 2. 推动民营企业守法合规经营,鼓励民营企业积极履行社会责任、参与社会公益和慈善事业
第七篇 坚持农业农村优先发展 全面推进乡村振兴	第二十三章 提高农业质量效益和竞争力	第三节 丰富乡村经济业态	1. 推进农村一、二、三产业融合发展,发展各具特色的现代乡村富民产业。 2. 实施脱贫地区特色种养业提升行动,广泛开展农产品产销对接活动,深化拓展消费帮扶
	第二十六章 实现巩固拓展脱贫攻坚成果同乡村振兴有效衔接	第二节 提升脱贫地区整体发展水平	
第十篇 发展社会主义先进文化 提升国家文化软实力	第三十四章 提高社会文明程度	第三节 传承弘扬中华优秀传统文化	1. 深入实施中华优秀传统文化传承发展工程②。 2. 加强对外文化交流和多层次文明对话,创新推进国际传播③
	第三十五章 提升公共文化服务水平	第三节 提升中华文化影响力	

---

① 推动购物消费、居家生活、旅游休闲、交通出行等各类场景数字化,打造智慧共享、和睦共治的新型数字生活。
② 深入实施中华优秀传统文化传承发展工程,强化重要文化和自然遗产、非物质文化遗产系统性保护,推动中华优秀传统文化创造性转化、创新性发展。
③ 加强对外文化交流和多层次文明对话,创新推进国际传播,利用网上网下,讲好中国故事,传播好中国声音,促进民心相通。

续表

《纲要》规划任务			相关任务描述
第十一篇 推动绿色发展 促进人与自然和谐共生	第三十八章 持续改善环境质量	第四节 积极应对气候变化	1. 落实2030年应对气候变化国家自主贡献目标，制订2030年前碳排放达峰行动方案。 2. 推动能源清洁低碳安全高效利用。 3. 锚定努力争取2060年前实现碳中和，采取更加有力的政策和措施。 4. 坚持节能优先方针。 5. 实施国家节水行动。 6. 建立统一的绿色产品标准、认证、标识体系。 7. 深入开展绿色生活创建行动
	第三十九章 加快发展方式绿色转型	第一节 全面提高资源利用效率	
		第三节 大力发展绿色经济	
第十三篇 提升国民素质 促进人的全面发展	第四十四章 全面推进健康中国建设	第六节 深入开展爱国卫生运动	1. 提供全方位全生命期健康服务。 2. 树立良好饮食风尚，制止餐饮浪费行为①。
	第四十五章 实施积极应对人口老龄化国家战略	第三节 完善养老服务体系	3. 健全基本养老服务体系。 4. 发展银发经济，开发适老化技术和产品，培育智慧养老等新业态
第十四篇 增进民生福祉 提升共建共治共享水平	第四十七章 实施就业优先战略	第一节 强化就业优先政策	1. 完善与就业容量挂钩的产业政策②。 2. 健全终身技能培训制度，持续大规模开展职业技能培训。 3. 建设一批公共实训基地和产教融合基地，推动培训资源共建共享。 4. 办好全国职业技能大赛
		第三节 全面提升劳动者就业创业能力	

① 加强健康教育和健康知识普及，树立良好饮食风尚，制止餐饮浪费行为，开展控烟限酒行动，坚决革除滥食野生动物等陋习，推广分餐公筷、垃圾分类投放等生活习惯。
② 完善与就业容量挂钩的产业政策，支持吸纳就业能力强的服务业、中小微企业和劳动密集型企业发展。

续表

《纲要》规划任务			相关任务描述
第十五篇 统筹发展和安全 建设更高水平的 平安中国	第五十三章 强化国家经济安全保障	第一节 实施粮食安全战略	1. 有效降低粮食生产、储存、运输、加工环节损耗，开展粮食节约行动。 2. 建立企业全员安全生产责任制度。 3. 深入实施食品安全战略①。 4. 构建应急管理体制，优化国家应急管理能力体系建设②
	第五十四章 全面提高公共安全保障能力	第一节 提高安全生产水平	
		第二节 严格食品药品安全监管	
		第四节 完善国家应急管理体系	

资料来源：作者根据《中华人民共和国国民经济和社会发展第十四个五年规划和2035年远景目标纲要》整理。

---

① 深入实施食品安全战略，加强食品全链条质量安全监管，推进食品安全放心工程建设攻坚行动，加大重点领域食品安全问题联合整治力度。
② 构建统一指挥、专常兼备、反应灵敏、上下联动的应急管理体制，优化国家应急管理能力体系建设。